Untersuchung der Berufungspraxis in Eheverfahren

Adnotationes in Ius Canonicum

Herausgegeben von Elmar Güthoff und Karl-Heinz Selge

Band 58

PETER LANG

Stefan Lippert

Untersuchung der Berufungspraxis in Eheverfahren

Kirchliche Gerichte in Deutschland nach dem Inkrafttreten des Motu Proprio „Mitis Iudex Dominus Iesus“

PETER LANG

Bibliografische Information der Deutschen Nationalbibliothek
Die Deutsche Nationalbibliothek verzeichnet diese Publikation in der Deutschen Nationalbibliografie; detaillierte bibliografische Daten sind im Internet über http://dnb.d-nb.de abrufbar.

Zugl.: München, Univ., Diss., 2020

Gedruckt auf alterungsbeständigem, säurefreiem Papier.
Druck und Bindung: CPI books GmbH, Leck

D 19
ISSN 0946-9176
ISBN 978-3-631-81828-2 (Print)
E-ISBN 978-3-631-82446-7 (E-PDF)
E-ISBN 978-3-631-82447-4 (EPUB)
E-ISBN 978-3-631-82448-1 (MOBI)
DOI 10.3726/b17061

Peter Lang – Berlin · Bern · Bruxelles · New York · Oxford · Warszawa · Wien

Diese Publikation wurde begutachtet.

www.peterlang.com

Ich widme diese Dissertation
meinen Geschwistern Andreas und Christiane.

Inhaltsverzeichnis

Abkürzungsverzeichnis

AAS	Acta Apostolicae Sedis
AfkKR	Archiv für katholisches Kirchenrecht
AG	Ad Gentes
AIC	Adnotationes in Ius Canonicum
Anm.	Anmerkung
Art./Artt.	Artikel
c./can./cc./cann.	Kanon(es)
C.	Causa
CIC	Codex Iuris Canonici
CIC/17	CIC von 1917
CIC/83	CIC von 1983
Clem.	Clementinae
CM	Causas Matrimoniales
DBK	Deutsche Bischofskonferenz
DC	Dignitas Connubii
Ders./ders.	derselbe
DM	Dei Miseratione
DPM	De Processibus Matrimonialibus
Ebd./ebd.	ebenda
Einf.	Einführung
Einl.	Einleitung
Erg.-Lfg.	Ergänzungs-Lieferung
Fn./Fnn.	Fußnote(n)
GS	Gaudium et Spes
HdbKathKR	Handbuch des katholischen Kirchenrechts
HerKorr	Herder Korrespondenz
Hg./Hgg.	Herausgeber
iVm	in Verbindung mit
KanR	Kanonisches Recht. Lehrbuch
KStKR	Kirchen- und Staatskirchenrecht
LKStKR	Lexikon für Kirchen- und Staatskirchenrecht
LThK	Lexikon für Theologie und Kirche
M. P.	Motu Proprio
MKCIC	Münsterischer Kommentar
MKCIC.B	Beihefte zum MKCIC

MThS	Münchener Theologische Studien
n./nn./Nr./Nrn.	Nummer(n)
ÖAKR	Österreichisches Archiv für Kirchenrecht
OR	L'Osservatore Romano
OR(D)	L'Osservatore Romano (deutsche Ausgabe)
PB	Pastor Bonus
PME	Provida Mater Ecclesia
PP	Papae
Prot. N.	Protokollnummer
Rn./Rnn.	Randnummer(n)
RP	Ratio Procedendi
q.	quaestio
Sp.	Spalte(n)
SchCIC	Schema des CIC
SchProc	Prozessrechtsschema
ThQ	Theologische Quartalschrift
TRE	Theologische Realenzyklopädie
VAS	Verlautbarungen des Apostolischen Stuhls
VI.	Liber Sextus
Vgl./vgl.	vergleiche
WH.T	Wissenschaftliche Handbibliothek
X	Liber Extra

Abbildungsverzeichnis

1. Einführung und Grundlagen der Arbeit

Seit der Promulgation des aktuellen kirchlichen Gesetzbuches, dem CIC/83[1], sind in den vergangenen 36 Jahren nur wenige Revisionen am Textkorpus oder Novellierungen der Rechtsnormen vorgenommen worden und wenn, dann stets mit Bedacht und großer Sorgfalt: Lediglich eine überschaubare Anzahl von Kanones wurden durch Papst Johannes Paul II. mit dem M. P. *Ad Tuendam Fidem*[2] im Jahr 1998 und Papst Benedikt XVI. durch das M. P. *Omnium in Mentem*[3] im Jahr 2009 geändert, um bestehende Lücken im allgemeinen Kirchenrecht zu schließen. Papst Franziskus nahm die 2015 in Rom stattfindenden Bischofssynoden zusammen mit seinem Wunsch, einfachere Werkzeuge für Ehenichtigkeitsverfahren zur Verfügung zu stellen sowie den Diözesanbischof als Richter seiner Teilkirche neu ins Bewusstsein zu rücken,[4] zum Anlass, um mit dem M. P. *Mitis Iudex Dominus Iesus*[5] das vollständige Eheprozessrecht der lateinischen Kirche zu revidieren.[6] In der Folge musste nicht nur der aktuelle Kodex in neuen Auflagen erscheinen, sondern auch die universitäre Theorie und kirchengerichtliche Praxis neu bedacht und angepasst werden. Die Kongregation für das Katholische Bildungswesen veröffentlichte mit päpstlicher *approbatio* im

---

1 Codex Iuris Canonici (2017): Codex des kanonischen Rechtes. Achte Auflage [= Codex Iuris Canonici auctoritate Ioannis Pauli PP. II promulgatus. In: AAS, 75, Pars II. Typis Polyglottis Vaticanis, S. 1–301]. Butzon & Bercker: Kevelaer

2 Papst Johannes Paul II. (1998): Als Motu Proprio erlassenes Apostolisches Schreiben „Ad tuendam fidem", durch das einige Normen in den Codex Iuris Canonici und in den Codex Canonum Ecclesiarum Orientalium eingefügt werden. In: VAS, 144 [= AAS, 90, n. 7, S. 457–461]. Sekretariat der Deutschen Bischofskonferenz: Bonn, S. 11–15.

3 Papst Benedikt XVI. (2009): Motu Proprio „Omnium in Mentem" unseres Heiligen Vaters Benedikt XVI. mit dem einige Normen des Codex des kanonischen Rechtes geändert werden. In: OR(D), 40(25) [= AAS, 102, n. 1, S. 8–10]. Schwabenverlag: Ostfildern, S. 9.

4 Vgl. Schöch, Nikolaus (2016): Synopse der Veränderungen gegenüber dem bisher geltenden Eheprozessrecht. In: DPM, 23. Lang: Frankfurt, S. 325–361, hier: S. 325.

5 Papst Franziskus (2015): Mitis Iudex Dominus Iesus – Der milde Richter Herr Jesus. Apostolisches Schreiben in Form eines Motu Proprio über die Reform des kanonischen Verfahrens für Ehenichtigkeitserklärungen im Codex des kanonischen Rechtes. In: OR(D), 46(39) [= AAS, 107, n. 9, S. 958–970]. Schwabenverlag: Ostfildern, S. 4–6.

6 Bis heute erfolgten zwei weitere Revisionen des CIC/83 durch Papst Franziskus in den Jahren 2016 und 2017, auf die hier mangels thematischer Relevanz nicht eingegangen wird.

Jahr 2018 die Instruktion „Die Studien des Kirchenrechts im Lichte der Reform des Eheprozesses"[7], die sicherstellen soll, dass die Änderungen des Eheprozessrechts auch tatsächlich gelehrt werden, was nochmals deutlich die Wichtigkeit der Novellierung für den universalen Gesetzgeber unterstreicht.

1.1 Fragestellungen und Quellenlage

Die vorliegende Arbeit behandelt die Frage nach der Berufung in Ehenichtigkeitsverfahren, möchte aber auch von ihrer theoretischen Fundierung eine Brücke zur gerichtlichen Praxis schlagen, indem Untersuchungen zur Berufungspraxis der deutschen Diözesangerichte bei Eheverfahren vor und nach Inkrafttreten des M. P. *Mitis Iudex Dominus Iesus* am 08.12.2015 durchgeführt werden. Hierbei handelt es sich explizit um Beobachtungen und keine empirischen Erhebungen, dennoch ermöglichen diese ein genaueres Bild der komplexen Situation von Berufung und Ehebandverteidigung zu zeichnen. Das Thema der Arbeit motiviert sich zu großen Teilen in der Gerichtsstatistik des Offizialats Rottenburg-Stuttgart für das Gerichtsjahr 2017, in welcher bei affirmativen Urteilen der ersten Instanz kein einziges Mal Berufung durch den Ehebandverteidiger eingelegt worden ist – ein statistischer Umstand, der für sich keine Wertung sein möchte, aber eine Gesamtbetrachtung der Frage nach der Berufung bei Ehenichtigkeitsverfahren im Bereich der DBK rechtfertigt. Im Folgenden wird die vorliegende Quellenlage analysiert. Zu dieser Analyse gehört auch die exakte Einordnung der für die vorliegende Arbeit relevanten Quellen in ihren kirchlichen und rechtstheoretischen Kontext. Dadurch soll gewährleistet werden, dass bei der Verwendung dieser Quellen, insbesondere für die historische Entwicklung des Rechtsmittels der Berufung in Kapitel 3.1, die notwendigen Umgebungsvariablen bekannt sind, sodass es inhaltlich *in medias res* gehen kann.

Auch wenn die ersten „elf Jahrhunderte Kirchengeschichte, die der Renaissance des 12. Jahrhunderts vorausgingen, nicht ohne Recht geblieben waren"[8], beginnt die Quellenlage der vorliegenden Arbeit zu einem späteren Zeitpunkt: Ein wichtiger Meilenstein und die zentrale „Epochenwende"[9] im geschichtlichen

---

7 Kongregation für das Katholische Bildungswesen (2018): Instruktion „Per venire incontro". Die Studien des Kirchenrechts im Lichte der Reform des Eheprozesses. In: vatican.va (Abruf: 23.07.2019).

8 Helmholz, Richard H. (2013): Kanonisches Recht und europäische Rechtskultur mit einem Vorwort von Peter Landau. Mohr Siebeck: Tübingen, S. 3.

9 Haering, Stephan (2015): § 1 Kirchliche Rechtsgeschichte. In: HdbKathKR. Dritte Auflage. Pustet: Regensburg, S. 3–11, hier: S. 5.

Verlauf des Kirchenrechts lässt sich nicht exakt datieren, wird aber in aller Regel spätestens mit dem Jahr 1154, eher noch um das Jahr 1140,[10] verbunden: Der Magister Johannes Gratian von Bologna - nach aktuellem Stand der Forschung wahrscheinlich ein Mönch und Italiener[11] - veröffentlichte seine Rechtssammlung und nannte dieses Werk unzweifelhaft *Concordia Discordantium Canonum*, was übersetzt so viel wie Übereinstimmung oder Glättung entgegenstehender Kanones oder Regeln bedeutet.[12] Einträchtig wird Gratian - teilweise sogar ausschließlich - als Magister bezeichnet, was als „Beweis seines Lehramts"[13] verstanden werden kann. Dieses später nach ihm benannte *Decretum Gratiani* konnte sich schnell als kirchenrechtliches Standardwerk durchsetzen und an Autorität gewinnen,[14] auch wenn es nie von einem Papst als dem universalen Gesetzgeber der Kirche promulgiert wurde und sich vom Anspruch her mehr als wissenschaftliches Werk denn als Gesetzbuch verstand.[15] Man könnte es wohl formal mit dem heutigen Denzinger/Hünermann[16] vergleichen. Eine angebliche päpstliche Anerkennung bzw. Approbation ist nach Peter Landau als Legende einzustufen und sicherlich nicht historisch.[17] Ein Grund mag darin liegen, dass

---

10 Vgl. Landau, Peter (1986): Art. Gratian (von Bologna). In: Theologische Realenzyklopädie, 14. De Gruyter: Berlin, S. 124–130, hier: S. 124.

11 Vgl. Haering, Stephan (2006): Gratian und das Kirchenrecht in der mittelalterlichen Theologie. In: Münchener Theologische Zeitschrift, 57(1). EOS: St. Ottilien, S. 21–34, hier: S. 23.

12 Vgl. Hähnchen, Susanne (2016): Rechtsgeschichte. Von der Römischen Antike bis zur Neuzeit. In: Schwerpunkte Pflichtfach. Fünfte Auflage. Müller: Heidelberg, Rn. 361.

13 Schulte, Johann Friedrich von (1875): Die Geschichte der Quellen und Literatur des Canonischen Rechts von Gratian bis auf Papst Gregor IX. In: Die Geschichte der Quellen und Literatur des Canonischen Rechts von Gratian bis auf die Gegenwart, Band 1. Enke: Stuttgart, S. 46.

14 Vgl. Kohut, Karl (1973): Zur Vorgeschichte der Diskussion um das Verhältnis von Christentum und antiker Kultur im spanischen Humanismus. Die Rolle des Decretum Gratiani in der Übermittlung patristischen Gedankengutes. In: Archiv für Kulturgeschichte, 55(1). Böhlau: Wien, S. 80–106, hier: S. 84.

15 Vgl. Rhode, Ulrich (2015): Kirchenrecht. In: Kohlhammer Studienbücher Theologie, 24. Kohlhammer: Stuttgart, S. 23.

16 Denzinger, Heinrich (2009): Kompendium der Glaubensbekenntnisse und kirchlichen Lehrentscheidungen [= Enchiridion symbolorum definitionum et declarationum de rebus fidei et morum]. Verbessert, erweitert, ins Deutsche übertragen und unter Mitarbeit von Helmut Hoping herausgegeben von Peter Hünermann. Zweiundvierzigste Auflage. Herder: Freiburg.

17 Vgl. Landau, Peter (2008): Gratian and the Decretum Gratiani. In: The History of Medieval Canon Law in the Classical Period, 1140–1234. From Gratian to the Decretals

teilweise viele der alten Rechtsquellen und Rechtssammlungen wohl unbekannt waren oder in Vergessenheit geraten sind.[18] Noch heute gilt Gratians Dekret als „Geburtsstunde der Kanonistik"[19] und ihrer Profilierung und Konturierung als wissenschaftliche Disziplin. Gratian selbst wird daher als „Vater der Kanonistik"[20] bezeichnet. Es stellte den Versuch einer Harmonisierung und Systematisierung der bis *dato* vorhandenen Konzilsbeschlüsse, Dekretalen, also Briefen von Päpsten, älteren Kollektionen und Synodalentscheidungen dar und wurde auch um Stellen aus der Heiligen Schrift und Inhalte des Römischen Rechts ergänzt.[21] In der Summe betrachtet, beinhaltet es etwa 3.800 Einzeltexte.[22] Das *Decretum Gratiani* möchte – wie sich schon aus seinem ursprünglichen Titel herleiten lässt – einerseits an unterschiedlichen Stellen vorhandene Gesetze und Rechtsnormen zentral in einem Werk bündeln, aber diese auch andererseits aufbereiten, indem es versucht, Widersprüche aufzulösen und zu einem harmonischen Gesamtergebnis zu führen.[23] Aufgeteilt wurde die Kollektion von Gratian in drei Teile.[24] Die innere Gliederung umfasst zunächst die Darstellung der negativen Argumentation der Problematik, anschließend die positive, um dann beide nach den von Gratian selbst verfassten *Dicta Gratiani* abschließend zu würdigen.[25] Im ersten Teil werden die *Capitula* in 101 *Distinctiones*, also allgemeine Rechtssätze, zusammengefasst und mit der Angabe der Belegstelle einer Autorität gerechtfertigt.[26] Im zweiten Teil werden 36 *Causae*, also fiktive Rechtsfälle, angeführt und mit *Quaestiones* – darunter versteht man allgemeine Rechtsfragen – ausgeführt und näher erörtert.[27] Der dritte und letzte Teil stellt in nur drei *Distinctiones* die Thematik dar, die heute als kirchlicher Heiligungsdienst bezeichnet werden würde und der unter dem Titel *Tractatus de Consecratione* geführt wurde.[28] Das *Decretum Gratiani*, wie dargestellt als privates Werk entstanden, wurde nach

---

of Pope Gregory IX. The Catholic University of America Press: Washington, S. 22–54, hier: S. 22.

18 Vgl. Schulte: Gratian bis auf Papst Gregor IX., S. 40.

19 Haering: Kirchliche Rechtsgeschichte, S. 5.

20 Mösgen, Peter (1996): Einführung ins Kirchenrecht. Eigenverlag, S. 16.

21 Vgl. Hähnchen: Rechtsgeschichte, Rn. 361.

22 Vgl. Helmholz: Kanonisches Recht und europäische Rechtskultur, S. 9.

23 Mösgen: Einführung ins Kirchenrecht, S. 15.

24 Vgl. Schulte: Gratian bis auf Papst Gregor IX., S. 50.

25 Vgl. Kohut: Zur Vorgeschichte der Diskussion, S. 84.

26 Vgl. Hähnchen: Rechtsgeschichte, Rn. 362.

27 Vgl. Schulte: Gratian bis auf Papst Gregor IX., S. 50.

28 Vgl. Haering: Gratian und das Kirchenrecht, S. 24.

und nach zur einflussreichsten Rechtskollektion der damaligen Zeit und gewann einen quasioffiziellen Charakter.[29] Aus der heutigen Retrospektive heraus lässt es sich als „die Geburtsstunde einer eigenständigen Kirchenrechtswissenschaft"[30] bezeichnen. Es handelte sich nicht ausschließlich um eine Kollektion von Rechtsquellen, sondern es lässt sich zusätzlich auch im Sinne eines Lehrbuchs des kanonischen Rechts verstehen.[31] Historisch klar ist, dass es am Ende des 12. Jahrhunderts in ganz Europa verbreitet und in Gebrauch war.[32]

Nach der Epoche des *Decretum Gratiani* und damit der Geburtsstunde der Kanonistik begann die Zeit der Dekretalen, also der päpstlichen Briefe, in denen auf Anfragen oder Probleme mit einem rechtlichen Nukleus eingegangen wurde.[33] Diese Art der „Gesetzgebung" glich also mehr der Feststellung der konkreten Rechtslage im meist strittigen Einzelfall, als der Promulgation von neuem Recht.[34] Die Dekretalen wurden der Kollektion des *Decretum Gratiani* nicht beigefügt, sondern eigenständig gesammelt und später auch als eigene Sammlung in Form der *quinque compilationes* ergänzend herausgegeben.[35] Durch Papst Gregor IX. wurde veranlasst, dass es zu einer neuen und umfassenden Veröffentlichung der seit dem *Decretum Gratiani* erlassenen Dekretalen kommen sollte. Mit dieser Aufgabe wurde Raimund von Peñafort beauftragt.[36] Die Veröffentlichung durch die Bulle *Rex Pacificus*[37] erfolgte nach der damals üblichen Methode – gemeint ist der Versand an die Universitäten[38] – am 05.09.1234 unter der Bezeichnung *Liber Decretalium Extra Decretum Gratiani Vagantium* oder später vereinfacht als *Liber Extra* bezeichnet, was bereits vom Titel her impliziert, dass es sich um eine Ergänzung des *Decretum Gratiani* handelt, die als eigenständig zu betrachten ist. Hierbei handelt es sich also nicht um eine

29 Vgl. Hähnchen: Rechtsgeschichte, Rn. 363.

30 Haering: Gratian und das Kirchenrecht, S. 31.

31 Vgl. Strauch, Dieter (2003): Mittelalterliches Recht. Herkunft – Kennzeichen – Fortwirken. Vortrag vor dem Kölner Zentrum für Mittelalterstudien am 12. Dezember 2003. Eigenverlag, S. 8.

32 Vgl. Helmholz: Kanonisches Recht und europäische Rechtskultur, S. 12.

33 Vgl. Hähnchen: Rechtsgeschichte, Rn. 369.

34 Vgl. Helmholz: Kanonisches Recht und europäische Rechtskultur, S. 12.

35 Vgl. Rhode: Kirchenrecht, S. 24.

36 Vgl. Hähnchen: Rechtsgeschichte, Rn. 369.

37 Papst Gregor IX. (1234): Bulle „Rex Pacificus". In: Corpus Iuris Canonici, Decretalium Collectiones. Akademische Druck- und Verlagsanstalt: Graz, Sp. 1–4.

38 Vgl. Link, Christoph (2010): Kirchliche Rechtsgeschichte. Kirche, Staat und Recht in der europäischen Geschichte von den Anfängen bis ins 21. Jahrhundert. Zweite Auflage. Beck: München, S. 39.

private Sammlung von Rechtsvorschriften, sondern um ein „päpstliches Gesetzgebungswerk“[39], also die Promulgation von Vorschriften im engeren Sinn, zum ersten Mal in der Geschichte des kirchlichen Rechts.[40] Papst Gregor IX. war es auch, der die Erstellung von neuen Rechtssammlungen ohne das Vorliegen eines päpstlichen Auftrags verboten hatte.[41] Der Papst habe „alle Rechte im Schreine seiner Brust“[42], wie es sprachlich etwas veraltet Johann Friedrich von Schulte ausdrückte.

Die kirchliche Rechtsentwicklung setzte sich unvermindert fort, sodass es notwendig wurde, eine erneute Dekretalensammlung zu veröffentlichen: Einerseits wurde die schiere Zahl an Konstitutionen unübersichtlich, andererseits kam es zu Derogationen und Abrogationen von gesetzlichen Vorschriften, die nicht universal angewendet wurden.[43] Dieses Problem sollte unter Papst Bonifatius VIII. am 03.03.1298 durch die Publikation des *Liber Sextus Decretalium*, der sich methodisch und formal stark am *Liber Extra* orientierte, gelöst oder zumindest angegangen werden.[44] Der Name leitet sich daher ab, dass der *Liber Extra* aus fünf Büchern bestand und der *Liber Sextus* als Erweiterung und Fortsetzung, also als sechstes Buch der Reihe konzipiert wurde.[45] Zum Umfang des Liber Sextus lässt sich sagen, dass dieser etwa 38,5 % des *Decretum Gratiani* entspricht.[46] Die Kanonistik erfuhr eine wesentliche neue Funktion, denn mit der päpstlichen Bulle *Sacrosanctae Romanae Ecclesiae*[47] zur Promulgation wird deutlich, dass der oberste Gesetzgeber der Kirche fortan auch neues Recht zu setzen imstande und gewillt war – bisher war es üblich, ausschließlich Akte der Bestätigung von Rechtsvorschriften durchzuführen.[48] Viele Gesetze wurden durch die Promulgation des *Liber Sextus* gestrichen, weil sie entweder nur von zeitlicher Dauer sein

39 Strauch: Mittelalterliches Recht, S. 9.

40 Vgl. Rhode: Kirchenrecht, S. 24.

41 Vgl. Schulte, Johann Friedrich von (1877): Die Geschichte der Quellen und Literatur des Canonischen Rechts von Papst Gregor IX. bis zum Concil von Trient. In: Die Geschichte der Quellen und Literatur des Canonischen Rechts von Gratian bis auf die Gegenwart, Band 2. Enke: Stuttgart, S. 29.

42 Vgl. Schulte: Papst Gregor IX. bis zum Concil von Trient, S. 28.

43 Vgl. Schulte: Papst Gregor IX. bis zum Concil von Trient, S. 34.

44 Vgl. Hähnchen: Rechtsgeschichte, Rn. 371.

45 Vgl. Rhode: Kirchenrecht, S. 24.

46 Vgl. Schulte: Papst Gregor IX. bis zum Concil von Trient, S. 36.

47 Papst Bonifatius VIII. (1298): Bulle „Sacrosanctae Romanae Ecclesiae“. In: Corpus Iuris Canonici, Decretalium Collectiones. Akademische Druck- und Verlagsanstalt: Graz, Sp. 933–936.

48 Vgl. Strauch: Mittelalterliches Recht, S. 9.

sollten, weil sie in sich widersprüchlich waren oder weil sie im Laufe der Zeit überflüssig geworden sind.[49] Dennoch blieben auch andere ältere Rechtsvorschriften weiterhin in Geltung, sofern dies nicht ausdrücklich widersagt wurde.[50] Durch das Begleitschreiben von Papst Bonifatius VIII. wird auch die Exklusivität der Rechtssammlung deutlich: So waren nicht in sie aufgenommene Dekretalen nicht mehr zu rezipieren, zu lehren und auch nicht mehr anzuwenden.[51]

Als letzter Entwicklungsschritt in der mittelalterlichen Kanonistik lassen sich die *Constitutiones* von Papst Clemens V. bezeichnen, die erst posthum von seinem Nachfolger Papst Johannes XXII. am 25.10.1317 mit der Bulle *Quoniam Nulla*[52] allgemein bekanntgegeben wurden und Gesetzeskraft erlangten, allerdings unter dem Namen ihres ursprünglichen Erlassers als *Clementinae*.[53] In der Retrospektive lässt sich dies als genialer Schachzug darstellen, denn tatsächlich wurde eine erste Version von Papst Clemens V. publiziert, allerdings wieder eingezogen und später als Beschlüsse des Konzils von Vienne ausgegeben.[54] Die *Clementinae* bestanden ausschließlich aus den seit der Veröffentlichung des *Liber Sextus* erlassenen Dekretalen der Päpste sowie den Konzilsbeschlüssen des Konzils von Vienne.[55] Die von den Päpsten in der Zeit nach der Veröffentlichung der *Clementinae* erlassenen Dekretalen wurden in zwei weiteren Kollektionen, *Extravagantes* und *Extravagantes Commune* genannt,[56] zusammengefasst und veröffentlicht.[57] Bei diesen *Extravagantes* handelte es sich um private, also nicht offizielle Arbeiten, die die bestehenden Rechtssammlungen ergänzen sollten.[58] Es wurden nicht nur Erlasse und Dekretale nach der Publikation der *Clementinae* aufgenommen, sondern insbesondere auch solche, die nach dem *Liber Sextus* veröffentlicht, bisher aber in keiner offiziellen Sammlung berücksichtigt wurden, aber gleichzeitig nie derogiert worden sind.[59] Die Gesamtheit all dieser hier genannten Kollektionen, Rechtssammlungen und Promulgationen

49 Vgl. Schulte: Papst Gregor IX. bis zum Concil von Trient, S. 37.
50 Vgl. Link: Kirchliche Rechtsgeschichte, S. 40.
51 Vgl. Schulte: Papst Gregor IX. bis zum Concil von Trient, S. 40.
52 Papst Johannes XXII. (1317): Bulle „Quoniam Nulla". In: Corpus Iuris Canonici, Decretalium Collectiones. Akademische Druck- und Verlagsanstalt: Graz, Sp. 1129–1132.
53 Vgl. Hähnchen: Rechtsgeschichte, Rn. 371.
54 Vgl. Schulte: Papst Gregor IX. bis zum Concil von Trient, S. 46–47.
55 Vgl. Strauch: Mittelalterliches Recht, S. 9.
56 Vgl. Haering: Kirchliche Rechtsgeschichte, S. 5.
57 Vgl. Rhode: Kirchenrecht, S. 24.
58 Vgl. Strauch: Mittelalterliches Recht, S. 9.
59 Vgl. Schulte: Papst Gregor IX. bis zum Concil von Trient, S. 50–51.

wurde spätestens ab dem Ende des 16. Jahrhunderts in Anlehnung an das weltliche Recht des *Corpus Iuris Civilis* als *Corpus Iuris Canonici* bezeichnet.[60] Beide Gesetzessammlungen dienen gleichermaßen als „Zeugen für die geistlich-weltliche Zweiheit der mittelalterlichen Lebensordnung“[61]. Es handelt sich hierbei allerdings nicht um eine „Sammlung, die als solche eine Einheit bilde und Geltung habe“[62], also insbesondere nicht um ein Gesetzbuch nach heutigem Verständnis. Das *Corpus Iuris Canonici*, dieses „Monumentalwerk“ und eine „der größten geistigen Leistungen des Mittelalters“[63], blieb bis zur Promulgation des CIC/17 in Kraft, auch wenn es im Verlauf der Geschichte zu zahlreichen inhaltlichen Änderungen und Anpassungen gekommen ist.[64] Der Name kam durch Papst Gregor XIII. zustande, der 1582 durch die *Editio Romana* alle genannten Kollektionen, einschließlich der *Extravagantes*, in einer amtlichen und approbierten Sammlung mit einem verbindlichen Textkorpus[65] veröffentlichte und diese für die kirchenrechtliche Theorie und Praxis empfahl.[66] Allerdings ist zu unterscheiden, dass es sich beim *Liber Extra*, *Liber Sextus* und den *Clementinae* um offiziell von den Päpsten erlassene Kollektionen handelt, wohingegen das *Decretum Gratiani* und die *Extravagantes* zwar innerhalb des *Corpus Iuris Canonici* aufgenommen wurden, ihnen aber kein offizieller Charakter zukommt.[67]

Bei der Frage der Berufung ist „bei Benedikt XIV. einzusetzen“[68]. Gemeint ist die Apostolische Konstitution *Dei Miseratione*[69] vom 11.04.1741, in welcher

---

60 Vgl. Link: Kirchliche Rechtsgeschichte, S. 41.

61 Feine, Hans Erich (1972): Kirchliche Rechtsgeschichte. Die katholische Kirche. Fünfte Auflage. Böhlau: Köln, S. 273.

62 Schulte: Papst Gregor IX. bis zum Concil von Trient, S. 64.

63 Landau, Peter (1995): Ehetrennung als Strafe. Zum Wandel des kanonischen Eherechts im 12. Jahrhundert. In: Zeitschrift der Savigny-Stiftung für Rechtsgeschichte, 122. Kanonistische Abteilung, 81. Böhlau: Wien, S. 148–188, hier: S. 149.

64 Vgl. Feine: Kirchliche Rechtsgeschichte. Die katholische Kirche, S. 273.

65 Vgl. Landau: Gratian and the Decretum Gratiani, S. 50.

66 Vgl. Strauch: Mittelalterliches Recht, S. 9.

67 Vgl. Rhode: Kirchenrecht, S. 24.

68 Lüdicke, Klaus (1990): Zum Berufungssystem im kirchlichen Ehenichtigkeitsprozeß. In: MKCIC.B, 5 [= Iustus Iudex. Festgabe für Paul Wesemann zum 75. Geburtstag von seinen Freunden und Schülern]. Ludgerus: Essen, S. 507–551, hier: S. 512.

69 Papst Benedikt XIV. (1741): Apostolische Konstitution „Dei Miseratione“ vom 3. November 1741. In: Gasparri, Pietro (Hg., 1926): Codicis Iuris Canonici Fontes, Volumen I. Typis Polyglottis Vaticanis: Romae, n. 318, S. 695–701.

Papst Benedikt XIV. – „ein bedeutender Kanonist“[70], wie ihn sein späterer Nachfolger Papst Benedikt XVI. bezeichnen wird – die Bischöfe im Bereich des damaligen Königreichs Polen auf eine gewissenhafte Ausübung des Richteramtes insbesondere bei Ehenichtigkeitsverfahren mit Nachdruck hinwies.[71] Zur damaligen Zeit war es zu gravierenden Missständen hinsichtlich der Nichtigerklärung von Ehen gekommen, sodass es nicht ungewöhnlich war, dass zum dritten oder gar vierten Mal kirchlich geheiratet werden konnte: Vom Rechtsmittel der Berufung wurde kaum Gebrauch gemacht, nur eine der Parteien war am Verfahren beteiligt oder die Partei, die für die Gültigkeit der Ehe eingetreten ist, ließ sich bestechen, um nur einige der gravierendsten Mängel wiederzugeben und aufzuzeigen. Dies führte letztlich „zu einer durchgreifenden Reform des kirchlichen Eheprozessrechtes“[72], wie sie Papst Benedikt XIV. durch die Apostolische Konstitution *Dei Miseratione* umgesetzt hat. Zu beachten ist, dass im Gegensatz zu der ab dem CIC/17 verbindlich vorgeschriebenen Richterkollegien aus mindestens drei erkennenden Richtern, zur damaligen Zeit Ehenichtigkeitsverfahren in aller Regel vor einem Einzelrichter geführt worden sind, dem es oblag, über die Gültigkeit oder Nichtigkeit der Ehe zu urteilen.[73]

Während des Ersten Vatikanischen Konzils zwischen 1869 und 1870 manifestierte sich vermehrt der Wunsch, ein neues Gesetzbuch nicht mehr als Sammlung bestehender Rechtsvorschriften, sondern in Form einer Kodifizierung nach dem Vorbild des römischen Rechts und unter Orientierung am gesetzlichen Standardwerk jener Zeit, dem *Code civil des Français* von 1804oder besser bekannt unter dem Namen *Code Napoléon*, für die katholische Kirche zu verfassen und zu promulgieren.[74] Wegen des abrupten Endes des Konzils konnte dies nicht mehr umgesetzt werden. Eine der bedeutendsten Gründe für den Wunsch nach einer Kodifizierung war der Umstand, dass über die Geltung einzelner Rechtsnormen und Normbereiche große Uneinigkeit auch bei den führenden

---

70 Papst Benedikt XVI. (2007): Ansprache Papst Benedikts XVI. an die Römische Rota zur Eröffnung des Gerichtsjahres 2006 am 28. Januar 2006. In: DPM, 14. Lang: Frankfurt, S. 289–292, hier: S. 291.

71 Vgl. Lüdicke: Zum Berufungssystem im kirchlichen Ehenichtigkeitsprozeß, S. 513.

72 Weier, Joseph (1997): Die Parität zwischen Ehebandverteidiger und Anwalt im kirchlichen Ehenichtigkeitsprozess – Erreichtes und Erwünschtes. In: DPM, 4. Lang: Frankfurt, S. 319–333, hier: S. 319.

73 Vgl. Lüdicke: Zum Berufungssystem im kirchlichen Ehenichtigkeitsprozeß, S. 518.

74 Vgl. Knecht, August (1918): Das neue kirchliche Gesetzbuch – Codex Juris Canonici – Seine Geschichte und Eigenart. Mit einem Anhang: Sammlung einschlägiger Aktenstücke. Trübner: Straßburg, S. 29–31.

Kanonisten der damaligen Zeit herrschte.[75] Eine große Anzahl an Redakteuren und Beratern arbeitete unter Einbindung der an den Universitäten vorhandenen Expertisen an der Erstellung.[76] Insgesamt waren nicht nur dreizehn Kardinäle, sondern auch 46 Konsultoren daran beteiligt, der größte Teil von ihnen waren Italiener.[77] Nach der Fertigstellung verschiedener Entwurfsfassungen des Kodex wurden diese an die Bischöfe weltweit verschickt, um auch deren Rückmeldungen und Stellungnahmen – seien sie inhaltlich, formal oder pastoral intendiert gewesen – einzuholen und sie bei Bedarf in den weiteren Revisionsphasen der Entwicklung des Gesetzbuches zu berücksichtigen.[78] Federführend ist Pietro Kardinal Gasparri zu nennen, der Sekretär der Päpstlichen Kommission für die Kodifikation des Kanonischen Rechts war.[79] Schließlich konnte der heute in der Kurzform als CIC/17[80] bezeichnete Gesetzestext am 28.06.1917 feierlich von Papst Benedikt XV. promulgiert werden – zeitgleich erschien der Kodex auch in gedruckter Form in den *Acta Apostolicae Sedis*, dem offiziellen Mitteilungsblatt und Promulgationsorgan[81] für die gesetzgebenden Akte des Heiligen Stuhls.[82] Der CIC/17 – vereinzelt wird er wegen seiner zwei „Väter" als pio-benediktinischer Kodex bezeichnet[83] – trat zum 19.05.1918 offiziell in Kraft. Damit

---

75 Vgl. z. B. Braun, Karl Ludwig (1896): Das Vorverfahren der Bischöflichen Curien bei Auflösung der nicht vollzogenen Ehen durch den heiligen Stuhl. In: AfkKR, 76. Kirchheim: Mainz, S. 212–226, hier: S. 213.

76 Vgl. Knecht: Das neue kirchliche Gesetzbuch, S. 29.

77 Vgl. Herzog, Eduard (1918): Der päpstliche Jurisdiktionsprimat im neuen Codex juris canonici. In: Internationale kirchliche Zeitschrift, 8(2). Stämpfli & Co: Bern, S. 105–117, hier: S. 107–108.

78 Vgl. Mörsdorf, Klaus (1937): Die Rechtssprache des Codex Iuris Canonici. Eine kritische Untersuchung. In: Ebers, Godehard et al. (Hgg.): Görres-Gesellschaft zur Pflege der Wissenschaft im katholischen Deutschland, 74. Heft. Schöningh: Paderborn, S. 24.

79 Vgl. Samerski, Stefan (2009): Pietro Gasparri – exzellenter Diplomat und Organisationstalent. 80 Jahre Staat der Vatikanstadt – Erinnerungen an einen Kardinalstaatssekretär mit außerordentlichen Fähigkeiten. In: OR(D), 39(50). Schwabenverlag: Ostfildern, S. 10–11.

80 Codex Iuris Canonici (1918): Pii X. Pontificis Maximi iussu digestus Benedicti Papae XV. auctoritate promulgatus. Praefatione, fontium annotatione et indice analytico-alphabetico ab Pietro Card. Gasparri auctus. Kenedy & Sons: New York.

81 Vgl. Graulich, Markus (2000). Art. Acta Apostolicae Sedis. In: LKStKR, 1. Schöningh: Paderborn, S. 30.

82 Vgl. Eisenhofer, Heinrich (1954): Die kirchlichen Gesetzgeber. Technik und Form ihrer Gesetzgebung. Zink: München, S. 73.

83 Vgl. z. B. Hülskamp, Martin (2008): „Der Gerichtsvikar bildet mit dem Bischof ein Gericht". Vom Zuordnungsverhältnis des Offizials zum Diözesanbischof und dessen

dispensierte der damalige Papst sich selbst von der eigenen Regelung der Zeit der Gesetzesschwebe von drei Monaten nach can. 9, was einerseits vor dem Inkrafttreten gar nicht notwendig gewesen wäre und was andererseits durch die Promulgation eines gänzlich neuen Gesetzbuches und das daraus entstandene Desiderat des Studiums und der Einarbeitung in die neuen Normen auf Seiten der Bischöfe, Kanoniker, Priester und aller Christgläubigen durchaus nachvollziehbar erscheint.[84] Der Geltungsbereich beschränkte sich gemäß can. 1 auf die lateinische Kirche.[85] Der auf diese Weise entstandene Kodex ist ein klassisches Gesetzbuch, das sich in Aufbau und Form an weltlichen Gesetzeswerken der damaligen Zeit orientiert, aber hat mit dem Anspruch, das kirchliche Recht zu sein, auch abschnittsweise den Charakter eines theologischen Lehrbuchs.[86] Der CIC/17 kann als Sammlung und Kategorisierung, aber auch als verbindliche Zusammenstellung und Weiterentwicklung des bis *dato* geltenden Rechts verstanden werden. Die theologische Fundierung und Begründung der Kodifizierung und des kanonischen Rechts an sich spielte nur sekundär eine Rolle.[87] Die Erstellung des Kodex von 1917 musste insbesondere zum Ende der Entstehungsphase stark forciert werden, weil die Promulgation des Gesetzbuches erwartet wurde und deswegen möglichst schnell erfolgen sollte, was allerdings zu zahlreichen Fehlern in den ersten Ausgaben und Auflagen führte, beim Inhalt und bei den Verweisen.[88] Unter rechtssprachlicher Betrachtung lässt sich konstatieren, dass viele Begriffe und Terminologien nicht einheitlich und konsistent verwendet wurden, was insbesondere bei einem kodifizierten Gesetzbuch gravierende Folgen haben kann: So war z. B. nicht immer klar definiert, ob eine Vorgabe grundsätzlich eher fakultativen oder eben doch obligatorischen Charakter hat,[89]

Besonderheiten. In: MKCIC.B, 51 [= Saluti hominum providendo. Festschrift für Offizial und Dompropst Dr. Wilhelm Hentze]. Ludgerus: Essen, S. 141–153, hier: S. 151.

84 Vgl. Ruck, Erwin (1926): § 2. Die Quellen des Kirchenrechtes. In: Kohlrausch, Eduard; Kaskel, Walter (Hgg.): Enzyklopädie der Rechts- und Staatswissenschaft. Abteilung Rechtswissenschaft, Band XXIX: Kirchenrecht. Springer: Berlin/Heidelberg, S. 6–11, hier: S. 9–10.

85 Vgl. Schmitz, Heribert (1963): Die Gesetzessystematik des Codex Iuris Canonici Liber I-III. In: MThS, 18. Hueber: München, S. 11.

86 Vgl. Mörsdorf: Rechtssprache, S. 25.

87 Vgl. Meckel, Thomas (2017): Rechtliche Neuerungen für die Rota Romana seit Pastor Bonus über Quaerit semper bis Mitis Iudex. In: KStKR, 27 [= Veritas vos liberabit. Festschrift zum 65. Geburtstag von Günter Assenmacher]. Schöningh: Paderborn, S. 491–510, hier: S. 492.

88 Vgl. Mörsdorf: Rechtssprache, S. 26–27.

89 Vgl. ebd., S. 32.

sodass die Unsicherheit bezüglich des Wortgebrauchs innerhalb des Kodex von Klaus Mörsdorf als „Schmerzenskind unseres Gesetzbuches“[90] bezeichnet wurde. In den cann. 1960–1992 und damit im 20. Titel des vierten Buchs „De Processibus“ finden sich die Spezialnormen für Ehenichtigkeitsverfahren. Diese wurden als Spezifizierung der allgemeinen prozessualen Ausführungen zwischen den grundsätzlichen Normen über das kirchliche Gerichtswesen und den Verfahren im Allgemeinen platziert.

Die Kongregation für die Sakramentenordnung veränderte und erweiterte mit Genehmigung von Papst Pius XI.[91] im Jahr 1936 diverse Teilaspekte der Normen für die Ehenichtigkeitsverfahren mit der Instruktion *Provida Mater Ecclesia*[92], indem sie eine neue Eheprozessordnung[93] veröffentlichte, die als Durchführungsgesetz zu verstehen ist.[94] Um rechtssprachlich Klarheit darüber zu erlangen, welchen rechtlichen Status die Instruktion *Provida Mater Ecclesia* hat, bedarf es einiger zusätzlicher Anmerkungen. So muss zunächst die Verwendung des Begriffs „Instruktion“ näher spezifiziert werden, weil dieser sowohl in can. 625, als auch in sonstigen Belegstellen innerhalb des CIC/17 unterschiedliche Bedeutungen hat bzw. unterschiedlich genutzt wurde.[95] Weder die Bezeichnung eines Dokuments als Instruktion oder Motu Proprio – um nur zwei der Möglichkeiten zu nennen –, noch die Promulgations- bzw. Veröffentlichungsform lassen einen Schluss darauf zu, um welche rechtliche Art von Text es sich handelt, also ob neue gesetzliche Regelungen getroffen werden dürfen, bestehende Gesetze näher erklärt werden sollen oder ob es sich um ein pastorales

90 Ebd., S. 34.

91 Vgl. Daniel, William L. (2015): An Analysis of Pope Francis’ 2015 Reform of the General Legislation Governing Causes of Nullity of Marriage. In: The Jurist, 75(2). Catholic University of America: Washington, S. 429–466, hier: S. 450.

92 Sacra Congregatio de Disciplina Sacramentorum (1936): Instructio servanda a tribunalibus dioecesanis et pertractandis causis de nullitate matrimoniorum „Provida Mater Ecclesia“. In: AAS, 28, n. 10, S. 313–372.

93 Koeniger, Albert M. (1937): Die Eheprozessordnung für die Diözesangerichte. Text mit Übersetzung und Erläuterungen. In: Ders. (Hg.): Kanonistische Studien und Texte, Band 11. Röhrscheid: Bonn. Diese Übersetzung wird verwendet, soweit Texte mit PME gekennzeichnet sind.

94 Vgl. Mörsdorf, Klaus (1939): Zur Eheprozeßordnung für die Diözesangerichte vom 15.8.1936. In: ThQ, 120. Bader’sche Verlagsbuchhandlung: Rottenburg, S. 206–219, 338–370, hier: S. 206.

95 Vgl. Wächter, Lothar (1989): Gesetz im kanonischen Recht. Eine rechtssprachliche und systematisch-normative Untersuchung zu Grundproblemen der Erfassung des Gesetzes im katholischen Kirchenrecht. In: MThS, 43. EOS: St. Ottilien, S. 8.

Schreiben ganz ohne rechtliche Bindungs- und Verpflichtungskraft handelt.[96] Bei *Provida Mater Ecclesia* handelt es sich – damit folgt der Autor der vorliegenden Arbeit der wissenschaftlichen Auffassung und überzeugenden Einschätzung von Lothar Wächter – um ein als Instruktion bezeichnetes Gesetz,[97] denn sie beinhaltet „auch einige Ergänzungen und Änderungen“[98]. Die Instruktion *Provida Mater Ecclesia* wurde am 10.09.1936 in den AAS veröffentlicht und erlangte gemäß can. 9 des CIC/17 nach der Phase der dreimonatigen Gesetzesschwebe am 10.12.1936 Rechtskraft und wurde für alle Gerichte, an denen Ehenichtigkeitsverfahren geführt wurden, in ihrer Anwendung verbindlich.[99] Der Grund für die Herausgabe und Veröffentlichung war eine in der kirchlichen Gerichtspraxis entstandene Nachfrage nach einem kompakten und übersichtlichen Werk, in welchem die Ehenichtigkeitsverfahren unter Einbeziehung des allgemeinen Prozessrechts ausführlich behandelt werden sollten. Alle inhaltlich oder formal dazugehörenden Normen – sowohl systematisch als auch in die Chronologie des Prozessablaufs eingeordnet – sollten erwähnt sowie teilweise unpräzise oder lückenhafte Angaben ergänzt und erklärt werden, um im Ergebnis „ein abgeschlossenes Ganzes“[100] zu erstellen, wie Albert M. Koeniger seiner Übersetzung der Instruktion *Provida Mater Ecclesia* – hierbei handelt es sich um eines der „am häufigsten konsultierten Bücher in den deutschsprachigen Offizialaten“[101], wie Stephan Haering feststellt – voranstellte. Bereits vor der Veröffentlichung der Instruktion bezeichnete Johann Haring kirchliche Richter, an Ehenichtigkeitsverfahren beteiligte Amtsträger und sonstige Kanonisten als Autodidakten, die – ganz aus der Theorie kommend – die gerichtliche Praxis erst während der Anwendung erlernen konnten, also *learning by doing* betreiben mussten. Darum war ein Vademekum, welches die Instruktion *Provida Mater Ecclesia* letztlich sein sollte und auch geworden ist, ein wichtiges Werk zur Sicherstellung einer gesetzesgemäßen sowie vergleichbaren und damit nicht zuletzt auch gerechten Rechtsprechung.[102] Klaus Mörsdorf stellte exemplarisch die positiven

96 Vgl. ebd., S. 12.

97 Vgl. ebd., S. 43, Anm. 25.

98 Haering, Stephan (2001): Eine neue Eheprozeßordnung? Streiflichter zu einem Gesetzesentwurf. In: Communio In Ecclesiae Mysterio. Festschrift für Winfried Aymans zum 65. Geburtstag. EOS: St. Ottilien, S. 157–174, hier: S. 159.

99 Vgl. May, Georg; Egler, Anna (1986): Einführung in die kirchenrechtliche Methode. Pustet: Regensburg, S. 156.

100 Koeniger: Eheprozessordnung, S. V.

101 Haering: Eine neue Eheprozeßordnung, S. 160.

102 Vgl. Haring, Johann (1929): Der kirchliche Eheprozeß. Eine praktische Anleitung für kirchliche Richter. Moser: Graz, S. III.

Verbesserungen beim Versuch heraus, die Einheitlichkeit der Rechtssprache innerhalb der Instruktion *Provida Mater Ecclesia* zu gewährleisten, wodurch die bestehenden Verständnis- sowie Interpretations- und damit auch Auslegungsschwierigkeiten beseitigt worden sind. Dennoch sieht er sich in der Pflicht darauf hinzuweisen, dass die Rechtssprache trotz der vielen positiven Bemühungen nicht gänzlich einheitlich geworden ist.[103]

Bereits im Vorfeld und mit größerem Nachdruck auch während der Sitzungsperioden des Zweiten Vatikanischen Konzils forderten viele Konzilsväter und andere eine Revision des Eheprozessrechts, „bei welcher der Geist der Liebe und Barmherzigkeit Christi aufleuchten solle“[104]. Diese Forderung, die später als „Ehevotum“[105] bekannt werden sollte, wurde zur Abstimmung vorgelegt und bekam eine Zwei-Drittel-Mehrheit der Stimmen der Konzilsväter, sodass sie dem Papst vorgelegt werden musste. Allerdings fand die Forderung nach einer Revision letztlich keinen Eingang in die Konzilsdokumente.[106] Diese Verfahrensweise ist durchaus verständlich, da die Revision des CIC/17 bereits geplant und angekündigt war und ein systematischer Ort innerhalb der Konzilsdokumente nur schwierig zu ermitteln gewesen wäre. Im Anschluss an das Zweite Vatikanische Konzil und im Vorgriff auf den geplanten, aber in der Entstehungszeit noch weit in der Zukunft liegenden neuen CIC, erließ Papst Paul VI. zahlreiche neue Normen, mit denen er die entsprechenden Parallelstellen im CIC/17 und in der Instruktion *Provida Mater Ecclesia* außer Kraft setzte. Im Jahr 1971 wurden einige „Normen für eine schnellere Abwicklung der Eheprozesse“[107] durch das M. P. *Causas Matrimoniales*[108] promulgiert. Bei einem Motu Proprio – synonym wird hierbei auch die Bezeichnung *Litterae Apostolicae Motu Proprio datae* verwendet – handelt es sich im Grundsatz um Erlasse des Papstes, denen der

---

103 Vgl. Mörsdorf: Zur Eheprozeßordnung, S. 206–207.

104 Heimerl, Hans (1992): Für und wider den Sinn kirchlicher Eheprozesse. In: ÖAKR, 41 [= Peter Leisching zum 60. Geburtstag]. Plöchl: Freistadt, S. 141–162, hier: S. 141.

105 Lüdicke, Klaus (2015): Evolution oder Revolution? Der neue kirchliche Eheprozess. In: HerKorr, 69(10). Herder: Freiburg, S. 509–512, hier: S. 509.

106 Vgl. Heimerl: Sinn kirchlicher Eheprozesse, S. 141.

107 Schmitz, Heribert (Hg., 1976): Kirchliches Prozeßrecht. Sammlung neuer Erlasse. Lateinisch – deutsch. Von den deutschen Bischöfen approbierte Übersetzungen. Übersetzt von Joseph Weitzel. Paulinus: Trier, S. 32–45. Diese Übersetzung wird verwendet, soweit deutsche Texte mit dem Kürzel CM gekennzeichnet sind.

108 Papst Paul VI. (1971): Causas Matrimoniales. Apostolisches Schreiben in Form eines Motu Proprio über den Erlass einiger Normen für eine schnellere Abwicklung der Eheprozesse. In: AAS, 63, n. 6, S. 441–446.

Charakter päpstlicher Gesetze zukommt und die dadurch eine legislative Wirkung entfalten können. Allerdings liegt auch hier – auf die Problematik wurde weiter oben bereits hingewiesen – keine Einheitlichkeit in der Rechtssprache vor, sodass trotz der Bezeichnung und Kategorisierung des Dokuments als Motu Proprio nicht darauf geschlossen werden kann, dass der Erlass automatisch den Charakter und die Verbindlichkeit eines Gesetzes hat.[109] Parallel zur Forderung nach einer Novellierung des Eheprozessrechts wurde während des Zweiten Vatikanischen Konzils und wiederum ohne textuellen Eingang in eines der Konzilsdokumente auch die Forderung laut, dass der formale und prozessuale Ablauf von Ehenichtigkeitsverfahren effizienter gestaltet werden müsste, um im Ergebnis eine Verkürzung der als zu lange angesehenen Verfahrensdauern zu erreichen.[110] Diesem Wunsch kam Heribert Schmitz folgend eine sehr große Bedeutung zu, weil die große Anzahl an Ehenichtigkeitsverfahren, die über viele Jahre hinweg bei kirchlichen Gerichten anhängig waren – unabhängig ob intendiert oder nicht – einer Rechtsverweigerung gleichkomme.[111] Diese Forderung wurde umgesetzt und auch einige weitere kontrovers diskutierte Änderungen wurden durch das M. P. *Causas Matrimoniales* vorgenommen und sind – inhaltlich, nicht formell – bis heute gültig.[112]

Die Neufassung des CIC vom 25.01.1983 in Form einer gänzlichen Neupromulgation als „Codex ganz anderer Art" und „letzte[s] Konzilsdokument"[113] unter Papst Johannes Paul II. behandelt in zahlreichen Kanones ausdrücklich das Prozessrecht im Allgemeinen und das Eheprozessrecht im Speziellen und orientierte sich nicht ausschließlich an den drei Vorgängerrechtsquellen CIC/17, Instruktion *Provida Mater Ecclesia* und M. P. *Causas Matrimoniales*,[114] sondern führte auch explizite Neuerungen ein. In der gut 20-jährigen Entstehungszeit

109 Vgl. Wächter: Gesetz im kanonischen Recht, S. 38–39.

110 Vgl. Tanner, Norman (2006): V. Kirche in der Welt: Ecclesia ad Extra. In: Alberigo, Giuseppe; Wassilowsky, Günther (Hgg.): Geschichte des Zweiten Vatikanischen Konzils (1959–1965). Band IV: Die Kirche als Gemeinschaft (September 1964-September 1965). Grünewald/Peeters: Mainz/Leuven, S. 314–450, hier: S. 442.

111 Vgl. Schmitz: Kirchliches Prozeßrecht, S. 11.

112 Vgl. Heimerl: Sinn kirchlicher Eheprozesse, S. 144.

113 Papst Johannes Paul II. (1983): Ein Recht, vom Konzil gewünscht. Ansprache an die Teilnehmer des Kurses der Päpstlichen Universität Gregoriana über das neue kirchliche Gesetzbuch am 21. November. In: OR(D), 13(49). Schwabenverlag: Ostfildern, S. 4.

114 Vgl. Flatten, Heinrich (1977): Der Eheprozess im Entwurf zum künftigen Codex Iuris Canonici. In: AfkKR, 146. Kirchheim & Co: Mainz, S. 36–73, hier: S. 40.

des CIC/83 waren innerhalb und außerhalb der Kodex-Reformkommission zahlreiche Konsultoren, Kanonisten, Universitätsprofessoren und auch Teile des Bischofskollegiums damit beschäftigt, im Verlauf des Revisionsprozesses drei Schemata zu publizieren, aus welchen sich häufig die Änderungshistorie inhaltlich und argumentativ nachverfolgen lassen kann. Die für die vorliegende Arbeit besonders relevanten Schemata sind das „Schema Canonum de Modo Procedendi pro tutela Iurum seu de Processibus“[115] (SchProc) von 1976, welches das Prozessrecht behandelt, sowie die beiden „Schema Codici Iuris Canonici“ (SchCIC) von 1980[116] und von 1982[117]. Der entstandene CIC/83 ist das Resultat eines langen Entwicklungs- und Änderungsprozesses, der, von Papst Johannes XXIII. angekündigt, bereits während des Zweiten Vatikanischen Konzils begonnen wurde und sich auch an dessen Beschlüssen orientierte, so wie es Papst Johannes Paul II. für die Reform des Kirchenrechts nachdrücklich gefordert hatte.[118] Damit wird der neu promulgierte Kodex in eine theologische und hermeneutische Traditionslinie mit dem Zweiten Vatikanischen Konzil gestellt. Spätestens mit der Promulgation des CIC/83 als neuem kirchlichen Gesetzbuch sind sowohl der CIC/17, als auch die Instruktion *Provida Mater Ecclesia* und das M. P. *Causas Matrimoniales* gemäß cc. 5 § 1, 6 § 1 und 20 als aufgehoben und damit nicht mehr gültig zu betrachten.[119] Die Grundlage und Begründung eines eigenen kirchlichen Prozessrechts,[120] nach dem die Kirche im weiteren Sinn geistliche Angelegenheiten sowie Verletzungen kirchlicher Gesetze gemäß

---

115 Pontificia Commissio Codici Iuris Canonici Recognoscendo (1976): Schema Canonum de Modo Procedendi pro tutela Iurum seu de Processibus. Libreria Editrice Vaticana: Città del Vaticano.

116 Pontificia Commissio Codici Iuris Canonici Recognoscendo (1980): Schema Codicis Iuris Canonici iuxta animadversiones S.R.E. Cardinalium, Episcoporum Conferentiarum, Dicasteriorum Curiae Romanae, Universitatum Facultatumque ecclesiasticarum necnon Superiorum Institutorum vitae consecratae recognitum. Libreria Editrice Vaticana: Città del Vaticano.

117 Pontificia Commissio Codici Iuris Canonici Recognoscendo (1982): Codex Iuris Canonici Schema Novissimum iuxta placita Patrum Commissionis emendatum atque Summo Pontifici praesentatum. Libreria Editrice Vaticana: Città del Vaticano.

118 Vgl. Deutsche Bischofskonferenz (1983): Erklärung des Ständigen Rates der Deutschen Bischofskonferenz zum neuen Gesetzbuch der lateinischen Kirche [= Arbeitshilfen, 31]. Sekretariat der Deutschen Bischofskonferenz: Bonn, S. 5.

119 Vgl. Killermann, Stefan (2009): Die Rota Romana. Wesen und Wirken des päpstlichen Gerichtshofs im Wandel der Zeit. In: AIC, 46. Lang: Frankfurt, S. 400.

120 Vgl. Wrenn, Lawrence (2000): Trials in General (cc. 1400–1500). In: New Commentary. Paulist Press: New York, S. 1607–1654, hier: S. 1616–1617.

c. 1401 „Kraft eigenen und ausschließlichen Rechtes entscheidet", hat sich seit dem CIC/17 nicht wesentlich verändert – can. 1553 § 1 findet sich in c. 1401 vollständig wieder.[121] Den Aussagen im Lehrbuch von Winfried Aymans, Klaus Mörsdorf und Ludger Müller folgend, besteht der größte Unterschied zwischen dem CIC/17 und dem CIC/83 darin, dass sowohl die Privilegien der Kleriker, als auch die Zentrierung auf diese im Grundsatz entfallen sind und der Fokus stärker auf allen Christgläubigen liegt.[122] Der Unterschied beider Gesetzesbücher ist nicht nur inhaltlicher Natur, sondern liegt auch in der formalen Struktur des Aufbaus und der Gliederung der einzelnen Kanones begründet. Der CIC/83 fügt „sich in die kirchliche Tradition ein, aber er belebt sie mit dem Geist und den Bestimmungen des Konzils"[123] – wie es Papst Johannes Paul II. ausdrückte. Der Wunsch nach einer neuen Eheprozessordnung, die sich an der Instruktion *Provida Mater Ecclesia* orientieren sollte, bestand im deutschsprachigen Raum nicht generell, da Klaus Lüdicke bereits im Jahr 1994 einen viel genutzten Kommentar[124] zum Verfahrensablauf der Ehenichtigkeitsverfahren verfasst und publiziert hatte.[125]

Nachdem der CIC/83 nahezu 23 Jahre in Kraft war und sich auch eine große Expertise an Erfahrungen in der gerichtlichen und insbesondere prozessualen Praxis ergeben hatte, wurde die Instruktion *Dignitas Connubii*[126], „die von diözesanen und interdiözesanen Gerichten bei Ehenichtigkeitsverfahren zu beachten ist", im Jahr 2005 durch den Päpstlichen Rat für die Gesetztestexte mit Genehmigung von Papst Johannes Paul II. veröffentlicht.[127] Auch wenn ein

121 Vgl. Aymans, Winfried; Mörsdorf, Klaus; Müller, Ludger (2013): Kanonisches Recht. Lehrbuch aufgrund des Codex Iuris Canonici. Band IV: Vermögensrecht, Sanktionsrecht und Prozeßrecht. Schöningh: Paderborn, S. 253.

122 Vgl. ebd., S. 254.

123 Vgl. Papst Johannes Paul II.: Ein Recht, vom Konzil gewünscht, S. 4.

124 Lüdicke, Klaus (1994): Der kirchliche Ehenichtigkeitsprozeß nach dem Codex Iuris Canonici von 1983. Normen und Kommentare. In: MKCIC.B, 10. Ludgerus: Essen.

125 Vgl. Haering: Eine neue Eheprozeßordnung, S. 161.

126 Päpstlicher Rat für die Gesetzestexte (2005): Instruktion Dignitas Connubii, die von den diözesanen und interdiözesanen Gerichten bei Ehenichtigkeitsverfahren zu beachten ist [= Instructio servanda a tribunalibus dioecesanis et interdioecesanis in pertractandis causis nullitatis matrimonii. In: Communicationes, 37. Pontificium Consilium de Legum Textibus: Roma, S. 11–92]. Libreria Editrice Vaticana: Città del Vaticano.

127 Vgl. Daniel: An Analysis of Pope Francis' 2015 Reform, S. 450.

Gesetz gemäß c. 7 iVm c. 8 drei Monate nach der Promulgation in Kraft tritt,[128] lässt sich als Tag des Inkrafttretens wohl nicht unumstritten der 08.02.2005 feststellen.[129] Damit konnte dem lange Zeit vorherrschenden Wunsch entsprochen werden, dass das durch die Abrogation, also die vollständige Aufhebung der Instruktion *Provida Mater Ecclesia* entstandene Desiderat durch eine neue Eheprozessordnung geschlossen werden möge.[130] Durch das Fehlen einer solchen war es für die Gerichte nicht immer einfach, die allgemeinprozessrechtlichen Normen hinsichtlich ihrer Übereinstimmung mit der Natur der Eheprozesse richtig zu gewichten und anzuwenden.[131] Bereits am 24.02.1996 wurde dafür eine interdikasterielle Kommission von Papst Johannes Paul II. eingesetzt, die gemäß ihrem Auftrag eine neue Eheprozessordnung als Vademekum ausarbeiten und bei ihren Arbeiten an die positiven Auswirkungen der Instruktion *Provida Mater Ecclesia* anknüpfen sollte.[132] Diese in der Römischen Kurie installierte Kommission machte sich die Erfahrungen und Auffassungen der Teilkirchen zu eigen, indem während der Entstehungsphase von *Dignitas Connubii* bereits 27 Bischofskonferenzen ausgewählt und aufgefordert wurden, formale wie auch inhaltliche Rückmeldungen zu einem ersten Entwurf zu geben.[133] Die so entstandene und 2005 promulgierte Instruktion erlässt – wie rechtssprachlich erwartet werden konnte, auch wenn die Bezeichnung als Instruktion zumindest „diskutabel"[134] ist, wie im Folgenden verdeutlicht wird – im Wesentlichen keine neuen substantiellen Neuerungen, sondern integriert die seit 1983 erfolgten authentischen Interpretationen einzelner Kanones, ergänzt die Rechtsfortschreibungen und schafft eine neue, dem Eheprozessrecht angemessene Systematik und Gruppierung der

---

128 Vgl. Schüller, Thomas; Zumbült, Martin (2010–2011): Der Umgang mit kirchlichen Ehenichtigkeitsverfahren zwischen dem Inkrafttreten des Codex Iuris Canonici von 1983 und dem Motu Proprio Omnium in Mentem. In: DPM, 17/18. Lang: Frankfurt, S. 241–263, hier: S. 242.

129 Vgl. Breitsching, Konrad (2007): Erwägungen zu Rechtsnatur und Verbindlichkeit von Dignitas Connubii. In: DPM, 14. Lang: Frankfurt, S. 181–204, hier: S. 185.

130 Vgl. Flatten: Der Eheprozess im Entwurf, S. 73.

131 Vgl. Breitsching: Erwägungen zu Dignitas Connubii, S. 181–182.

132 Vgl. Killermann: Die Rota Romana, S. 401.

133 Vgl. Lüdicke, Klaus (2008): Die Instruktion Dignitas connubii und das Votum der Deutschen Bischofskonferenz. In: MKCIC.B, 51 [= Saluti hominum providendo. Festschrift für Offizial und Dompropst Dr. Wilhelm Hentze]. Ludgerus: Essen, S. 195–211, hier: S. 196.

134 Arroba Conde, Manuel J. (2010–2011): Die Rezeption von Dignitas Connubii. In: DPM, 17/18. Lang: Frankfurt, S. 31–59, hier: S. 33.

Einzelregelungen in einem einzigen Werk.[135] An dieser Stelle soll allerdings nicht verschwiegen werden, dass die neue Eheprozessordnung sowohl Bestimmungen *praeter legem*, als auch *contra legem* enthält.[136] Dennoch muss zunächst erneut geprüft werden, welcher rechtliche Charakter der als Instruktion bezeichneten neuen Eheprozessordnung zukommt, denn es existiert bei Verlautbarungen der Dikasterien der Römischen Kurie und des Heiligen Stuhls bis heute keine terminologische Einheitlichkeit, wie Lothar Wächter kritisch anmerkte.[137] Auch wenn c. 34 klar definiert, dass Instruktionen Ausführungsbestimmungen zu vorhandenen Gesetzen sind und als Verwaltungsvorschriften an diesen hängen, so wird der Begriff dennoch nicht in diesem vom CIC/83 vorgegebenen Sinn gebraucht.[138] Der neue Kodex orientiert sich in Bezug auf die rechtssprachliche Klarheit und Eindeutigkeit von Rechtsbezeichnungen zu sehr am negativen Beispiel seines Vorgängers CIC/17 und verhindert dadurch eine schon allein an der Terminologie erkennbare Eindeutigkeit und Klarheit.[139] Man muss mit Vitus Kapfelsperger konstatieren, dass es sich bei *Dignitas Connubii* in erster Linie um eine Instruktion gemäß c. 34 handelt,[140] auch wenn diese die Grenzen der kodikarischen Vorgaben überschreitet, allerdings ohne gleich als „Spezialgesetz"[141] gelten zu müssen, wie Konrad Breitsching ergänzend feststellt. Papst Benedikt XVI., der trotz seiner im Nukleus dogmatischen Ausrichtung mit dem Ehe- und Prozessrecht durchaus vertraut war und ist,[142] greift die eben dargestellte Position inhaltlich auf, indem er *Dignitas Connubii* als eine Art Vademekum bezeichnet, das die vorhandenen eheprozessrechtlichen Normen zusammenfasst, durch weitere Anweisungen ergänzt und gleichzeitig den Wunsch äußert, dass die Instruktion von allen mit der kirchlichen Gerichtsbarkeit befassten Mitarbeitern angewendet werden möge.[143] Die neue Eheprozessordnung „will eine klare und

135 Vgl. Pulte, Matthias (2005): Die Instruktion des Päpstlichen Rates zur Interpretation der Gesetzestexte Dignitas Connubii vom 25.1.2005 – die neue EPO zum CIC/1983. In: Folia Canonica, 8. Budapest, S. 119–135, hier: S. 135.

136 Vgl. Breitsching: Erwägungen zu Dignitas Connubii, S. 198–203.

137 Vgl. Wächter: Gesetz im kanonischen Recht, S. 41.

138 Vgl. ebd., S. 49.

139 Vgl. ebd., S. 35.

140 Kapfelsperger, Vitus (2015): Eheverfahren und Eheprozesse in Staat und Kirche. Eine rechtsvergleichende Betrachtung. In: AIC, 52. Lang: Frankfurt, S. 69.

141 Breitsching: Erwägungen zu Dignitas Connubii, S. 197.

142 Stockmann, Peter (2007): Die erste Ansprache von Papst Benedikt XVI. vor der Rota Romana im Spiegel seiner Ehelehre. In: DPM, 14. Lang: Frankfurt, S. 153–179, hier: S. 156.

143 Vgl. Papst Benedikt XVI.: Ansprache an die Römische Rota, S. 289.

zuverlässige Hilfe sein, dass die Eheverfahren mit der von ihrer Natur geforderten Seriosität und Schnelligkeit“[144] geführt werden können.

Erst 2015 wurde die letzte und damit auch aktuellste Änderung des Eheprozessrechts von Papst Franziskus durch das M. P. *Mitis Iudex Dominus Iesus* vorgenommen, in welchem das bisher geltende Eheprozessrecht in den cc. 1671–1691 gänzlich novelliert wurde. Da eine Instruktion gemäß c. 34 – wie oben bereits angesprochen – am Gesetzestext hängt, ist eine Diskussion entstanden, inwieweit *Dignitas Connubii* als weiterhin gültig bezeichnet werden kann und nicht als derogiert oder gar abrogiert verstanden werden muss, insbesondere, weil das Motu Proprio dazu keinerlei Angaben enthält oder Aussagen trifft, obwohl dies im Rahmen der Promulgation der übliche Vorgang gewesen wäre.[145] Erst in einem Reskript *ex audientia* betonte Papst Franziskus,[146] dass alle Normen, die im Widerspruch zum M. P. *Mitis Iudex Dominus Iesus* stehen, abrogiert, also gänzlich aufgehoben, oder derogiert, also teilweise aufgehoben, sind.[147] Dieser Umstand macht das entstandene Desiderat einer revidierten Eheprozessordnung mehr als deutlich. Alle inhaltlich nicht durch das M. P. *Mitis Iudex Dominus Iesus* geänderten Bestimmungen von *Dignitas Connubii* – hierbei bedarf es der genauen Betrachtung eines jeden Einzelfalls – bleiben ungemindert und uneingeschränkt in Kraft, müssen also weiterhin bei Ehenichtigkeitsverfahren angewendet werden und gelten ausschließlich außerhalb des kürzeren Eheprozesses vor dem Diözesanbischof,[148] weil diese Art des Kurzverfahrens zur Zeit der Promulgation der Instruktion nicht bekannt war und sich die Normen der Instruktion also nicht darauf beziehen können.[149] Da zwischen der Veröffentlichung von Eheprozessordnungen eine bewusst lang gewählte Karenzzeit liegt, die bisher bei den letzten beiden Instruktionen bei 17 bzw. 22 Jahren lag, ist aktuell nicht mit der Veröffentlichung einer neuen Instruktion zu rechnen,

---

144 Breitsching: Erwägungen zu Dignitas Connubii, S. 182.

145 Vgl. Lüdicke: MKCIC (52.), c. 1671, Rn. 3.

146 Vgl. Papst Franziskus (2015): Rescritto „ex audientia“ sulla riforma del processo matrimoniale introdotta dai due motupropri pontifici del 15 agosto 2015. In: OR, 155(284). Libreria Editrice Vaticana: Città del Vaticano, S. 8.

147 Vgl. May/Egler: Die kirchenrechtliche Methode, S. 154.

148 Da die Thematik im Rahmen der vorliegenden Arbeit nicht näher behandelt wird, empfiehlt sich als erste hinführende Lektüre zum kürzeren Eheprozess vor dem Diözesanbischof: Daniel, William L. (2015): The Abbreviated Matrimonial Process before the Bishop in Cases of „Manifest Nullity“ of Marriage. In: The Jurist, 75(2). Catholic University of America: Washington, S. 539–591.

149 Vgl. Daniel: An Analysis of Pope Francis’ 2015 Reform, S. 463.

die das M. P. *Mitis Iudex Dominus Iesus* beinhaltet und es integriert, obwohl das Eheprozessrecht eine immense Bedeutung in der praktischen Anwendung hat: Allein 2006 wurden weltweit fast 50.000 Ehenichtigkeitsverfahren in erster Instanz durch die Verkündigung eines Urteils beendet. In zweiter Instanz – zum damaligen Zeitpunkt noch verpflichtend – waren es über 35.000 Fälle. Am Ende des Jahres 2006 waren immer noch knapp 70.000 erstinstanzliche und knapp 10.000 zweitinstanzliche Verfahren an kirchlichen Gerichten weltweit anhängig.[150] Dennoch wäre zumindest eine Revision der Instruktion *Dignitas Connubii* wünschenswert. Ergänzend zu den Änderungen des Eheprozessrechts durch Papst Franziskus wurde eine Verfahrensordnung veröffentlicht, die als *Ratio procedendi in causis ad matrimonii nullitatem declarandam* nach der Vorgabe von Art. 6 RP lediglich einige Aspekte der Ehenichtigkeitsverfahren hervorhebt und näher erläutert. Alle Artikel der Verfahrensordnung sind von erläuternder Natur und setzen keine neuen Regelungen, allerdings mit der einen Ausnahme von Art. 18 § 1 RP, also der möglichen Teilnahme der Parteien bei Vernehmungen im Rahmen des kürzeren Eheprozesses vor dem Diözesanbischof – hier handelt es sich Klaus Lüdicke folgend um eine abweichende „Sonderregelung"[151]. Obwohl es sich dabei um eine Verfahrensordnung im Sinne einer Instruktion handelt, hat sie dennoch auch Gesetzescharakter. Die pastorale Voruntersuchung wird ausschließlich in der *Ratio Procedendi* behandelt, nicht im legislativen Teil des M. P. *Mitis Iudex Dominus Iesus*. Nach der wissenschaftlichen Auffassung von Nikolaus Schöch, der an der Entstehung der Novellierung des Eheprozessrechts beteiligt war, wurde diese Verfahrensordnung „bewusst außerhalb des Gesetzestextes angesiedelt, obwohl es sich um Normen handelt, die vom Gesetzgeber selbst erlassen wurden. Sie können leichter geändert werden als der Gesetzestext selbst. Bei Widersprüchen geht der Gesetzestext vor."[152] Damit setzt sich unter Beachtung der angesprochenen und von Klaus Lüdicke hervorgebrachten legislativen Wirkung von Art. 18 § 1 RP die rechtssprachliche Ungenauigkeit fort, die schon bei der Promulgation des CIC/17 zu beobachten war.

---

150 Vgl. Secretaria Status Rationarium Generale Ecclesiae (2008): Annuarium Statisticum Ecclesiae 2006 – Statistical Yearbook of the Curch – Annuaire Statistique de l'Eglise. Libreria Editrice Vaticana: Città del Vaticano, S. 431.

151 Lüdicke, Klaus (2016): Die Reform des kirchlichen Ehenichtigkeitsprozesses – Inhalt und Bedeutung. In: DPM, 23. Lang: Frankfurt, S. 141–177, hier: S. 150.

152 Schöch: Synopse der Veränderungen, S. 327–328.

1.2 Methodik und Gliederung der Arbeit

Es folgen einige methodische und praktische Anmerkungen, die zur besseren Lesbarkeit und zum leichteren Verständnis der vorliegenden Arbeit beitragen sollen. Die Abkürzungen von Bibelstellen und Eigennamen folgen den Loccumer Richtlinien.[153] Alle Bibelstellen wurden aus der aktuellen und revidierten Einheitsübersetzung von Ende 2016 entnommen.[154] Textstellen und Belege aus dem *Decretum Gratiani*, *Liber Extra*, *Liber Sextus* und den *Clementinae* sind der heutigen Standardausgabe, der Edition von Emil Richter und Emil Friedberg[155] aus dem Jahr 1879 bzw. dessen Nachdruck von 1959, übernommen. Zitiert werden Stellen aus dem *Decretum Gratiani* nach *Causa*, *Quaestio* und *capitula* (z. B. „C. 1, q. 2, c. 3"). Das *Liber Extra* wird mit einem vorangestellten „X" und durch Punktation getrennten Buch, Titel und Caput referenziert (z. B. „X 1.2.3"); das *Liber Sextus* entsprechend, allerdings mit der vorangestellten römischen Zahl sechs (z. B. „VI. 1.2.3"). Aus dem CIC/17 entnommene Kanones werden im Singular als „can." und im Plural als „cann." Bezeichnet. Der Zusatz CIC/17 entfällt in der Regel und erscheint nur dort zur Präzisierung und um Missverständnisse zu vermeiden, wo die Verwendung und Erwähnung eines Kanons aus diesem Kodex ungewohnt erscheinen mag (z. B. „can. 123 CIC/17"). Zu diesen wird eine vom Autor der vorliegenden Arbeit vorgenommene Übersetzung ins Deutsche in den Fußnoten angeboten, die nicht ein grammatikalisch und stilistisch perfektes Deutsch abbilden will, sondern sich möglichst detailgetreu unter Beibehaltung der Satzstellung am Originaltext orientiert, zumindest dort,

153 Ökumenisches Verzeichnis der biblischen Eigennamen nach den Loccumer Richtlinien (1971). Herausgegeben von den Deutschen Bischöfen, dem Rat der Evangelischen Kirche in Deutschland und dem Evangelischen Bibelwerk. Erarbeitet nach den Weisungen der Ökumenischen Übersetzerkommission von Klaus Dieter Fricke und Benedikt Schwank. Katholische Bibelanstalt: Stuttgart.

154 Einheitsübersetzung der Heiligen Schrift (2017). Gesamtausgabe. Für den katholischen Religionsunterricht zugelassen durch die Deutsche Bischofskonferenz. Katholisches Bibelwerk: Stuttgart.

155 Corpus Iuris Canonici (1959). Editio Lipsiensis secunda post Aemilii Ludouici Richteri curas ad librorum manu scriptorum et Editionis Romanae fidem recognouit et adnotatione critica instruxit Aemilius Friedberg. Pars I: Decretum Magistri Gratiani. Akademische Druck- und Verlagsanstalt: Graz. Corpus Iuris Canonici (1959). Editio Lipsiensis secunda post Aemilii Ludouici Richteri curas ad librorum manu scriptorum et Editionis Romanae fidem recognouit et adnotatione critica instruxit Aemilius Friedberg. Pars II: Decretalium Collectiones. Akademische Druck- und Verlagsanstalt: Graz.

wo dies möglich und sinnvoll erscheint – auch wenn die Lesbarkeit teilweise darunter leidet. Die Dokumente des Zweiten Vatikanischen Konzils werden aus der deutschen Übersetzung des „Kleinen Konzilskompendiums“ von Herbert Vorgrimler und Karl Rahner zitiert. In der vorliegenden Arbeit erwähnt werden das Dekret über die Missionstätigkeit *Ad Gentes*[156], die Erklärung über die Religionsfreiheit *Dignitatis Humanae [Personae]*[157] sowie die Pastorale Konstitution *Gaudium et Spes*[158]. Aus den Schemata der Kodex-Reformkommission entnommene Kanones werden ebenfalls im Singular als „can.“ und im Plural als „cann.“ bezeichnet, allerdings grundsätzlich ergänzt um die Bezeichnung des jeweiligen Schemas direkt im Anschluss an die Ordnungsnummer des Kanons. Wurden Kanones aus dem CIC/83[159] entnommen, so werden diese im Singular als „c.“ und im Plural als „cc.“ Bezeichnet (z. B. c. 123). Die eheprozessrechtlichen Spezialnormen in den cc. 1671–1691 werden, sollten sie den Stand vor der Promulgation des M. P. *Mitis Iudex Dominus Iesus* bezeichnen, zur Unterscheidung mit einem Asteriskus („*“) markiert und so kenntlich gemacht, weil sich bisher keine einheitliche Regelung zur Benennung inhaltlich und rechtlich veralteter Kanones etabliert hat (z. B. „c. 1671*“). Nicht mit einem Asteriskus gekennzeichnete Kanones geben folglich die aktuelle Rechtslage seit der Promulgation des M. P. *Mitis Iudex Dominus Iesus* wieder. Im Fließtext genannte Personen- und Autorennamen werden grundsätzlich mit Vor- und Nachnamen sowie abgekürzten Mittelnamen angegeben, sowie im Fall von kirchlichen Würdenträgern mit der Ergänzung des Titels, falls es sich um einen Papst, Kardinal oder (Erz-) Bischof handelt, um eine eindeutige und korrekte Zuweisbarkeit zu gewährleisten. Die verwendeten Abkürzungen werden – soweit es sich nicht um

156 Zweites Vatikanisches Konzil (1965): Das Dekret über die Missionstätigkeit der Kirche „Ad Gentes“. In: Rahner, Karl; Vorgrimler, Herbert (Hgg.): Kleines Konzilskompendium. Sämtliche Texte des Zweiten Vatikanischen Konzils. Fünfunddreißigste Auflage. Herder: Freiburg, S. 607–653.

157 Zweites Vatikanisches Konzil (1965): Die Erklärung über die Religionsfreiheit „Dignitatis Humanae [Personae]“. In: Rahner, Karl; Vorgrimler, Herbert (Hgg.): Kleines Konzilskompendium. Sämtliche Texte des Zweiten Vatikanischen Konzils. Fünfunddreißigste Auflage. Herder: Freiburg, S. 661–675.

158 Zweites Vatikanisches Konzil (1965): Die pastorale Konstitution über die Kirche in der Welt von heute „Gaudium et Spes“. In: Rahner, Karl; Vorgrimler, Herbert (Hgg.): Kleines Konzilskompendium. Sämtliche Texte des Zweiten Vatikanischen Konzils. Fünfunddreißigste Auflage. Herder: Freiburg, S. 449–552.

159 Codex Iuris Canonici (2017): Codex des kanonischen Rechtes. Achte Auflage [= Codex Iuris Canonici auctoritate Ioannis Pauli PP. II promulgatus. In: AAS, 75, Pars II. Typis Polyglottis Vaticanis, S. 1 301]. Butzon & Bercker: Kevelaer.

allgemein als bekannt vorauszusetzende, sondern fachspezifische Abkürzungen handelt – vollumfänglich im Abkürzungsverzeichnis, das der vorliegenden Arbeit vorangestellt ist, aufgeführt und aufgelöst. Um eine bessere Lesbarkeit zu ermöglichen, wird in der vorliegenden Arbeit stets die männliche Form im Sinne der Inklusivform bei allen auftretenden Bezeichnungen verwendet. Dies soll weder die Bevorzugung noch Benachteiligung eines der beiden Geschlechter zum Ausdruck bringen, weil „das christliche Menschenbild Mann und Frau als gleichrangig erkennt"[160]. Zusammenfassungen finden sich am Ende eines jeden Unterkapitels und am Ende der vorliegenden Arbeit zusammen mit einer kritischen Würdigung. Bei der Zitation ist zu beachten, dass bei der ersten Nennung eines Werkes der volle Titel angegeben wird, bei jeder weiteren der Kurztitel, der sich in der Bibliografie in eckigen Klammern nach dem jeweiligen Werk befindet. Direkte Zitate werden mit doppelten Anführungszeichen („…") eindeutig gekennzeichnet; bei Auslassungen oder Ergänzungen innerhalb eines direkten Zitats wird dies durch drei Punkte in eckigen Klammern („[…]") deutlich sichtbar gemacht. Kursive Markierungen verweisen meist auf fremdsprachliche Ausdrücke bzw. Fachtermini. Sollte die Bezeichnung der Quelle in einen Satz im Fließtext integriert worden sein (z. B. „nach c. 1671 § 1"), so ist dies als Quellennachweis zu verstehen; eine gesonderte Angabe innerhalb des Fußnotenapparats entfällt.

---

160 Erzbischöfliches Ordinariat Freiburg (2018): Regelung zur Verwendung von geschlechtergerechter Sprache. In: Amtsblatt der Erzdiözese Freiburg, 2018(10). Eigenverlag: Freiburg, Nr. 267, S. 226–227, hier: S. 226.

2. Ehen als Prozesssachen am Kirchengericht

Heutzutage handelt es sich häufig – wenn nicht sogar ausschließlich – um Ehenichtigkeitsverfahren,[161] wenn ein Christgläubiger mit der kirchlichen Gerichtsbarkeit und dem allgemeinen Prozessrecht in Kontakt kommt,[162] auch wenn es auf den ersten Blick sonderbar erscheinen mag, dass eine Ehe – gerade im kirchlichen Kontext – als Prozesssache vor Gericht behandelt werden muss. Allerdings gilt es, gerade vor dem Hintergrund einer im staatlichen Bereich deutlich publikeren Gerichtsbarkeit, zu beachten: „Die praktische Bedeutung der kirchlichen Gerichtsbarkeit schlägt sich heute nicht in hohen Entscheidungsziffern nieder“[163]. In Eheverfahren geht es im Wesentlichen auch um die Probleme „der Gläubigen in gescheiterten Ehen“[164], denn „jede ‚eheähnliche‘ Verbindung zwischen Mann und Frau wird als moralisch verwerflich, wenn nicht schwer sündhaft angesehen“[165] – wie Klaus Lüdicke nicht ohne kritischen Unterton attestiert. Eine Ehe nach katholischem Verständnis kommt zum Zeitpunkt der Eheschließung dann gültig zustande, „wenn kein trennendes Hindernis vorlag, der Ehewille in seiner Gänze vorhanden war und die Form beachtet wurde.“[166] Die Aufgabe des Gerichts kann und wird es nicht sein, die Gültigkeit einer Ehe festzustellen, sondern vielmehr wird durch ein affirmatives Urteil die Nichtigkeit attestiert. Der Umkehrschluss, aus einem negativen Urteil die Gültigkeit der Ehe abzulesen, wäre nicht zulässig, sondern eine Ehe müsste in diesem Fall rechtssprachlich korrekt als „nicht nichtig“ bezeichnet werden.[167] Kirchliche Prozesse und das kanonische Prozessrecht sind ein Versuch, die „pastorale

---

161 Teilweise finden sich in der Literatur auch die inzwischen obsolet gewordenen Bezeichnungen Vinkularprozess oder Nullitätsprozess, vgl. z. B. Groß, Karl; Schueller, Heinrich (1922): Lehrbuch des katholischen Kirchenrechts mit besonderer Berücksichtigung der partikulären Gestaltung derselben in Österreich. Achte Auflage. Manzsche Verlags- und Universitäts-Buchhandlung: Wien, S. 314.

162 Vgl. Sebott, Reinhold (2001): Braucht die Kirche ein Recht? Johannes-Verlag: Leutesdorf, S. 44.

163 Stein, Albert (1984): Art. Gerichtsbarkeit, kirchliche. In: Theologische Realenzyklopädie, 12. De Gruyter: Berlin, S. 497–506, hier: S. 504.

164 Arroba Conde: Die Rezeption von Dignitas Connubii, S. 31.

165 Lüdicke: Die Reform des kirchlichen Ehenichtigkeitsprozesses, S. 141.

166 Dordett, Alexander (1971): Kirchliche Ehegerichte in der Krise. Dom-Verlag: Wien, S. 77.

167 Vgl. Lüdicke: Der kirchliche Ehenichtigkeitsprozeß, S. VI.

Nächstenliebe“[168] auch prozessual zu verwirklichen. Diesem Anspruch gerecht zu werden, stellt eine Verpflichtung aller am Prozess beteiligten Personen dar.

2.1 Definitionen ausgewählter Fachbegriffe

Zu Beginn der eigentlichen Behandlung von Ehenichtigkeitsverfahren in diesem Kapitel und dem Kern der vorliegenden Arbeit mit der Thematik der Berufung im nächsten Kapitel scheint es sinnvoll und notwendig, auf einige wenige häufig genutzte und wichtige Fachbegriffe einzugehen und diese zu definieren. „Vorbemerkungen wollen naturgemäß keine ausführliche Darlegung der Themen bieten, sondern Horizonte kurz anreißen und erläutern, in die das gewählte Thema gestellt ist.“[169] Insbesondere muss die Nichtigerklärung von der Auflösung einer Ehe unterschieden werden, da es sich hierbei um zwei zur Gänze verschiedene Rechts- und Gnadenakte[170] handelt. Für die Fällung eines Urteils am Ende eines Ehenichtigkeitsverfahrens und die Erstellung von Voten zur Urteilsfindung durch die Diözesanrichter bedarf es einer kurzen Übersicht, was mit kirchlichen Richtern und einem Kollegium aus Richtern bzw. einem Richterkollegium gemeint ist. Zu Beginn der Klageerhebung steht die Wahl eines zuständigen Gerichts, welches angegangen werden muss. In Abgrenzung hierzu gibt es auch unzuständige Gerichte, deren relative oder absolute Unzuständigkeit und die sich daraus ergebenden Rechtsfolgen dargestellt und erörtert werden. Bei Eheverfahren ist die klassische Rollenverteilung zwischen Kläger und Beklagtem terminologisch nur schwierig durchzuhalten, denn es handelt sich tendenziell eher um eine klagende und nichtklagende Partei. Besondere am Prozess beteiligte quasi-Parteien wie der Kirchenanwalt oder der Ehebandverteidiger stellen ein Unikum der Ehenichtigkeitsverfahren dar und bedürfen einer kurzen Erläuterung. Auch die moralische Gewissheit, die die Richter erwerben müssen, bevor sie zu einem Votum kommen, wird versucht zu definieren bzw. zumindest zu

168 Burke, Raymond (2014): Das kanonische Ehenichtigkeitsverfahren als Mittel zur Wahrheitssuche. In: Dodaro, Robert (Hg.): „In der Wahrheit Christi bleiben“: Ehe und Kommunion in der katholischen Kirche. Zweite Auflage. Echter: Würzburg, S. 165–187, hier: S. 169.

169 Knittel, Reinhard (2012–2013): Die Prozessabwesenheit der nichtklagenden Partei bei Ehenichtigkeitsverfahren im Licht der Instruktion Dignitas Connubii. In: DPM, 19/20. Lang: Frankfurt, S. 111–136, hier: S. 113.

170 Vgl. Ahlers, Reinhild (2000): Art. Eheauflösung. In: LKStKR, 1. Schöningh: Paderborn, S. 496.

konkretisieren. Ebenso gilt es, der Frage nach der Rechtskraft von Urteilen insbesondere im Zusammenhang mit Eheverfahren nachzugehen.

Zunächst müssen zwei Begriffe, die häufig miteinander vertauscht werden, voneinander abgegrenzt werden, da es sich um keine Synonyme handelt: Die Nichtigerklärung – diese wird in zahlreichen älteren Werken auch als Ungültigkeitserklärung bezeichnet[171] – und die Auflösung einer Ehe. Beide Rechtsbegriffe bezeichnen unterschiedliche Rechtshandlungen. Im Fall der Nichtigerklärung einer Ehe wird gerichtlich festgestellt, dass eine Ehe nie gültig zustande gekommen ist.[172] Es wird folglich ein vorhandener Zustand festgestellt und kein neuer Zustand hergestellt. Im Unterschied zur Nichtigerklärung wird eine davor gültig bestehende Ehe zu einem bestimmten Zeitpunkt aufgelöst, also getrennt bzw. geschieden.[173] Ehenichtigkeitsverfahren sind von ihrer Grundkonzeption her Parteienstreitverfahren, auch wenn ein Ehegatte oder beide Ehegatten zusammen gegen die Gültigkeit des Ehebands klagen, also die Nichtigerklärung der Ehe erreichen möchten und sich nicht zwangsläufig in einer streitenden Situation befinden müssen.[174] Klaus Lüdicke sieht die angesprochene Ausgestaltung der Eheverfahren als Parteienstreitverfahren kritisch, weil der eigentliche Prozessgegner nicht die andere und in diesem Fall regelmäßig nichtklagende Partei ist, sondern das öffentliche Interesse der Kirche, welches während des gesamten Prozessverlaufs durch das Amt und die Person des Ehebandverteidigers wahrgenommen werden soll.[175] Dieselbe wissenschaftliche Auffassung hat Karl-Theodor Geringer, der zwar in manchen Fällen durchaus einen Streit zwischen Parteien für und gegen die Gültigkeit einer Ehe kennt, aber dennoch die Grundkonzeption der Eheverfahren als Parteienstreitverfahren in Frage stellt.[176] Jedem Ehepartner steht der kirchliche Rechtsweg offen, um die Nichtigkeit der eigenen Ehe und damit den eigenen Personenstand überprüfen und klären zu lassen und – wenn notwendig – den zugesicherten Rechtsschutz in Anspruch zu nehmen.[177] Ehenichtigkeitsverfahren sind nicht auf dem Verwaltungsweg,

171 Vgl. z. B. Groß/Schueller: Lehrbuch des katholischen Kirchenrechts, S. 314.

172 Vgl. Wirth, Paul (2000): Art. Ehenichtigkeitsurteil. In: LKStKR, 1. Schöningh: Paderborn, S. 524–525.

173 Vgl. Ahlers: LKStKR, Art. Eheauflösung, S. 496.

174 Weiß, Andreas (2015): § 108 Grundfragen kirchlicher Gerichtsbarkeit. In: HdbKathKR. Dritte Auflage. Pustet: Regensburg, S. 1647–1660, hier: S. 1650.

175 Vgl. Lüdicke: MKCIC (7.), c. 1400, Rn. 4.

176 Vgl. Geringer, Karl-Theodor (1986): Das Recht auf Verteidigung im kanonischen Ehenichtigkeitsverfahren. In: AfkKR, 155. Kirchheim & Co: Mainz, S. 428–442, hier: S. 429.

177 Vgl. Weiß: HdbKathKR, Kirchliche Gerichtsbarkeit, S. 1651.

sondern auf dem Gerichtsweg in Form eines Prozesses durch ein Richterkollegium im Anschluss an ein ordentliches Gerichtsverfahren zu entscheiden.[178]

Der kirchliche Richter und die kirchlichen Richterkollegien am Diözesangericht besitzen nach c. 135 § 3 richterliche Gewalt und üben diese nach den Vorgaben der Gesetzesnormen aus.[179] Die richterliche Gewalt ist nach c. 135 § 1 Teil der *potestas regiminis*. Dem Diözesanbischof kommt es nach c. 391 § 1 zu, seine Teilkirche auch durch richterliche Gewalt zu leiten; er ist der erste Richter innerhalb der Diözese. Unter Berücksichtigung der Arbeitslast und der Verantwortung eines Diözesanbischofs kann er seine Richterfunktion nach c. 391 § 2 entweder selbst ausüben oder durch den Offizial als *alter ego* und subsidiär durch die Richter seiner Diözese ausüben lassen. Der Offizial, ausgestattet mit *potestas ordinaria vicaria*, bildet mit dem Diözesanbischof ein einziges Gericht, d. h. eine Berufung gegen Urteile des Offizials an den Diözesanbischof ist nicht möglich.[180] Diözesanbischöfe, Offiziale und Diözesanrichter sind Träger der richterlichen Gewalt von Amts wegen, was unter Hinzuziehung von c. 131 § 1 unabdingbar ist.[181] Die Bestellung der Diözesanrichter erfolgt nach c. 1421 §§ 1–2 der allgemeinen Prozessnormen, allerdings unter Beachtung der Regelungen in c. 1673 §§ 2–3 für Ehenichtigkeitsverfahren. Dem richterlichen Amt kommt im CIC/83 grundsätzlich eine bedeutende Funktion zu: So ist z. B. die Festsetzung einer Strafe nach c. 1315 § 2 entweder durch das Gesetz möglich oder sie liegt im „klugen Ermessen des Richters", was dessen hervorgehobene Stellung nochmals unterstreicht.[182] Ehenichtigkeitsverfahren finden in aller Regel nicht vor einem Einzelrichter statt, sondern sind den Gesetzesnormen in c. 1425 § 1 n. 1 iVm c. 1673 § 3 folgend einem Kollegialgericht aus drei Richtern vorbehalten, welches nach Maßgabe von c. 1426 § 1 kollegial verfahren muss, d. h. Urteile werden mit einfacher Stimmenmehrheit gefällt. Auch wenn Sachverständige im Verlauf

178 Vgl. ebd., S. 1652.

179 Vgl. Ruf, Norbert (1989): Das Recht der katholischen Kirche nach dem neuen Codex Iuris Canonici für die Praxis erläutert. Fünfte Auflage. Herder: Freiburg, S. 55–56.

180 Vgl. Güthoff, Elmar (1994): Der Gerichtsvikar als Stellvertreter des Bischofs bei der Ausübung der richterlichen Gewalt in den Kodifikationen des kanonischen Rechts. In: Ders.; Selge, Karl-Heinz (Hgg.): Adnotationes in iure canonico. Festgabe Franz X. Walter zur Vollendung des 65. Lebensjahres. Rodak: Fredersdorf, S. 64–72, hier: S. 65–66.

181 Vgl. Socha: MKCIC (4.), c. 135, Rn. 11.

182 Vgl. Green, Thomas J. (2000): Delicts and Penalties in General (cc. 1311–1363). In: New Commentary. Paulist Press: New York, S. 1533–1573, hier: S. 1536–1537.

eines Prozesses herangezogen wurden, so steht die endgültige Entscheidung, ob eine Ehe für nichtig erklärt werden kann oder nicht, allein den Richtern zu.[183]

Ein weiteres Unterscheidungskriterium, das rechtssprachlich und terminologisch klar umrissen und angewendet werden muss, ist die relative und die absolute Unzuständigkeit eines kirchlichen Gerichts. Den Legaldefinitionen des Gesetzgebers folgend liegt eine relative Unzuständigkeit nach c. 1407 § 2 vor, wenn sich ein Richter auf keinen der in den cc. 1408–1414 genannten Rechtstitel berufen kann. Hierunter fallen u. a. Zuständigkeitskriterien hinsichtlich des Wohnsitzes und Nebenwohnsitzes und andere geographische Regelungen. Die relative Unzuständigkeit muss per Einrede festgestellt werden,[184] ansonsten kann das Urteil nicht irritiert oder angegangen werden.[185] Kommt es zu keinem Widerspruch von Seiten der Parteien oder sind diese sogar damit einverstanden, so wird der Prozess regulär weitergeführt und das abschließende Urteil ist nicht nur gültig, sondern wird auch unanfechtbar.[186] Die absolute Unzuständigkeit aller anderen Richter liegt ausschließlich in den in c. 1405 genannten Fällen vor. Hierbei handelt es sich um Reservationen durch den Papst oder die Römische Rota bei gewissen Personenkonstellationen, die dazu führen, dass Urteile nach c. 1406 § 1 nichtig sind, weil eine absolute Unzuständigkeit nach c. 1406 § 2 vorlag. Beim Vorliegen einer entsprechenden Reservation ist es vollkommen unmöglich, dass durch andere als die genannten Richter und Gerichte ein gültiges Urteil gesprochen wird, da es gemäß c. 1620 n. 1 an „unheilbarer Nichtigkeit" leiden würde, die es unmöglich macht, auch durch nachträgliche richterliche Kompetenzerweiterung das Urteil zu heilen und dadurch gültig zu machen.[187]

Im kirchlich-prozessualen Kontext muss auch der Begriff der Partei bzw. Parteien definiert werden. Nach c. 1476 gilt der Grundsatz, dass jeder vor Gericht als Kläger auftreten kann, unabhängig davon, ob er getauft oder katholisch ist. Diese Grundsatznorm unterscheidet zwischen der klagenden und der beklagten oder belangten Partei, also zwischen Kläger und Beklagtem. Ehenichtigkeitsverfahren weichen von dieser Norm insofern ab, als dass bei ihnen im Kern die Gültigkeit

183 Vgl. Papst Johannes Paul II. (1987): Gutachten nicht kritiklos hinnehmen. Ansprache des Papstes an die Römische Rota am 5. Februar 1987. In: OR(D), 17(8). Schwabenverlag: Ostfildern, S. 10.

184 Vgl. c. 1460 § 1.

185 Vgl. Lüdicke: MKCIC (16.), c. 1673, Rn. 10.

186 Vgl. Güthoff, Elmar (2015): § 109 Gerichtsverfassung und Gerichtsordnung. In: HdbKathKR. Dritte Auflage. Pustet: Regensburg, S. 1661–1672, hier: S. 1663.

187 Pöschl, Hubert (1992): Die unheilbare Urteilsnichtigkeit im kanonischen Prozeß. Tectum: Marburg, S. 58.

des Ehebands angeklagt wird. Daher ist die Bezeichnung der belangten oder verklagten Partei nicht in analoger Weise anwendbar und stellt rechtssprachlich ein Problem dar.[188] Darum scheint es in diesem Fall angebracht zu sein – so wird es auch in der vorliegenden Arbeit durchgängig gehandhabt – von einer klagenden und einer nichtklagenden Partei zu sprechen. Das Einbringen einer Klage geschieht nach c. 1502 durch das Einreichen der Klageschrift. Bei Eheprozessen kann es auch vorkommen, dass ausschließlich die klagende Partei ein Interesse daran hat, eine Nichtigerklärung der Ehe auf dem Gerichtsweg zu erwirken; im Gegensatz dazu interessiert sich die nichtklagende Partei möglicherweise weder für das Verfahren noch eine etwaige Feststellung der Nichtigkeit der Ehe und wird sich folglich auch nicht am Prozess beteiligen wollen und nicht auf übermittelte Anfragen bzw. Unterlagen reagieren.[189] Damit diese Verweigerungshaltung nicht zu einer Blockade des Eheverfahrens und damit zur Einschränkung des Rechtsschutzes – in diesem Fall der klagenden Partei – führen kann, sieht der Gesetzgeber vor, dass hier die nichtklagende und unbeteiligte Partei, sofern auch eine erneute Ladung keinen Erfolg hatte, aber die Ladung nachgewiesener Weise korrekt zugestellt werden konnte,[190] gemäß c. 1592 § 1 durch den Richter für prozessabwesend erklärt werden kann. Hierbei handelt es sich um das „absolute Extrem der Passivität als Nichtbeteiligung“[191], das aber faktisch und real im Gerichtsalltag vorkommt. Dieser Umstand hat zunächst keine Auswirkungen auf den weiteren Verfahrenslauf; es wird nach c. 1592 § 1 regulär „bis zum Endurteil und dessen Vollstreckung fortgesetzt“. Trotz Abwesenheit stehen der für prozessabwesend erklärten Partei nach c. 1593 § 2 alle Rechtsmittel (*remedium iuris*) gegen das ergangene Urteil zu und die Partei hat jederzeit die Möglichkeit, Einlassungen und Beweismittel vorzubringen, sofern nach c. 1593 § 1 die Gefahr der zeitlichen Verschleppung des Verfahrens ausgeschlossen werden kann. Dies soll gemäß dem alten Rechtssatz *audiatur et altera pars* – gehört werde auch die andere Partei – die Rechte der nichtklagenden Partei schützen, die bei Prozessabwesenheit kein Gehör findet und ansonsten nach c. 1620 n. 7 eine

188 Vgl. Halbig, Cäcilia; Ries, Barbara (1998): Das Problem der Parteien im kirchlichen Ehenichtigkeitsverfahren als Streitverfahren. In: AfkKR, 167. Kirchheim & Co: Mainz, S. 431–449, hier: S. 431–432.

189 Vgl. Güthoff, Elmar (2015): § 110 Das Streitverfahren. In: HdbKathKR. Dritte Auflage. Pustet: Regensburg, S. 1673–1686, hier: S. 1680.

190 Vgl. c. 1592 § 2.

191 Knittel: Die Prozessabwesenheit der nichtklagenden Partei, S. 112.

Einschränkung des Verteidigungsrechts vorliegen würde.[192] Im aktuellen CIC/83 wird die Prozessabwesenheit grundsätzlich neutral betrachtet und wertneutral gerichtlich festgestellt, ohne damit eine Wertung zu verbinden.[193] Motive kann es unterschiedliche geben. Paul Wirth nennt beispielhaft „Interesselosigkeit, Aversion gegen die katholische Kirche, Verfeindung der Parteien"[194].

Bei Ehenichtigkeitsverfahren sind zwei weitere Ämter zu erwähnen und deren Aufgabenspektren voneinander abzugrenzen: Kirchenanwalt und Ehebandverteidiger. Der Kirchenanwalt ist nach Maßgabe von c. 470 Mitglied der Diözesankurie und hat innerhalb des Eheverfahrens eine parteienähnliche Stellung inne.[195] Seine Funktion wird in c. 1430 näher beschrieben und normiert: Bei Streitsachen, die das öffentliche Wohl betreffen oder gefährden könnten, muss er von Amts wegen aktiv werden, indem er als Kläger auftritt. Er wird im Regelfall bei Streitsachen dann tätig, wenn der Diözesanbischof nach c. 1431 § 1 entschieden hat, dass das öffentliche Wohl gefährdet ist oder wenn dessen Mitwirkung *eo ipso* vorgesehen ist.[196] Bei Ehenichtigkeitsverfahren hat der Kirchenanwalt gemäß c. 1674 § 1 n. 2 ein Klagerecht, sofern die Nichtigkeit der Ehe bereits öffentlich bekannt ist und eine Gültigmachung nicht mehr möglich ist oder nicht zweckmäßig erscheint. Diese Regelung stellt die einzige Ausnahme zu dem restriktiven Klagerecht bei Eheverfahren dar, welches ansonsten nur den beiden beteiligten Ehepartnern zusteht, wie bereits angemerkt worden ist. Demgegenüber ist der Ehebandverteidiger gemäß den Normen in c. 1432 bei Ehenichtigkeitsverfahren verpflichtender Verfahrensteilnehmer; nimmt er nicht Teil oder wird er bei einzelnen Prozesshandlungen nicht geladen, so werden die entsprechenden Verfahrensakte nach c. 1433 nichtig. Der Ehebandverteidiger ist von Amts wegen dazu verpflichtet, die Gültigkeit der Ehe zu verteidigen und all jene Faktoren darzulegen und zu akzentuieren, die gegen die Nichtigkeit der Ehe vorgebracht werden können. Als „Anwalt des Ehebands" ist es seine Aufgabe und sein Ziel, nach Möglichkeit den Fortbestand der Ehe in Abgrenzung zur Feststellung einer Nichtigkeit sicherzustellen.[197] Letztlich ist der Ehebandverteidiger allerdings nur

192 Vgl. Wirth, Paul (1994): Die Prozeßabwesenheit. In: Aymans, Winfried; Geringer, Karl-Theodor (Hgg.): Iuri Canonico Promovendo. Festschrift für Heribert Schmitz zum 65. Geburtstag. Pustet: Regensburg, S. 341–358, hier: S. 341.

193 Vgl. Knittel: Die Prozessabwesenheit der nichtklagenden Partei, S. 123.

194 Wirth: Die Prozeßabwesenheit, S. 342.

195 Vgl. Schüller, Thomas (2000): Art. Promotor Iustitiae. In: LKStKR, 3. Schöningh: Paderborn, S. 303–304, hier: S. 303.

196 Vgl. Halbig/Ries Das Problem der Parteien, S. 437.

197 Vgl. Schirmer, Friederike (2000): Art. Ehebandverteidiger. In: LKStKR, 1. Schöningh: Paderborn, S. 498–500, hier: S. 499.

der Wahrheit verpflichtet.[198] Sowohl der Kirchenanwalt als auch der Ehebandverteidiger haben nach c. 1677 § 1 bei Ehenichtigkeitsverfahren das Recht, an allen Vernehmungen persönlich teilzunehmen – sie müssen stets eingeladen und der Vernehmungstermin bei zugesagter Teilnahme mit ihnen abgestimmt werden – und die Gerichtsakten zu jedem Zeitpunkt einzusehen. Nach c. 1436 § 1 kann zwar im Grundsatz dieselbe Person sowohl zum Ehebandverteidiger als auch Kirchenanwalt ernannt werden, dennoch lässt sich diese besondere Form der Personalunion nicht in einem spezifischen Verfahren ausüben: Das Mitwirken als Ehebandverteidiger und Kirchenanwalt zugleich im selben Fall wäre schon *per se* nicht möglich.[199]

Am Ende des Ehenichtigkeitsverfahrens ist das Fällen eines affirmativen Urteils nur dann möglich, wenn der Richter, der sein Votum verfasst, nach c. 1608 § 1 die moralische Gewissheit über den zu entscheidenden Sachverhalt erlangt hat, also mit moralischer Gewissheit zu der Überzeugung gekommen ist, dass die Ehe nichtig ist. Dieses Prinzip stellt ein Charakteristikum für das kirchliche Prozessrecht dar und ist in dieser Form auch dem staatlichen Zivilprozessrecht nicht bekannt.[200] Interessant ist, wie Zenon Grocholewski deutlich macht, dass es nicht um jedes Urteil geht, sondern der genannte c. 1608 § 1 lediglich auf jene Fälle abzielt, in denen ein für die klagende Partei affirmatives Urteil gefällt werden soll.[201] Bei der moralischen Gewissheit handelt es sich nicht um eine absolute Gewissheit, die vielleicht als Anspruch fungieren kann, aber sicherlich nicht als notwendige Voraussetzung für das Fällen eines affirmativen Urteils.[202] In Ehenichtigkeitsverfahren kann eine absolute Gewissheit *de facto* gar nicht erreicht werden, da es sich hierbei um Personenstandsfragen handelt, die erst im *ἔσχατον* mit letzter Wahrheit geklärt werden können.[203] Dennoch ist die moralische Gewissheit – wenn man eine Taxierung wagt – mehr als

---

198 Vgl. Halbig/Ries Das Problem der Parteien, S. 439.

199 Vgl. c. 1436 § 1.

200 Vgl. Puza, Richard (2008–2009): Die Wahrheitsfindung im kanonischen Prozess. Moralische Gewissheit und diakonisches Kirchenrecht. In: DPM, 15/16. Lang: Frankfurt, S. 193–217, hier: S. 193.

201 Vgl. Grocholewski, Zenon (1997): Die moralische Gewissheit als Schlüssel zum Verständnis der prozessrechtlichen Normen. In: DPM, 4. Lang: Frankfurt, S. 11–44, hier: S. 12.

202 Vgl. Güthoff: HdbKathKR, Streitverfahren, S. 1681.

203 Vgl. Olschewski, Jürgen (2004). Art. Personenstand. 2. Personenstand als Lebensform. In: LKStKR, 3. Schöningh: Paderborn, S. 194–196, hier: S. 195.

eine Wahrscheinlichkeit, bei der vorhandene Zweifel weiterhin bestehen bleiben.[204] Um die moralische Gewissheit zu erlangen, dürfen nach c. 1608 § 2 im Hinblick auf die Schriftlichkeitsgrundlage der kirchlichen Verfahrenspraxis nur jene Informationen und Beweise herangezogen und gewürdigt werden, die aus den Prozessakten hervorgehen. Der Richter ist bei der Würdigung der einzelnen Beweise grundsätzlich frei und gemäß c. 1608 § 3 allein seinem Gewissen verpflichtet sowie der von Rechts wegen festgelegten unterschiedlichen „Wirksamkeit bestimmter Beweismittel". Sollte es dem Richter nicht möglich sein, die moralische Gewissheit über die verhandelte Prozesssache zu erlangen, so wird dem Kläger gemäß c. 1608 § 4 nicht Recht gegeben; bei Ehenichtigkeitsverfahren kann in diesem Fall die Nichtigkeit richterlich nicht festgestellt werden, das Urteil fällt negativ aus.[205] Das gilt auch für den Fall, dass der Richter zwar zu einer hohen Wahrscheinlichkeit gelangt, diese aber nicht ausreichend ist, um tatsächlich eine moralische Gewissheit zu erlangen und um im Ergebnis die Nichtigkeit der Ehe feststellen zu können.[206] Nach der ersten Aufnahme des Prinzips in den CIC/17[207] wurde es durch das Lehramt der Päpste weiter ausgeführt und spezifiziert.[208] Papst Pius XII. erklärte vor der Römischen Rota,[209] dass die moralische Gewissheit zwangsläufig vorliegen muss, damit ein Richter ein affirmatives Urteil fällen kann.[210] Vor beiden Extremformen muss gewarnt werden: Eine Gewissheit unterhalb der moralischen Gewissheit könnte dazu führen, dass es nicht mehr möglich ist, der Würde der Ehe gerecht zu werden und ihre in c. 1060 zugesicherte Rechtsgunst, den *favor iuris*, zu irritieren.[211] Wird mehr als die moralische Gewissheit verlangt, so könnte das Grundrecht aller Christgläubigen gemäß c. 219 auf freie Wahl eines Lebensstandes, das Grundrecht auf

---

204 Vgl. Margelist, Stefan (1997): Die Beweiskraft der Parteiaussagen in Ehenichtigkeitsverfahren. In: Tesi Gregoriana. Serie Diritto canonico, 14. Gregorian University Press: Rom, S. 18–19.

205 Vgl. Grocholewski: Die moralische Gewissheit als Schlüssel zum Verständnis, S. 14.

206 Vgl. Güthoff: HdbKathKR, Streitverfahren, S. 1681.

207 Vgl. can. 1869.

208 Vgl. Puza: Die Wahrheitsfindung im kanonischen Prozess, S. 194.

209 Vgl. Papst Pius XII. (1941): Allocutio. Summus Pontifex, die 3 mensis Octobris 1941 adstantibus Praelatii Auditoribus ceterisque officialibus et administris Tribunalis Sacrae Romanae Rotae necnon eiusdem Tribunalis Advocatis et Procuratoribus haec verba fecit. In: AAS 33, n. 11, S. 421–426.

210 Vgl. Margelist: Die Beweiskraft der Parteiaussagen, S. 19.

211 Vgl. Moneta, Paolo (2017): L'appello nel nuovo processo matrimoniale. In: Stato, Chiese e pluralismo confessionale, 21. „Cesare Beccaria" Department of Legal Sciences: Milano, S. 1–16, hier: S. 7.

Sakramentenempfang gemäß c. 213 sowie das in c. 1058 normierte *ius connubii* eingeschränkt werden.[212] Mit Richard Puza kann man festhalten: „Die moralische Gewissheit schließt die Wahrscheinlichkeit des Gegenteils aus, auch wenn sie nicht jene des absoluten Gegenteils ausschließen kann"[213]. Die moralische Gewissheit ist die grundlegende Voraussetzung, damit ein affirmatives Urteil in einem Ehenichtigkeitsverfahren gefällt werden kann.[214] Zwei Dimensionen sind zu beachten und miteinander in Übereinstimmung zu bringen: Die moralische Gewissheit reicht zwar aus, wird aber auch zwingend verlangt.[215]

Der Begriff der Rechtskraft ist ein *terminus technicus* aus dem Prozessrecht. Die zentrale Stelle im CIC/83 über die Rechtswirkungen, die sich aus einem rechtskräftig gewordenen Urteil ergeben, finden sich in c. 1642, der somit eine definitorische Funktion erfüllt: Ein in Rechtskraft erwachsenes Urteil „erfreut sich der rechtlichen Beständigkeit und kann [...] nicht angefochten werden. [...] Es schafft Recht zwischen den Parteien und berechtigt zur Vollstreckungsklage". Das bedeutet, dass der Zustand eines rechtskräftigen und damit auch vollstreckbaren Urteils genau jener ist, den die klagende Partei durch ihr Klagebegehren zu erreichen intendiert. Das Urteil eines Richters oder Richterkollegiums erwächst nach den Vorgaben von c. 1641 in Rechtskraft. Dazu müssen verschiedene Voraussetzungen erfüllt sein. Insbesondere sind diese gegeben, wenn in einem identischen Klagebegehren, d. h. sowohl die beteiligten Parteien als auch der Klagegrund stimmen überein, zwei übereinstimmende Urteile in der Sache ergangen sind. Des Weiteren tritt die Rechtskraft ein, sofern das ordentliche Rechtsmittel der Berufung[216] innerhalb der vorgegebenen Fristen nicht genutzt worden ist oder – falls Berufung eingelegt worden ist – entweder der Rechtszug in der Berufungsinstanz erloschen oder darauf verzichtet worden ist. Auch bei Erlass eines Endurteils, gegen das keine Berufung möglich ist,[217] liegt dieses unmittelbar rechtskräftig vor. Ist ein Urteil rechtskräftig, so ist es auch der Römischen Rota nicht mehr möglich, über den konkreten Fall ein Urteil zu

212 Vgl. Olschewski: LKStKR, Art. Personenstand, S. 195.

213 Puza: Die Wahrheitsfindung im kanonischen Prozess, S. 195.

214 Vgl. Zirkel, Adam (2003): Quam Primum – Salva Iustitia. Müssen kirchliche Eheprozesse Jahre dauern? In: MThS, 58. EOS: St. Ottilien, S. 22.

215 Vgl. Papst Pius XII. (1942): Allocutio. Ad Praelatos auditores ceterosque officiales et administros Tribunalis S. Romanae Rotae necnon eiusdem Tribunalis Advocatos et Procuratores. In: AAS 34, n. 11, S. 338–343, hier: S. 340.

216 Vgl. Lüdicke, Klaus (2004): Art. Appellation (Berufung). In: Lexikon für Kirchenrecht. Dritte Auflage. Herder: Freiburg, Sp. 61–63.

217 Vgl. c. 1645 § 1.

sprechen,[218] denn gemäß c. 1629 n. 3 kann auch keine Berufung mehr gegen ein rechtskräftig gewordenes Urteil eingelegt werden. Trotz der hohen Bedeutung der Rechtskraft muss die Rechtssicherheit und der Rechtsschutz der Christgläubigen kirchenrechtlich gewährleistet werden. Dazu integrierte der Gesetzgeber in den CIC/83 das Rechtsmittel der *restitutio in integrum*, also die Wiedereinsetzung des Verfahrens in den vorherigen und unversehrten, d. h. integren Stand. Als Voraussetzung wird genannt, dass nach c. 1645 § 1 die Ungerechtigkeit des ergangenen Urteils offenkundig (*manifesto*) feststeht. Damit ist auch eine Verknüpfung zum Rechtsmittel der Berufung gegeben, die auch nur eingelegt werden kann, wenn das Urteil ungerecht ist.[219] Eine – insbesondere für den Kontext und die Fragestellungen der vorliegenden Arbeit – einschränkende Regelung trifft c. 1643, indem dieser regelt: „Niemals erwachsen in Rechtskraft Personenstandsverfahren", also insbesondere Ehenichtigkeitsverfahren. Klaus Lüdicke spricht in diesem Zusammenhang von der so genannten „eingeschränkten Rechtskraft"[220]. Dass es sich bei der Gültigkeit oder Nichtigkeit von Ehen um Fragen handelt, die letztlich erst im *ἔσχατον* endgültig geklärt werden können, war und ist der Kirche schon immer bewusst gewesen. Daher haben Urteile in Ehenichtigkeitsverfahren auch grundsätzlichen keinen konstitutiven, sondern lediglich einen deklarativen Charakter, es handelt sich um Feststellungsurteile.[221] Diese können die Rechtslage nicht *per definitionem* ändern, sondern nur den aktuellen Status feststellen.[222]

2.2 Prozessuale Eigenarten von Eheverfahren

Die meisten der an den diözesanen unter interdiözesanen Kirchengerichten anhängigen Verfahren behandeln die Nichtigkeit einer Ehe.[223] Es handelt sich hierbei also um eine Problematik, die nicht nur von wissenschaftlicher und rein theoretischer Relevanz ist, sondern um eine alltägliche Fragestellung, die ganz

---

218 Vgl. c. 1444 § 1 n. 2.

219 Vgl. Stork, Gabriele (1999): Der Kirchenanwalt im Kanonischen Recht. In: Forschungen zur Kirchenrechtswissenschaft, 31. Echter: Würzburg, S. 86.

220 Lüdicke, Klaus (2005): „Dignitas Connubii". Die Eheprozeßordnung der katholischen Kirche. Text und Kommentar. In: MKCIC.B, 42. Ludgerus: Essen, S. 369.

221 Vgl. Arroba Conde: Die Rezeption von Dignitas Connubii, S. 35.

222 Vgl. Schöch, Nikolaus (2002): Das Bestätigungsdekret in zweiter Instanz bei mehreren Klagegründen. In: Iudicare Inter Fideles. Festschrift für Karl-Theodor Geringer zum 65. Geburtstag. EOS: St. Ottilien, S. 461–503, hier: S. 464.

223 Vgl. Lüdicke, Klaus (2004): Rechtsstaat: Ja! – Rechtskirche: Nein? Zur Zukunft der Gerichtsbarkeit der Kirche. In: TThZ, 112(1). Paulinus: Trier, S. 137–151, hier: S. 138.

eindeutig auch eine praktische Relevanz aufweist.[224] Sowohl das Eherecht, als auch das Prozessrecht und insbesondere deren Kombination im Eheprozessrecht sind „Probleme, die die kirchlichen Gerichte interessieren"[225]. Unter der Prämisse, dass die Christgläubigen innerhalb des CIC/83 als Glieder des Volkes Gottes neben Pflichten auch ausgewiesene Rechte besitzen,[226] haben sie u. a. auch ein Recht darauf, gegen die Gültigkeit ihrer Ehe zu klagen oder – korrekter formuliert – zu beantragen, dass die Nichtigkeit ihrer geschlossenen Ehe gerichtlich überprüft werden solle. Es handelt sich hierbei nach c. 208 um eine *vera aequitas*, die alle Gliedern der Kirche miteinander verbindet.[227] Durch das Instrument der Ehenichtigkeitsverfahren ist es ihnen möglich, sowohl ihr verfassungsrechtlich in c. 219 zugesichertes Grundrecht auf freie Wahl des Lebensstandes und das Grundrecht auf Sakramentenempfang gemäß c. 213 wahrzunehmen, als auch das in c. 1058 normierte *ius connubii* umzusetzen.[228] Hierbei handelt es sich um „kein Privileg der Vermögenden, sondern ein Recht für jedermann"[229]. Der Schutz der Rechte der Christgläubigen muss Auftrag und Aufgabe der Kirche zugleich sein.[230] Darauf hat nicht zuletzt das Zweite Vatikanische Konzil in mehreren Dokumenten hingewiesen.[231]

Die etwa 900 kirchlichen Gerichte sowohl auf teilkirchlicher, als auch auf weltkirchlicher Ebene haben ein in Bezug auf die ihnen hinsichtlich Budget und Personal zur Verfügung stehenden Mittel vergleichsweise hohes Arbeitsvermögen.[232] Auch die einzelnen Richter, Kirchenanwälte oder Ehebandverteidiger sind in aller Regel stets darum bemüht, auf dem aktuellen Stand der Wissenschaft und

224 Vgl. Daneels, Frans (2007): Das Wesen des Ehenichtigkeitsverfahrens. In: DPM, 14. Lang: Frankfurt, S. 205–215, hier: S. 206.

225 Grocholewski, Zenon (2002): Der Dienst der Liebe in der kirchlichen Gerichtsbarkeit. In: DPM, 9. Lang: Frankfurt, S. 139–153, hier: S. 140.

226 Vgl. Althaus, Rüdiger (2000): Die Rezeption des Codex Iuris Canonici von 1983 in der Bundesrepublik Deutschland unter besonderer Berücksichtigung der Voten der Gemeinsamen Synoden der Bistümer in der Bundesrepublik Deutschland. In: Paderborner Theologische Studien, 28. Schöningh: Paderborn, S. 396.

227 Vgl. Geringer: Das Recht auf Verteidigung, S. 428.

228 Vgl. Sebott: Braucht die Kirche ein Recht, S. 59.

229 Pulte, Matthias (2002): Die Tätigkeit der Offizialate. Anmerkungen zum pastoralen Beitrag der kirchlichen Ehegerichtsbarkeit für Menschen in Konfliktsituationen. In: Anzeiger für die Seelsorger, 111(5). Herder: Freiburg, S. 34–37, hier: S. 34.

230 Vgl. Althaus: Die Rezeption des Codex Iuris Canonici von 1983, S. 397.

231 Vgl. z. B. GS 73–75 und DH 7.

232 Vgl. Schöch, Nikolaus (2005): Römische Höchstgerichtsbarkeit. In: Österreichisches Archiv für Recht und Religion, 52(1). Plöchl: Freistadt, S. 493–522, hier: S. 496.

kirchenrechtlichen Diskussionen und Argumentationen zu bleiben, um diese bei Bedarf und Notwendigkeit in den gerichtspraktischen Alltag einfließen zu lassen.[233] Im Gegensatz zu den zivilprozessrechtlichen Verfahren des Staates, die durch das Prinzip der Mündlichkeit geprägt sind, ist der kirchliche Prozess nach c. 1472 § 1 ausschließlich schriftlich zu führen, was bedeutet, dass alle Erkenntnisse und Ergebnisse – dazu zählen bspw. auch Telefonate oder der Email-Verkehr mit den Zeugen oder Parteien – schriftlich in den Prozessakten festgehalten werden müssen.[234] Dennoch sehen sich die kirchlichen Gerichte in der öffentlichen bzw. medialen Wahrnehmung häufig Angriffen und Anschuldigungen ausgesetzt: Sie „seien eine Quelle der Ungerechtigkeit und Unmenschlichkeit, da sie unvernünftige und verspätete Urteile fällen, die Personenwürde verletzen, Frustrationen, Demütigungen und Verdächtigungen verursachen"[235]. Roch Pagé kann sich mehrere Gründe vorstellen, weshalb die kirchlichen Gerichte und hierbei insbesondere die Ehenichtigkeitsverfahren vermehrt als Belastung und weniger als Hilfestellung und Hilfeangebot wahrgenommen werden: Er vermutet, dass die Untersuchung einer Ehe auf Nichtigkeit bei den Christgläubigen einerseits wenig bekannt ist und andererseits im Zusammenhang mit einer erfolgten zivilrechtlichen Scheidung schmerzhafte Erinnerungen wieder hervorrufen könnte, was nicht unbedingt im Interesse der beteiligten Personen ist.[236] Diese Sorgen versucht auch der kirchliche Gesetzgeber auf seine Weise zu berücksichtigen, indem er eine zeitliche Höchstgrenze der Verfahren festlegt, die nach c. 1453 in erster Instanz bei einem Jahr und in zweiter Instanz bei sechs Monaten liegt, die aber auch mehr als Richtwert denn als einklagbarer Schlüsselfaktor angesehen werden muss.[237] Auch wenn Eheprozesse zügig durchzuführen sind – hiervon profitieren sowohl das Gericht, als auch die Parteien – darf es dennoch im Prozessverlauf nicht zu einer „Beeinträchtigung der Gerechtigkeit"[238] kommen. Das Erzbischöfliche Offizialat Freiburg im Breisgau formuliert es im Haushaltsplan unter den Merkmalen zur Überprüfung der Zielerreichung sehr treffend folgendermaßen: „Da konkrete Fallzahlen […] nicht vorhersehbar sind, ist es das Ziel,

233 Vgl. Weiß: HdbKathKR, Kirchliche Gerichtsbarkeit, S. 1657.

234 Vgl. Güthoff: HdbKathKR, Gerichtsverfassung und -ordnung, S. 1671. Ohne Markierungen.

235 Heimerl: Sinn kirchlicher Eheprozesse, S. 141.

236 Vgl. Pagé, Roch (2015): Reflections of a Judicial Vicar of an Appeal Tribunal on the Proposed Reform of the Canonical Matrimonial Process. In: The Jurist, 75(1). Catholic University of America: Washington, S. 59–69, hier: S. 62.

237 Vgl. Zirkel: Müssen kirchliche Eheprozesse Jahre dauern, S. 21.

238 Ebd., S. 278.

die Verfahren zügig und rechtskonform durchzuführen."[239] Es bleibt festzuhalten, dass es bei Ehenichtigkeitsverfahren in keiner Weise um die Feststellung einer objektiven oder subjektiven Schuld geht, sondern lediglich die Feststellung des aktuellen Personenstands der beteiligten Parteien intendiert ist.[240]

Der CIC/83 behandelt Eheverfahren an unterschiedlichen Stellen, da sie einerseits durch Spezialnormen und andererseits durch die allgemeinen Prozessnormen geregelt werden. Im Buch VII „De Processibus" finden sich in den cc. 1400–1500 Vorgaben für das „Gerichtswesen im Allgemeinen" und in den cc. 1501–1655 die Regelungen für „Ordentliche Streitverfahren", unter die sich auch – unabhängig davon, ob tatsächlich auch Streit gegeben ist – die Eheverfahren subsummieren. Eheprozessrechtliche Spezialnormen sind nochmal eigens in den cc. 1671–1691 aufgeführt, die durch das M. P. *Mitis Iudex Dominus Iesus* zur Gänze revidiert worden sind, wie bereits festgestellt wurde. Bei konkurrierenden Regelungen gilt die Kollisionsregel *lex specialis derogat legi generali*: Die Spezialnorm erhält den Vorzug vor allgemeinprozessrechtlichen Regelungen. Eheprozesse werden im aktuellen kirchlichen Gesetzbuch als „spezielle Prozesse" bezeichnet, wodurch mehr als deutlich wird, dass der Gesetzgeber die Untersuchung einer Ehe auf Nichtigkeit als einen gerichtlichen Prozess wünscht und keine Entscheidungen auf dem Verwaltungsweg herbeigeführt sehen möchte.[241] Des Weiteren wird in c. 1691 § 3 geregelt, dass die Anwendung der allgemeinen Normen nur dort zum Tragen kommt, wo es „von der Natur der Sache möglich [und] […] der Natur des Ehenichtigkeitsverfahrens Rechnung zu tragen [ist]"[242]. Diese Anwendung der allgemeinprozessrechtlichen Normen ist nicht unproblematisch, ein „gewichtiger Teil der Literatur hält diese Bezugnahme für verfehlt"[243]. Die Richter sollen während des ganzen Verfahrens, beim Studium der Prozessakten und bei der Erstellung der Voten bis hin zur Urteilsverkündigung stets auf der Suche nach der Wahrheit sein. Diese ist naturgemäß bei

239 Erzdiözese Freiburg (2018): Haushaltsplan 2018/2019. Die Finanzen unseres Erzbistums auf einen Blick. Eigenverlag: Freiburg, S. 63.

240 Vgl. Pulte, Matthias (2015): Die Formulierung der Prozessfrage im kanonischen Eheprozess – Nur eine Altlast aus dem römischen Legisaktionsprozess? In: Kanonistische Studien und Texte, 65 [= Ius quia. Iustum. Festschrift für Helmuth Pree zum 65. Geburtstag]. Duncker & Humblot: Berlin, S. 849–862, hier: S. 853.

241 Vgl. Daneels: Das Wesen des Ehenichtigkeitsverfahrens, S. 209.

242 Daneels: Das Wesen des Ehenichtigkeitsverfahrens, S. 207.

243 Siemer, Hermann (1996): Anwaltspflicht im kirchlichen Ehenichtigkeitsprozeß? In: MKCIC.B, 14. Ludgerus: Essen, S. 7 und Anm. 16.

Personenstandsverfahren nur äußerst schwer zu ermitteln,[244] wie im Verlauf der vorliegenden Arbeit schon mehrfach festgestellt wurde und auch weiterhin festgestellt werden wird. Die kirchlichen Richter sollen bei ihrer Amtsausübung Jesus Christus nacheifern und imitieren, dem eigentlichen und wahren Richter der Lebenden und der Toten.[245]

Als ein zentrales und grundlegendes Element für die Möglichkeit von Ehenichtigkeitsverfahren und dem Klagerecht der beiden Ehepartner wird verfassungsrechtlich in aller Regel c. 221 § 1 genannt, der festlegt, dass es den Christgläubigen zusteht, ihre Rechte geltend zu machen und diese auch vor einem kirchlichen Gericht durchzusetzen und zu verteidigen, wenn es notwendig ist.[246] Dieses Grundrecht, welches sich aus den Menschenrechten ableitet,[247] schließt die Möglichkeit ein, die eigenen kirchlichen Rechte sowohl rechtmäßig geltend zu machen, als auch nach Maßgabe des Rechts zu verteidigen.[248] Darunter fällt generell „jedwedes Recht einer Person in der Kirche und jedwede Weise durch die dies eingeschränkt oder streitig gemacht werden könnte"[249]. Der genannte Kanon, der den Rechtsschutz der Christgläubigen garantieren soll, schließt damit insbesondere die Eröffnung und Führung eines kirchlichen Prozesses mit ein,[250] wie es gerade bei Ehenichtigkeitsverfahren notwendig und obligatorisch ist.[251] Die Regelung des c. 221 § 1 darf allerdings nicht mit einem Anspruch auf Nichtigerklärung einer Ehe gleichgesetzt werden, sondern es geht materiell darum, dass alle Christgläubigen bei grundsätzlichen Zweifeln hinsichtlich der Gültigkeit ihrer eigenen Ehen das Recht haben, dies innerhalb eines überschaubaren Zeitrahmens von einem kirchlichen Gericht überprüfen zu

244 Vgl. Lüdicke, Klaus (2014–2015): Explizite und implizite Änderungen im Eheverständnis und im Eheprozess. In: DPM, 21/22. Lang: Frankfurt, S. 397–420, hier: S. 398.

245 Vgl. Hahn, Judith (2017): Richteramt – Wahrheitsdienst. Epistemologische und rechtstheologische Anmerkungen zu einer spannungsreichen Verbindung. In: KStKR, 27 [= Veritas vos liberabit: Festschrift zum 65. Geburtstag von Günter Assenmacher]. Schöningh: Paderborn, S. 423–448, hier: S. 430.

246 Vgl. Kaslyn, Robert J. (2000): The Christian Faithful (cc. 204–329). In: New Commentary. Paulist Press: New York, S. 245–290, hier: S. 278–280.

247 Vgl. Müller, Markus (2007): Die Berufung im kanonischen Prozessrecht. In: Folia Theologica, 18. Új Ember – Márton Áron Publishing House: Budapest, S. 147–170, hier: S. 147.

248 Vgl. cc. 221 § 1 und 1400 § 1.

249 Althaus: Die Rezeption des Codex Iuris Canonici von 1983, S. 398.

250 Vgl. Ruf: Das Recht der katholischen Kirche, S. 74.

251 Vgl. Riedel-Spangenberger, Ilona (2004). Art. Rechtsschutz. II. Katholisch. In: LKStKR, 3. Schöningh: Paderborn, S. 373–375, hier: S. 374.

lassen.[252] Eine laxe und möglicherweise gesetzeswidrig erklärte Nichtigkeit einer Ehe wird von Zenon Grocholewski zu Recht als „Pseudo-Pastoral“[253] bezeichnet und ist weder im Sinn des Gesetzgebers, noch der beteiligten Parteien. Es gilt zu differenzieren: Das Scheitern einer Ehe hat nicht automatisch zur Folge, dass diese auch nichtig ist und damit nichtig erklärt werden kann. *Vice versa* kann es auch durchaus möglich sein, dass eine glückliche und erfolgreiche Ehe nichtig ist.[254] Um es mit den Worten von Papst Johannes Paul II. auszudrücken, ist das Misslingen einer Ehe kein Grund, deren Gültigkeit *per se* anzuzweifeln.[255] Er hat vehement darauf Wert gelegt, dass das Scheitern einer Ehe nicht kongruent zu deren Nichtigkeit gesehen werden darf.[256] Interessant ist die Aussage einer Frau, die zwar als nichtklagende Partei am Ehenichtigkeitsverfahren aktiv teilgenommen hat, der es aber lieber gewesen wäre, wenn ihre Ehe kirchlich geschieden worden wäre: „[E]s sei für sie etwas völlig anderes, geschieden zu werden, als im Nachhinein die Gültigkeit der Ehe in Frage zu stellen“[257]. Diese Aussage wurde gegenüber Judith Hahn geäußert, die dazu ergänzend feststellt, dass trotz Aufklärungsarbeit viele Christgläubige nicht verstehen, dass durch die Nichtigerklärung einer Ehe nicht die davor miteinander verbrachten Ehejahre als ungenügend oder allgemein negativ konnotiert zu verstehen seien, sondern dass die Ehe am Tag der Eheschließung nicht gültig zustande gekommen sei.[258] Sogar im staatlichen Eherecht war bis zur Abschaffung des Ehegesetzes im Jahr 1998 die Möglichkeit der Nichtigerklärung einer Ehe durch ein Familiengericht nach §§ 17–22 des Ehegesetzes vorgesehen. Diese erlangte aber keine praktische Relevanz, da in der Regel die einfachere und schnellere Möglichkeit der zivilrechtlichen Scheidung gewählt worden ist.[259]

---

252 Vgl. Daneels: Das Wesen des Ehenichtigkeitsverfahrens, S. 206.

253 Grocholewski: Der Dienst der Liebe, S. 149.

254 In diesem Fall sieht der Gesetzgeber durch die *sanatio in radice* (vgl. cc. 1161–1165) und die *convalidatio simplex* (vgl. cc. 1156–1160) Instrumente zur Gültigmachung der Ehe vor.

255 Vgl. Papst Johannes Paul II.: Gutachten nicht kritiklos hinnehmen, S. 10.

256 Vgl. Papst Johannes Paul II. (2004): Wahrheit der ehelichen Institution neu entdecken. Audienz zur Eröffnung des Gerichtsjahres der Römischen Rota. Ansprache von Papst Johannes Paul II. am 29. Januar. In: OR(D), 34(9). Schwabenverlag: Ostfildern, S. 9.

257 Hahn, Judith (2014): Recht verstehen. Die Kirchenrechtssprache als Fachsprache: rechtslinguistische Probleme und theologische Herausforderung. In: MKCIC.B, 70 [= Iustitia est constans et perpetua voluntas ius suum cuique tribuendi. Festschrift für Klaus Lüdicke zum 70. Geburtstag]. Ludgerus: Essen, S. 163–198, hier: S. 193.

258 Vgl. Hahn: Die Kirchenrechtssprache als Fachsprache, S. 193.

259 Vgl. Lüdicke: Der kirchliche Ehenichtigkeitsprozeß, S. V.

Das Prinzip des Ehekonsenses, welches sich im geltenden Gesetzbuch in c. 1057 wiederfindet und das „durch keine menschliche Macht ersetzt werden [kann]", schuf eine Gültigkeitskategorie für das Zustandekommen einer Ehe, welche nur schwer nachweisbar ist, weil es nun von „einer innerlichen Tatsache"[260] abhängen kann, ob eine Ehe gültig geschlossen wurde und eben nicht von nachweisbaren oder empirischen Faktoren. Dadurch entsteht eine viel schwierigere Aufgabe, in der sich die Richterkollegien und jeder Einzelrichter bei der Behandlung von Ehenichtigkeitssachen und letztlich bei der Erstellung des Votums wiederfinden: Die Suche nach der Wahrheit, ohne von einem überbordenden pastoralen Eifer geleitet zu werden.[261] Nichtsdestotrotz muss dennoch die Tragweite der Entscheidungen für das persönliche Leben der beteiligten Ehepartner und insbesondere der klagenden Partei gesehen werden sowie der Umstand, dass sich normalerweise alle Parteien „ein objektives Urteil erhoffen"[262]. Die Ehe erfreut sich nach c. 124 § 2 iVm c. 1060 der Rechtsgunst,[263] d. h. im Verlauf von Ehenichtigkeitsverfahren wird von der Gültigkeit einer Ehe so lange ausgegangen, bis das Richterkollegium mit moralischer Gewissheit nach c. 1608 § 1 und mit der Mehrheit der Voten feststellt, dass die Ehe nichtig ist, also nie gültig zustande gekommen ist. Davon sind die kirchlichen Richter „mitnichten auch nur im mindesten entbunden"[264], denn die Konsequenz wären Urteile, die auf persönlichen Animositäten oder subjektiven Empfindungen beruhen würden und nicht mit der Glaubwürdigkeit und weltweiten Vergleichbarkeit der Prozessführung und damit mit dem hohen Anspruch an Gerechtigkeit in der Rechtsprechung in Einklang zu bringen wären.[265]

Es ist notwendig, dass die kirchlichen Gerichte alle Möglichkeiten und Mittel nutzen, die ihnen zur Verfügung stehen, um die geforderte moralische Gewissheit zu erlangen: Angefangen bei der Einholung von Gutachten, über die

---

260 Lüdicke: Explizite und implizite Änderungen, S. 399.

261 Vgl. Kahler, Hermann (2002): Vom Sinn, Unsinn und tieferen Sinn kirchlicher Ehenichtigkeitsverfahren. In: Aktuelle Beiträge zum Kirchenrecht. AIC, 24 [= Festgabe für Heinrich J. F. Reinhardt zum 60. Geburtstag]. Lang: Frankfurt, S. 141–162, hier: S. 147.

262 Burke: Das kanonische Ehenichtigkeitsverfahren, S. 166.

263 Vgl. Erlebach, Grzegorz (2006): L'impugnazione della sentenza e l'invio „ex officio" della causa al tribunale di appello nell'istr. „Dignitas Connubii". In: Ius Ecclesiae, 18(1). Giuffrè: Milano, S. 439–463, hier: S. 440.

264 Wirth, Paul (1987): Die Würdigung der Partei- und Zeugenaussagen im kirchlichen Ehenichtigkeitsverfahren. In: AfkKR, 156. Kirchheim & Co: Mainz, S. 95–120, hier: S. 120.

265 Vgl. Kahler: Sinn kirchlicher Ehenichtigkeitsverfahren, S. 154, Anm. 25.

Befragung weiterer Zeugen bis hin zur erneuten Befragung der Parteien und Würdigung von privaten oder öffentlichen Urkunden.[266] Nach c. 1150 hat im Zweifel das Glaubensprivileg den rechtlichen Vorrang inne: Darunter versteht man die Möglichkeit, dass eine nach katholischem Verständnis gültig geschlossene, aber nicht sakramentale Ehe von zwei Nichtchristen, *in favorem fidei* aufgelöst werden kann,[267] wenn einer der beiden Ehepartner sich taufen lässt, der andere aber weiterhin ungetauft bleiben möchte.[268] Dieses Verfahren wird auch als Paulinisches Privileg bezeichnet und setzt zwei Prämissen voraus: Der neu getaufte Partner hat die Trennung nicht verschuldet und der ungetaufte Partner lehnt ein weiteres, friedliches Zusammenleben ab.[269] Trotz des in c. 1150 formulierten Vorrangs wiegt auch hier die Rechtsgunst der Ehe nach c. 1060 höher und ist vorzuziehen. Zusammenfassend lässt sich am Ende dieses Unterkapitels konstatieren, dass es zur Sicherstellung einer gerechten Rechtsprechung und zur Wahrung des Rechtsschutzes aller Christgläubigen gute äußere Rahmenbedingungen geben muss, in welchen kirchliche Gerichte uneingeschränkt und frei agieren können. Auch der Papst bzw. die Diözesanbischöfe müssen hierzu ihrer Zuständigkeit nachkommen und eine korrekte Rechtspflege gewährleisten.[270] Letztlich sollten die kirchlichen Gerichte „zu Orten werden, an denen der diakonische Dienst des Rechts in Bezug auf das primäre Ziel kirchlichen Handelns, der *salus animarum*, deutlich wird“[271], wie es Nikolaus Schöch als ein Experte der kirchlichen Gerichtsbarkeit zutreffend ausdrückt.

2.3 Klagerecht, Zuständigkeit und Besetzung

Drei formal-prozessuale Aspekte eines Ehenichtigkeitsverfahrens sind von besonderer Bedeutung und werden hier noch im Vorfeld der Darstellung des prozessualen Ablaufs in Kapitel 2.4 näher erläutert. Hierbei handelt es sich zunächst um die Frage des Klagerechts bei Eheverfahren, also welche Personen oder Personengruppen berechtigt sind, Klage gegen die Gültigkeit einer möglicherweise nur scheinbar gültig geschlossenen Ehe zu erheben. Des Weiteren handelt es sich

---

266 Vgl. Margelist: Die Beweiskraft der Parteiaussagen, S. 6.

267 Vgl. Knauer, Peter (2015): Gibt es wirklich ein „Privilegium“ Paulinum? Zur Frage der Unauflöslichkeit der Ehe. In: HerKorr, 69(9). Herder: Freiburg, S. 467–469, hier: S. 467.

268 Vgl. cc. 1143–1150 und Ahlers: LKStKR, Art. Eheauflösung, S. 496.

269 Vgl. Ruf: Das Recht der katholischen Kirche, S. 287.

270 Vgl. Weiß: HdbKathKR, Kirchliche Gerichtsbarkeit, S. 1660.

271 Schöch: Synopse der Veränderungen, S. 357–358.

um die Frage nach der Zuständigkeit eines kirchlichen Gerichts zur Annahme einer konkreten Ehesache und deren prozessuale Behandlung, da ohne Zuständigkeitstitel nicht nur ungültige Verfahren geführt werden könnten, sondern auch nichtige Urteile erwachsen, aus denen selbstredend keine Rechtskraft oder – bei Ehenichtigkeitsverfahren – keine Vollstreckbarkeit erwachsen kann. Der dritte und letzte Aspekt, der in diesem Unterkapitel behandelt wird, ist die Frage der Besetzung oder Zusammensetzung eines konkreten Gerichtsturnus mit Diözesanrichtern, da es hier zu eheprozessrechtlichen Eigenarten kommt, deren Zweck und Sinn deutlich gemacht werden sollte.

Das Klagerecht gegen die Gültigkeit einer geschlossenen und damit nach der Rechtsvermutung bestehenden Ehe haben nach c. 1674 § 1 bewusst und ausschließlich nur zwei Personengruppen: Beide Ehegatten und zwar jeder alleine für sich, ohne auf den anderen Partner oder dessen Einverständnis angewiesen zu sein, sowie der Kirchenanwalt – dieser allerdings nur für den Fall, dass die Nichtigkeit der Ehe öffentlich bekannt ist und daraus ein Ärgernis erwachsen ist, sodass es notwendig wird, von Amts wegen die Gültigkeit einer Ehe zu überprüfen.[272] Ob im Bereich der DBK tatsächlich der Fall eintreten könnte, dass ein Ärgernis entsteht, ist eine Thematik, die eigens behandelt werden müsste, allerdings außerhalb der vorliegenden Arbeit. Die Norm des c. 1674 stellt ein eheprozessrechtliches Spezialgesetz zu den allgemeinprozessrechtlichen Regelungen des c. 1476 dar, welcher das allgemeine Klagerecht in der Weise festgelegt, dass jede Person, unabhängig davon, ob sie katholisch, getauft oder ungetauft ist, vor Gericht als klagende Partei auftreten kann.[273] Damit wird im Prozessrecht der Bereich der Normadressaten erweitert, der im CIC/83 gemäß c. 11 im Grundsatz eigentlich nur Katholiken umfasst.[274] Zweck dieser allgemeinen Regelung ist es, den Rechtsschutz beider an der Ehe beteiligten Partner zu garantieren.[275] Würde das Klagerecht bei Ehenichtigkeitsverfahren nicht durch Spezialnormen eingegrenzt werden, so käme es leicht zu Missbräuchen, Gängelungen und Mobbing von Ehepartnern, die der Gesetzgeber bereits im Vorfeld durch die Eingrenzung des Klagerechts auf die in c. 1674 § 1 genannten Personengruppen vermeidet.[276] Das öffentliche Interesse der Kirche, ein Ehenichtigkeitsverfahren anzustreben,

---

272 Vgl. Lüdicke: MKCIC (52.), c. 1674, Rn. 3.

273 Vgl. Wrenn: Trials in General, S. 1644.

274 Vgl. Ruf: Das Recht der katholischen Kirche, S. 389.

275 Vgl. Beal, John P. (2015): Mitis Iudex Canons 1671–1682, 1688–1691: A Commentary. In: The Jurist, 75(2). Catholic University of America: Washington, S. 467–538, hier: S. 486–487.

276 Vgl. Lüdicke: MKCIC (52.), c. 1674, Rn. 3.

wird durch das Klagerecht des Kirchenanwalts gewürdigt und ist damit auch in der Praxis gewährleistet. Andere Personen, die nicht klageberechtigt sind, haben die Möglichkeit, beim Kirchenanwalt oder Ordinarius die mögliche Nichtigkeit einer Ehe anzuzeigen, was nicht *eo ipso* zur Klageerhebung führt.[277] Die positive Zuerkennung des Klagerechts führt auch *ex negativo* dazu, dass es Personen gibt, die nicht klageberechtigt sind: Hierunter fallen insbesondere Verwandte, Dritte oder diejenigen Personen, die jemanden standesamtlich geheiratet haben, der noch an ein kirchliches Eheband gebunden ist, aber die „ihre Verbindung kirchlich ordnen wollen"[278]. Im letztgenannten Fall bliebe nur die Möglichkeit, den eigenen Partner zu bitten oder zu drängen, dass dieser selbst Klage erhebt. Die Klagemöglichkeiten werden zusätzlich durch c. 1674 § 2 eingeschränkt und limitiert: So kann nach dem Tod eines der Ehepartner die Gültigkeit der Ehe nicht mehr angefochten werden, da es das Ziel eines Ehenichtigkeitsverfahrens ist, zur Klärung der Personenstandsfrage beizutragen.[279] Weil aber nach c. 1141 auch eine gültige und vollzogene sakramentale Ehe durch den Tod aufgelöst wird,[280] erscheint eine Überprüfung einer bereits aufgelösten Ehe auf Nichtigkeit als obsolet.[281] Lediglich eine Ausnahme sieht der Gesetzgeber durch die Normen in c. 1674 § 2 als gerechtfertigt an, um dennoch ein Eheverfahren anzustreben: Wenn die Frage der Ehenichtigkeit im Vorfeld geklärt werden muss, um im Anschluss daran eine damit verknüpfte, aber im Kern andere Streitfrage, die rechtsanhängig geworden ist, prozessual behandeln und zu einem Urteil führen zu können.[282]

Die Zuständigkeit richtet sich grundsätzlich nach „sachlichen, örtlichen und funktionellen Gesichtspunkten"[283]. Die Frage nach der Zuständigkeit eines diözesanen Kirchengerichts wird im CIC/83 in den cc. 1404–1416 innerhalb der

---

277 Vgl. Groß/Schueller: Lehrbuch des katholischen Kirchenrechts, S. 315.

278 Rambacher, Stefan (2015): § 111 Die Eheverfahren. In: HdbKathKR. Dritte Auflage. Pustet: Regensburg, S. 1687–1721, hier: S. 1694.

279 Vgl. Beal: A Commentary, S. 487–488.

280 Vgl. Beal, John P. (2000): The Separation of Spouses (cc. 1141–1155). In: New Commentary. Paulist Press: New York, S. 1359–1378, hier: S. 1362.

281 Vgl. Lüdicke: MKCIC (52.), c. 1674, Rn. 9.

282 Vgl. Beal: A Commentary, S. 487–488.

283 Schöch, Nikolaus (2002): Die absolute Inkompetenz kirchlicher Gerichte zweiter Instanz aufgrund der Berufung an die Römische Rota als Ausnahme vom Prinzip der örtlichen Zuständigkeit. In: Territorialità e Personalità nel Diritto Canonico ed Ecclesiastico. Atti dell'XI Congresso Internazionale di Diritto Canonico e del XV Congresso Internazionale della Societa per il Diritto delle Chiese Orientali. Szent István Társulat: Budapest, S. 797–812, hier: S. 797.

allgemeinen Prozessnormen erörtert und gesetzlich geregelt. Insofern diese nicht durch etwaige Spezialnormen des Eheprozessrechts derogiert werden, sind sie auch für die Beurteilung der Zuständigkeit bei Ehenichtigkeitsverfahren heranzuziehen. Deren Neufassung durch das M. P. *Mitis Iudex Dominus Iesus* schaffte eine übersichtlichere Struktur und behandelt in c. 1671 grundsätzliche Fragen der Zuständigkeit: Nach c. 1671 § 1 werden alle „Ehesachen der Getauften" vor einem kirchlichen Gericht und einem kirchlichen Richter behandelt; nach c. 1671 § 2 gehören Fragen „hinsichtlich der rein bürgerlichen Wirkungen der Ehe" – zu nennen wären als Beispiele Fragen des Sorgerechts oder Unterhalts – vor die weltliche Justiz. Diese grundsätzliche Aufteilung der Zuständigkeit bei Eheverfahren zwischen der Kirche und dem Staat, die im Kern unverändert bereits seit dem CIC/17 äquivalent besteht – can. 1960 regelte die kirchliche Zuständigkeit[284] und can. 1961 die staatliche Zuständigkeit bei rein bürgerlichen Wirkungen[285] – wurde auch im M. P. *Mitis Iudex Dominus Iesus* aufgegriffen und dadurch bestätigt. Diese Spezialnorm für die Frage der Zuständigkeit folgt den in c. 1401 n. 1 genannten *iure proprio et exclusivo*, dass die Kirche auch in Eheverfahren die alleinige Entscheidungskompetenz besitzt.[286]

Die beiden Paragrafen des c. 1671 waren vor der Neuordnung durch Papst Franziskus eigenständige Kanones und sind nun inhaltlich sowie systematisch korrekt in einem einzigen Kanon zusammengefasst worden. In der Folge ersetzt c. 1672 den bisherigen c. 1673* aus dem CIC/83 allerdings lediglich

---

284 Vgl. can. 1960: „Causae matrimoniales inter baptizatos iure proprio et exclusivo ad iudicem ecclesiasticum spectant." Eigene Übersetzung: „Ehesachen zwischen Getauften betreffen kraft eigenen und ausschließlichen Rechts den kirchlichen Richter."

285 Vgl. can. 1961: „Causae de effectibus matrimonii mere civilibus, si principaliter agantur, pertinent ad civilem magistratum ad normam can. 1016; sed si incidenter et accessorie, possunt etiam a iudice ecclesiastico ex propria potestate cognosci ac definiri." Eigene Übersetzung: „Fälle, die die rein bürgerlichen Wirkungen der Ehe betreffen, wenn sie hauptsächlich verhandelt werden, gehören in die Zuständigkeit der weltlichen Behörden gemäß can. 1016; aber wenn sie als Zwischenstreit und neben der Hauptklage verhandelt werden, können sie vom kirchlichen Richter aus eigener Vollmacht untersucht und entschieden werden." Vgl. can. 1016: „Baptizatorum matrimonium regitur iure non solum divino, sed etiam canonico, salva compettentia civilis potestatis circa mere civiles eiusdem matrimonii effectus." Eigene Übersetzung: „Die Ehe der Getauften richtet sich nicht nur nach dem göttlichen, sondern auch nach dem kanonischen [Recht], unbeschadet der Zuständigkeit der weltlichen Gewalt hinsichtlich rein bürgerlicher Wirkungen derselben Ehe."

286 Vgl. Lüdicke: MKCIC (52.), c. 1671, Rn. 8.

numerisch,[287] denn inhaltlich sind beide Fassungen exakt identisch.[288] Der Kanon beschreibt die tatsächliche Zuständigkeit diözesaner Kirchengerichte, falls keine Reservation durch den Apostolischen Stuhl nach einem der Titel in c. 1405 vorliegen sollte: In c. 1672 n. 1 ist vom „Gericht des Eheschließungsortes" die Rede, c. 1672 n. 2 spricht vom „Gericht des Wohnsitzes oder des Nebenwohnsitzes einer oder beider Parteien" und in c. 1672 n. 3 wird „das Gericht des Ortes, an dem die meisten Beweise tatsächlich zu erheben sind", genannt.[289] Eines oder mehrere dieser Gerichte in konkurrierender Weise können für die Eheverfahren zuständig sein. Gleichzeitig wird deutlich, dass die Voraussetzungen und Einschränkungen, die bisher in c. 1673⋆ nn. 3–4 genannt wurden,[290] nach denen der Offizial nach Anhörung der nichtklagenden Partei entscheiden musste, ob die Zuständigkeit gewährt werden könne, durch das M. P. *Mitis Iudex Dominus Iesus* derogiert wurden.[291] Die drei in c. 1672 genannten Zuständigkeiten sind im Hinblick auf Art. 7 § 1 RP als gleichrangig anzusehen, sofern das „Prinzip der Nähe zwischen Richter und Parteien" gewahrt bleibt. Es gibt keinen bevorzugten Gerichtsort, sodass die klagende Partei in ihrer Wahl frei ist. Der wissenschaftlichen Auffassung von Martin Zumbült folgend, bleibt die Frage offen, inwieweit der genannte Grundsatz aus der Verfahrensordnung dazu führen könnte, dass ein Gericht „die eigene Zuständigkeit wegen fehlender Nähe zu den Parteien ablehnen könnte"[292]. Grundsätzlich gilt, dass die klagende Partei bei der Auswahl eines zuständigen Gerichts unabhängig ist und durch keine Bedingungen eingeschränkt wird.[293] Auch wenn die bisher notwendigen Genehmigungen durch die Offiziale entfallen sind, liegt dennoch eine große Verantwortung bei ihnen, weil sie nach Einreichung der Klageschrift und vor der Annahme des Falls klären

287 Vgl. Beal: A Commentary, S. 473.

288 Vgl. Müller: Das kirchliche Ehenichtigkeitsverfahren nach der Reform von 2015, S. 12.

289 Vgl. Lüdicke: MKCIC (52.), c. 1672, Rn. 1.

290 Vgl. c. 1673⋆ n. 3: „das Gericht des Wohnsitzes der klägerischen Partei, vorausgesetzt, beide Parteien wohnen im Gebiet derselben Bischofskonferenz und der für den Wohnsitz der belangten Partei zuständige Gerichtsvikar stimmt nach Anhören dieser Partei zu" und n. 4: „das Gericht des Ortes, an dem die meisten Beweise tatsächlich zu erheben sind, vorausgesetzt, der für den Wohnsitz der belangten Partei zuständige Gerichtsvikar stimmt zu; dieser hat vorher die belangte Partei zu befragen, ob sie irgendwelche Einwendungen dagegen erhebt."

291 Vgl. Zumbült, Martin (2016): Änderungen im Ehenichtigkeitsverfahren durch das MP: Mitis Iudex Dominus Iesus. In: Kirche und Recht, 22(1). Berliner Wissenschafts-verlag: Berlin, S. 93–113, hier: S. 94.

292 Zumbült: Änderungen im Ehenichtigkeitsverfahren, S. 96.

293 Lüdicke: MKCIC (52.), c. 1672, Rn. 4.

sollten, ob die Wahl des Gerichtsortes zu einer offensichtlichen Benachteiligung der nichtklagenden Partei führen könnte und sie in der Konsequenz in der Lage sein sollten, die eigene Unzuständigkeit zu erklären bzw. die Zuständigkeit unter Verweis auf ein anderes Gericht abzulehnen.[294] Diese zusätzliche Bedingung der Zustimmung durch den Offizial des Wohnorts der nichtklagenden Partei wurde in den CIC/83 integriert, um zu vermeiden, dass bewusst ein so genanntes „laxum tribunal"[295] gewählt wird, also ein Gericht, bei dem der Fall augenscheinlich sicher zu einem positiven Ergebnis führt. Durch die Neuordnung der Zuständigkeiten besteht die Gefahr eines möglichen „Gerichtstourismus", falls es in der Praxis tatsächlich dazu kommen sollte, dass entweder in der öffentlichen Wahrnehmung oder nach Meinung von findigen Anwälten und Beratern kirchliche Diözesangerichte existieren, bei denen es leichter erscheint, in Ehenichtigkeitsverfahren ein affirmatives Urteil zu erlangen. An diesem Punkt sollte eine funktionierende und tatsächlich existente Gerichtsaufsicht vermittelnd und korrigierend eingreifen, denn sollte Laxismus bzw. Rechtsbeugung vorliegen, so ist es die Aufgabe der Diözesanbischöfe und „der Apostolischen Signatur, dies zu unterbinden"[296]. Dieser Umstand wird von Martin Zumbült zu Recht kritisiert und er weist darauf hin, dass dies bei einem gesetzmäßig agierenden und sowohl vom Diözesanbischof als auch von der Apostolischen Signatur kontrollierten Gerichtswesen eigentlich nicht möglich sein sollte.

Die Neuregelungen und damit einhergehend die Erweiterungen der Zuständigkeitsregelungen von Diözesangerichten machen deutlich, dass diese der größer gewordenen Mobilität und weltweiten Globalisierung gerecht werden wollen.[297] Der Wechsel des Wohnorts ist weder auf staatlicher Seite in Form des jeweiligen Melderechts und schon gar nicht bei Betrachtung des kanonischen Wohnsitzes,[298] welcher ausschlaggebend für die Klärung der Zuständigkeitsfrage ist, an große Hürden gebunden. Auch hierbei wird die bereits angesprochene Gefahr der Auswahl eines *laxi tribunalis* wieder zu bedenken sein, denn bereits zur Zeit der Promulgation des CIC/83 wurde dieser Umstand ausgenutzt, indem bestimmte Gerichtsorte ausgewählt wurden, an denen vermeintlich gute Erfolgsaussichten vorlagen.[299] Die Frage nach dem gemeinsamen Wohnort eines Ehepaares wird in c. 104 behandelt und stellt sich im rechtshistorischen

294 Vgl. ebd., c. 1672, Rnn. 4, 7.
295 Lüdicke: MKCIC (16.), c. 1673, Rn. 1.
296 Zumbült: Änderungen im Ehenichtigkeitsverfahren, S. 95.
297 Vgl. Zumbült: Änderungen im Ehenichtigkeitsverfahren, S. 94.
298 Vgl. cc. 102–106.
299 Vgl. Lüdicke: MKCIC (16.), c. 1673, Rn. 1.

Vergleich als wesentlich abgemildert dar: Der Kanon spricht nur die Empfehlung eines gemeinsamen Wohnorts aus und eröffnet explizit die Möglichkeit, dass Ehepartner „aufgrund rechtmäßiger Trennung oder aus einem anderen gerechten Grund“ jeweils einen eigenen Wohnort begründen können.[300] Das Vorliegen eines gerechten Grundes lässt sich rechtssprachlich schwer definieren und in der Konsequenz erscheint es auch schwierig, im Nachhinein festzustellen, dass kein gerechter Grund vorgelegen habe. Im CIC/17 sah can. 93 § 1 vor, dass ein unterschiedlicher Wohnsitz der beiden Ehepartner nur bei einer rechtmäßigen und damit auch kirchlich festgestellten Trennung beider Partner erfolgen könne.[301] Um die prozessualen Belastungen und Benachteiligungen der nichtklagenden Partei auf ein Minimum zu reduzieren, aber dennoch den notwendigen und zustehenden Rechtsschutz zu gewährleisten, fordert Art. 7 § 2 RP eine „Zusammenarbeit unter den Gerichten“, damit jeder „mit dem kleinstmöglichen Aufwand am Prozess teilnehmen kann“. Gerade vor dem Hintergrund der Möglichkeit, die Klage am Gericht des Wohnsitzes der klagenden Partei einzureichen, erscheint diese Forderung als sinnvoll and angemessen. Bedenkens- und umsetzungswert ist der von Klaus Lüdicke eingebrachte Vorschlag zur Vermeidung einer in der Theorie nicht möglichen parallelen Rechtshängigkeit des gleichen Ehenichtigkeitsverfahrens an unterschiedlichen diözesanen Kirchengerichten: Er schlägt vor, dass z. B. Diözesangerichte, die innerhalb einer Kirchenprovinz oder eines Bundeslandes im selben Einzugsgebiet agieren, sich gegenseitig darüber informieren bzw. eine gemeinsame Datenbank pflegen sollten, aus der für alle ersichtlich wird, wo welche Ehenichtigkeitssache anhängig ist oder gemacht werden soll.[302] Auch eine größer angelegte Lösung z. B. im Bereich der DBK oder aller deutschsprachigen Diözesen oder Offizialate wäre durchaus denkbar und wünschenswert.

Wenn mehrere Gerichte erlaubterweise gleichzeitig zuständig sind, gelten die Regelungen von c. 1415 iVm Art. 18 DC, die für eine Klärung der konkurrierenden Zuständigkeitsfrage herangezogen werden müssen. In Folge der Anpassungen der Zuständigkeit durch das M. P. *Mitis Iudex Dominus Iesus* kann davon

300 Vgl. Ruf: Das Recht der katholischen Kirche, S. 48–49.

301 Vgl. can. 93 § 1: „Uxor, a viro legitime non separata, necessario retinet domicilium viri sui; amens, domicilium curatoris; minor, domicilium illius cuius potestati subiicitur.“ Eigene Übersetzung: „Eine Ehefrau, vom Ehemann nicht rechtmäßig getrennt, behält notwendig den Hauptwohnsitz ihres Mannes; eine Geisteskranke den Hauptwohnsitz des Vormunds; ein Minderjähriger den Hauptwohnsitz jenes, welchem er von Rechts wegen unterstellt ist.“

302 Vgl. Lüdicke: MKCIC (52.), c. 1672, Rn. 4.

ausgegangen werden, dass konkurrierende Zuständigkeiten vermehrt vorkommen werden und durch die beteiligten Gerichte gelöst werden müssen. Zuständig ist in einer solchen Konstellation jenes Gericht, welches nach Art. 18 DC „als erstes die belangte Partei rechtmäßig vorgeladen hat" und die Sache damit – zeitlich betrachtet – vor den anderen Gerichten rechtshängig gemacht hat.[303] Sobald das erste Gericht die Ladung rechtmäßig ausgesprochen hat, sind alle anderen Gerichte nicht mehr zuständig und können den Fall auch nicht mehr gültig rechtshängig machen.[304] Durch den Wegfall aller territorialen Einschränkungen, wie sie c. 1673⋆ n. 3 noch kannte,[305] muss nach John P. Beal eine große Aufmerksamkeit dem Umstand gewidmet werden, dass Vernehmungen vermehrt mit Personen geführt werden könnten, die eine fremde Sprache sprechen und in einer anderen Kultur aufgewachsen sind, was zu Verständnisproblemen auf beiden Seiten führen könnte. Es darf auch nicht davon ausgegangen werden, dass die Kommunikation in Englisch problemlos funktionieren wird; hierfür nennt John P. Beal als Beispiel Immigranten mit mangelhafter Schulbildung.[306] Des Weiteren schafft die Derogation der Zusatzklauseln für eine mögliche Zuständigkeit eines Gerichts an dem Ort, an dem nach c. 1672 n. 3 „die meisten Beweise tatsächlich zu erheben sind" eine Ungenauigkeit, denn ob dies tatsächlich der Fall sein wird, steht erst nach der Beweiserhebung fest und nicht zu Beginn des Ehenichtigkeitsverfahrens. Schon bei der ersten Aufnahme dieses Kriteriums in die Prozessordnung durch das M. P. *Causas Matrimoniales* wurde kritisiert, dass es weder Indizien noch Hinweislisten gibt, auf Grund derer standardisiert taxiert werden könnte, an welchem Gericht tatsächlich die meisten Beweise zu erheben sein werden.[307]

Was die Besetzung oder Zusammensetzung des diözesanen oder interdiözesanen Kirchengerichts für konkrete Ehenichtigkeitsverfahren betrifft, so sind diese nach c. 1673 § 3 „einem Kollegium von drei Richtern vorbehalten. Diesem muss ein Richter, der Kleriker ist, vorstehen, die übrigen Richter können auch Laien sein". Damit wird eheprozessrechtlich von der allgemeinen Regel aus

303 Vgl. Zumbült: Änderungen im Ehenichtigkeitsverfahren, S. 96.

304 Vgl. Flatten, Heinrich (1987): Zur Reform des kirchlichen Eheprozesses. Das Motu Proprio Papst Pauls VI. „Causas Matrimoniales" vom 28. März 1971. In: Müller, Hubert (Hg.): Gesammelte Schriften zum kanonischen Eherecht/Heinrich Flatten [= Die Kirche im Wandel der Zeit. Festgabe für Joseph Höffner zur Vollendung des 65. Lebensjahres (1971), S. 609–630]. Schöningh: Paderborn, S. 416–439, hier: S. 421.

305 Vgl. Fn. 290.

306 Vgl. Beal: A Commentary, S. 475–476.

307 Vgl. Lüdicke: MKCIC (52.), c. 1672, Rn. 8.

c. 1421 § 2, die durch das M. P. *Mitis Iudex Dominus Iesus* nicht explizit geändert oder derogiert wurde und folglich unverändert fortbesteht, exklusiv bei Ehenichtigkeitsverfahren abgewichen. Es ist für die Besetzung des Richterkollegiums notwendig, dass ein Mitglied Kleriker sein muss, wohingegen die anderen beiden Richter bei einem Dreier- bzw. die anderen vier Richter bei einem Fünferkollegium Laien, also Männer und Frauen gleichermaßen sein können.[308] An dieser Stelle muss auf den weniger offensichtlichen Umstand hingewiesen werden, dass der Begriff Laie in diesem Zusammenhang nicht das Professionalisierungsniveau meint, sondern den kirchlichen Stand oder Status. Die einzige Einschränkung, die vorgenommen wird, ist dem Umstand geschuldet, dass der Vorsitz des Richterkollegiums immer von einem Kleriker geführt werden muss. Unter Klerikern sind gemäß den Vorgaben des CIC/83 nach c. 266 § 1 Männer zu verstehen, die die Diakonatsweihe empfangen haben und in eine Teilkirche rechtmäßig inkardiniert sind.[309] Für diese Teilkirche üben sie ihren Dienst aus.[310] Bei Klerikern handelt es sich im Fall der Besetzung des Richterkollegiums um Diakone, Priester oder Bischöfe.[311] Lediglich c. 285 bietet eine Übersicht einiger ausgewählter Charakteristika eines Klerikers.[312] So zählen sowohl Kleriker, als auch Laien zu den Christgläubigen,[313] sie sind aber nach c. 207 § 1 als geistliche Diener „Kraft göttlicher Weisung" von den Laien distinkt unterschieden.[314] Dennoch muss festgestellt werden, dass der CIC/83 keine endgültige Legaldefinition eines Klerikers kennt, sondern nur die genannten Umschreibungen vornimmt.[315] Die Legaldefinition aller Christgläubigen findet sich in c 204 § 1, einer theologischen Fundamentalnorm.[316] Christgläubige sind in die Kirche eingegliedert, haben Anteil am „priesterlichen, prophetischen und königlichen Amt [...]

308 Vgl. Lüdicke: MKCIC (52.), c. 1673, Rn. 5.

309 Vgl. Reinhardt: MKCIC (26.), c. 266, Rn. 1.

310 Vgl. Schwendenwein, Hugo (2015): § 21 Die Zugehörigkeit zu einem geistlichen Heimatverband. In: HdbKathKR. Dritte Auflage. Pustet: Regensburg, S. 342–354, hier: S. 342–343.

311 Vgl. Ruf: Das Recht der katholischen Kirche, S. 86.

312 Vgl. Hallermann, Heribert (2002). Art. Klerikerstand. In: LKStKR, 2. Schöningh: Paderborn, S. 574–575, hier: S. 574.

313 Vgl. Ruf: Das Recht der katholischen Kirche, S. 70–71.

314 Vgl. Hallermann, Heribert (2002). Art. Kleriker. In: LKStKR, 2. Schöningh: Paderborn, S. 566–570, hier: S. 566.

315 Vgl. Hallermann: LKStKR, Art. Klerikerstand, S. 574.

316 Vgl. Meckel, Thomas (2015): Von der Katholischen Aktion bis zum gemeinsamen Priestertum. Der Beitrag der Laien für eine lebendige Kirche. In: Würzburger Theologie, 11. Echter: Würzburg, S. 81–107, hier: S. 98.

Christi" und sind „zur Ausübung der Sendung berufen". Für die Bestellung von Klerikern statt ausschließlich Priestern zu Richtern innerhalb eines Richterkollegiums konnte es letztlich nur durch die Wiederbelebung des Ständigen Diakonats kommen,[317] da vorher keine dauerhafte Bestellung von Diakonen möglich war und ein so genannter Übergangsdiakon sicherlich nicht als Richter an einem Diözesangericht berufen und ernannt worden wäre.[318]

Um zum Richter berufen werden zu können, müssen die in c. 1421 § 3 genannten Voraussetzungen erfüllt werden, da es keine eheprozessrechtlichen Spezialnormen zu dieser Frage gibt. Die formellen Anforderungen sind eine gute Beleumundung des ausgewählten Kandidaten – liegt keine schlechte oder negative Beleumundung vor, so ist sie automatisch gut – sowie das Doktorat oder wenigstens Lizentiat im kanonischen Recht. Da die Norm des c. 1421 § 3 allerdings keine Nichtigkeitsklausel enthält, müssen der Rechtscharakter und die Folgen der daraus erwachsenen Rechtshandlungen erläutert werden. Ernennt der Diözesanbischof Diözesanrichter, die nicht alle Voraussetzungen erfüllen – in der Praxis wird nur die Frage nach dem akademischen Grad relevant sein – so missachtet er selbstredend die Vorgaben des c. 1421 § 3 und handelt unerlaubt, allerdings wäre der Rechtsakt dennoch gültig, da wie angesprochen keine Nichtigkeitsklausel genannt wird. Es gäbe keine irritierende Wirkung auf die Gültigkeit der Rechtsakte, die dieser Diözesanrichter in Ausübung seines Amtes setzt,[319] weil seine Ernennung dennoch gemäß c. 149 § 2 als gültig zu betrachten wäre.[320] Die Apostolische Signatur als höchstes Gericht der Römischen Kurie kann eine Dispens vom akademischen Grad im Vorfeld der Bestellung zum Diözesanrichter erteilen.[321] Diese lange Zeit übliche Praxis wird allerdings nur noch in Ausnahme- und Notfällen gewährt,[322] denn eine „Ursache vielfältiger Mängel in der Rechtspflege stellt zweifellos die unzureichende Ausbildung derjenigen dar, die in den kirchlichen Gerichten arbeiten"[323] – wie Zenon Grocholewski

---

317 Vgl. AG 16.

318 Vgl. Die Deutschen Bischöfe (2016): Rahmenordnung für Ständige Diakone in den Bistümern der Bundesrepublik Deutschland. In: VAS, 101. Sekretariat der Deutschen Bischofskonferenz: Bonn, S. 8.

319 Vgl. Rhode: Kirchenrecht, S. 63.

320 Vgl. Lüdicke: Eheprozeßordnung, S. 59.

321 Vgl. Wittreck, Fabian (2006): Die Verwaltung der Dritten Gewalt. In: Jus Publicum. Beiträge zum öffentlichen Recht, Band 143. Mohr Siebeck: Tübingen, S. 260.

322 Vgl. Aymans/Mörsdorf/Müller: KanR IV, S. 299.

323 Grocholewski, Zenon (1995–1997): Die kirchlichen Gerichte in Deutschland und in Österreich auf dem Hintergrund der gegenwärtigen Rechtspflege in der Gesamtkirche. In: ÖAKR, 44. Plöchl: Freistadt, S. 37–59, hier: S. 42.

Mitte der 1990er Jahre konstatiert. Zur damaligen Zeit verfügten nur etwa 32 % der Richter in Deutschland über den vorgesehenen akademischen Grad trotz der Möglichkeit, diesen sowohl in München als auch in Münster zu erwerben.[324]

Im Zusammenhang mit der Promulgation des M. P. *Mitis Iudex Dominus Iesus* ist für die Frage nach der Besetzung und Zusammensetzung des Richterkollegiums für Ehenichtigkeitsverfahren die Tatsache interessant, dass im Gegensatz zur allgemeinprozessrechtlichen Regelung in c. 1421 § 2 für die Bestellung von Laien weder die Genehmigung der Bischofskonferenzen, noch die Feststellung einer vorliegenden Notwendigkeit Voraussetzungen sind. Ihre Zulassung hat universalkirchlich Geltung und kann nicht partikularrechtlich eingeschränkt werden, wie Klaus Lüdicke feststellt.[325] Eine andere wissenschaftliche Auffassung vertritt John P. Beal, der ausführt, dass die Erlaubnis immer noch notwendig wäre, da die Norm in c. 1421 § 2 durch den neuen c. 1673 weder tangiert noch derogiert wurde und daher weiterhin gültig ist und angewendet werden muss.[326] Diese wissenschaftliche Auffassung unterstützt auch Ludger Müller, der Klaus Lüdicke vorwirft, die Behauptung „zu Unrecht und ohne Nennung einer gesetzlichen Grundlage“[327] vorzunehmen. Letztlich ist die Frage bis heute nicht offiziell geklärt; eine praktische Relevanz wird in den meisten Fällen nicht daraus erwachsen. Die Bestellung eines Einzelrichters für Ehenichtigkeitsverfahren als „eine Art Notlösung“[328] wird vom Gesetzgeber vor dem Hintergrund, auch in kleineren Diözesen oder im Bereich der Missionsgebiete die Handlungsfähigkeit der kirchlichen Gerichte gewährleisten zu wollen, vorgesehen. Sollte es dazu kommen müssen, so hat der Diözesanbischof größte Sorge dafür zu tragen, dass möglichst schnell geeignete Personen ausgebildet und akquiriert werden, um zumindest ein Dreierkollegium mit der Behandlung von Eheverfahren betrauen zu können.[329] Sinnvoll ist es, neben dem Offizial zumindest vier Diözesanrichter zu ernennen, da auf diese Weise zwei Turni eingerichtet werden könnten. Interessant ist seit dem Inkrafttreten des M. P. *Mitis Iudex Dominus Iesus*, dass der Kleriker, der den Vorsitz führt, wegen der kollegialen Handlungsweise des

324 Vgl. ebd., S. 47.

325 Lüdicke: MKCIC (52.), c. 1673, Rn. 5.

326 Vgl. Beal: A Commentary, S. 481.

327 Müller: Das kirchliche Ehenichtigkeitsverfahren nach der Reform von 2015, S. 21, Anm. 4.

328 Lüdicke: MKCIC (52.), c. 1673, Rn. 6.

329 Vgl. Tribunal Apostolicum Rotae Romanae (2016): Subsidium for the application of the M.p. Mitis Iudex Dominus Iesus. Libreria Editrice Vaticana: Città del Vaticano, S. 18.

Richterkollegiums von den beiden Voten der Laien überstimmt werden kann. An dieser Stelle sei auf eine ähnliche Konstellation bei staatlichen Gerichten im Bereich der Bundesrepublik Deutschland hingewiesen: So sind die Schöffengerichte an den Amtsgerichten in aller Regel mit einem Berufsrichter und zwei Schöffen besetzt; diese haben grundsätzlich die Stimmenmehrheit und können Urteile gegen das Votum des Berufsrichters treffen, wie es § 29 Abs. 1 iVm §§ 30 Abs. 1 des Gerichtsverfassungsgesetzes normiert. Dieser Vergleich lässt sich zweifelsohne nicht auf den kirchlichen Bereich übertragen, da die fachliche Eignung der Diözesanrichter unabhängig von ihrem Stand vergleichbar sein sollte, wohingegen Schöffen im staatlichen Bereich tatsächlich nur nebenamtliche Richter und juristische Laien sind.

Lange Zeit wurde die Frage kontrovers diskutiert, ob Laien Anteil an der Leitungsgewalt in der Kirche haben und – als Folge aus dieser Fragestellung – ob Laien zu Diözesanrichtern ernannt werden können.[330] Dieser Themenkomplex lässt sich innerhalb der vorliegenden Arbeit nicht vollumfänglich darstellen und passt letztlich nicht zum Thema, tangiert dieses aber sehr wohl. Darum werden im Folgenden einige wesentliche Punkte erläuternd dargestellt. Bei einem Kollegialgericht ist das Urteil ein Akt der Leitungsgewalt, weil die einzelnen Richter durch ihr Amt zu Trägern der richterlichen Gewalt geworden sind, denn andernfalls „käme auch keine Mehrheitsentscheidung und damit kein kollegialer Akt zustande“[331], wie Thomas A. Amann schlüssig feststellt. Bis zur Promulgation des M. P. *Mitis Iudex Dominus Iesus* wurde die Auffassung vertreten, dass das Kollegium insgesamt diese Gewalt ausübt, was durch die damals vorgeschriebene Mehrzahl an klerikalen Richter untermauert wurde.[332] Dadurch – soweit die Begründung – wird der auf die Weihe bezogene Charakter des Richterkollegiums gewahrt.[333] Diese theoretische Konstruktion ist spätestens durch c. 1673 § 3 und das M. P. *Mitis Iudex Dominus Iesus* obsolet geworden. Hinzu kommt, dass seit der Änderung durch das M. P. *Omnium in Mentem* von Papst

330 Als gute und kurze Zusammenfassung der Thematik sei z. B. verwiesen auf: Assenmacher, Günter (1990): Laien als kirchliche Eherichter. Die Situation in den Bistümern der Bundesrepublik Deutschland. Zur Diskussion einer Grundsatzfrage. In: MKCIC.B, 5 [= Iustus Iudex. Festgabe für Paul Wesemann zum 75. Geburtstag von seinen Freunden und Schülern]. Ludgerus: Essen, S. 349–361.

331 Amann, Thomas (1996): Laien als Träger von Leitungsgewalt? Eine Untersuchung aufgrund des Codex Iuris Canonici. In: MThS, 50. EOS: St. Ottilien, S. 24.

332 Vgl. Flatten: Zur Reform des kirchlichen Eheprozesses, S. 423.

333 Vgl. Amann, Thomas (2011): Kirchliche Gerichtsbarkeit und geistliche Vollmacht. In: Gerosa, Libero; Müller, Ludger (Hgg.): Rechtsschutz in der Kirche. Kirchenrechtliche Bibliothek, Band 15. Lit: Wien/Münster, S. 59–74, hier: S. 63.

Benedikt XVI. im Jahr 2009 in c. 1009 § 3 ausdrücklich davon die Rede ist, dass Diakone nicht „in Persona Christi Capitis“ agieren können.[334] Die Handlungen des Kollegialgerichts finden nach Matthias Pulte unter der Autorität des Bischofs statt, welcher damit seine eigene Hirtengewalt ausübt. Er kritisiert, dass der Entscheidung sowohl theologische, als auch kanonistische Begründungen fehlen, insbesondere da der Vorsitz des Richterkollegiums und die Bestellung zum Einzelrichter weiterhin Klerikern vorbehalten ist.[335] Nach der wissenschaftlichen Auffassung von Elmar Güthoff ist bereits vor der Promulgation und Veröffentlichung des M. P. *Mitis Iudex Dominus Iesus* die „lange Zeit kontrovers diskutierte Frage, ob auch Laien Ämter übertragen werden können, [...] inzwischen weniger brisant“[336]. Diese Aussage wird von John P. Beal unterstützt, der allerdings zusätzlich feststellt, dass durch c. 1673 § 3 keinerlei Aussagen über die Teilhabe von Laien an der Leitungsgewalt getroffen wurden. Dagegen ließe sich argumentieren, dass durch die Verdopplung der Anzahl von Laien als Diözesanrichtern innerhalb von Richterkollegien für Ehenichtigkeitsverfahren dem Gesetzgeber sehr wohl implizite Aussagen zu unterstellen sind.[337] Während Elmar Güthoff uneingeschränkt zugestimmt werden kann, scheint die Position von John P. Beal hinterfragenswert zu sein: Vor dem Hintergrund, dass die durch Nr. V § 1 CM als vorübergehende Möglichkeit eingeführte und durch c. 1421 § 2 dauerhaft ermöglichte Ernennung von Laien zu Diözesanrichtern kontrovers und intensiv diskutiert wurde, kann c. 1673 § 3 nicht als losgelöst von der kanonistischen und dogmatischen Debatte betrachtet werden, sondern es muss festgestellt werden, dass die Argumente „nicht berücksichtigt“[338] wurden. Papst Franziskus hat durchaus eine Entscheidung für Laien als kirchliche Richter getroffen. Dies attestiert ihm auch Hildegard Warnink, wenn sie feststellt, dass die Neuformulierung von c. 1673 § 3 zu einem Bedeutungszuwachs von laikalen Richtern führt.[339]

---

334 Vgl. Dennemarck, Bernd (2016): Der Diözesanbischof als „milder Richter“? Anmerkungen zum Motu Proprio Mitis Iudex Dominus Iesus. In: KStKR, 23 [= Ius canonicum in communione christifidelium. Festschrift zum 65. Geburtstag von Heribert Hallermann]. Schöningh: Paderborn, S. 273–286, hier: S. 280, Anm. 30.

335 Vgl. Pulte, Matthias (2016): „Mitis iudex“ und „Amoris laetitia“: Zwischen Barmherzigkeit und Recht, Anspruch und Wirklichkeit. In: ThQ, 196(4). Schwabenverlag: Ostfildern, S. 371–387, hier: S. 380.

336 Güthoff: HdbKathKR, Gerichtsverfassung und -ordnung, S. 1664, Anm. 5.

337 Vgl. Beal: A Commentary, S. 481–482.

338 Müller: Das kirchliche Ehenichtigkeitsverfahren nach der Reform von 2015, S. 20.

339 Warnink, Hildegard (2016): Das Motuproprio Mitis Iudex Dominus Iesus. Chancen, Herausforderungen und mögliche Fallstricke. In: Conc(D), 52(5). Grünewald: Ostfildern, S. 585–593, hier: S. 590.

Unstrittig festgehalten werden kann, dass die geänderte Besetzung der Kollegialgerichte durch das M. P. *Mitis Iudex Dominus Iesus* zu einer Entlastung der kirchlichen Gerichte führen wird, da es aktuell bereits nicht einfach ist, Priester für ein Richteramt zu motivieren, auszubilden und freizustellen, auch wenn weiterhin eine gesetzliche Pflicht dazu besteht.[340] Wesentlich entscheidender als die Frage, ob Diözesanrichter Kleriker sein müssen oder Laien sein können, ist, dass im Sinne und entsprechend der Lehre der Kirche gehandelt wird.[341]

2.4 Prozessualer Ablauf von Eheverfahren

Für das Verständnis der folgenden Kapitel – und damit des Kerns der vorliegenden Arbeit – ist es sinnvoll, einen Überblick über den prozessualen Ablauf des ordentlichen Ehenichtigkeitsverfahren zu geben, da die Berufung erst dann eingelegt werden kann, wenn das Urteil verkündet worden und damit auch das Eheverfahren bereits zum vorläufigen Abschluss gekommen ist.[342] Synonym werden auch die Begriffe *litis instantia*, Prozesslauf oder Rechtszug verwendet.[343] An dieser Stelle scheint eine Aussage von Zenon Grocholewski erwähnenswert: „In jedem Rechtsstreit geht es um Menschen, die eine gerechte Lösung ihrer Probleme erwarten, die auf Gerechtigkeit hoffen."[344] Im Folgenden wird der Ablauf des Eheverfahrens in der ersten Instanz schematisch, so prägnant wie möglich und ausführlich wie nötig dargestellt. Modifikationen des Verfahrenslaufes in der zweiten oder dritten Instanz werden hierbei nicht berücksichtigt. Als Prämisse kann man zunächst davon ausgehen, dass Ehenichtigkeitsverfahren in der heutigen Zeit in aller Regel freiwillig eingeleitet und geführt werden und nicht aus Gründen, die durch Furcht oder Zwang herbeigeführt worden wären, obwohl nicht verschwiegen werden soll, dass auch „äußerer Druck nicht immer fern ist"[345].

340 Vgl. Zumbült: Änderungen im Ehenichtigkeitsverfahren, S. 99.

341 Vgl. Burke: Das kanonische Ehenichtigkeitsverfahren, S. 179.

342 Für eine exakte Auflistung aller Prozessschritte und die jeweiligen Verweise auf die detaillierten Ausführungen sei z. B. verwiesen auf: Lüdicke: MKCIC (52.), vor c. 1675/1–3.

343 Vgl. Aymans/Mörsdorf/Müller: KanR IV, S. 417.

344 Grocholewski: Der Dienst der Liebe, S. 146.

345 Hahn, Judith (2014–2015): Iustus iudex. Eine rechtstheoretische und -theologische Annäherung an das kirchliche Richteramt. In: DPM, 21/22. Lang: Frankfurt, S. 93–116, hier: S. 109.

Die pastorale oder vorgerichtliche Untersuchung – vielleicht passender mit Erforschung oder Nachforschung übersetzt – wird für Ehenichtigkeitsverfahren durch das M. P. *Mitis Iudex Dominus Iesus* neu hinzugefügt und in den Artt. 1–5 RP näher ausgeführt. Diese Voruntersuchungen sind sowohl beim ordentlichen als auch beim kürzeren Eheprozess vor dem Diözesanbischof anzuwenden. Die Einführung zu Beginn in Art. 1 RP stellt eine Redundanz dar, welche erneut auf die in c. 383 § 1 angesprochene Hirtensorge des Bischofs hinweist, die mit einschließt, dass sich der Bischof um alle Christgläubigen „gleich welchen Alters, welchen Standes oder welcher Nation" innerhalb seiner Teilkirche kümmern soll und dieses Kümmern auch die Aufgabe als erster Richter seiner Diözese mit einschließt.[346] Die gerichtliche Sorge nimmt der Bischof nicht allein aus praktischen Überlegungen heraus nicht persönlich wahr, sondern durch das diözesane Kirchengericht und seinen ständigen Vertreter, den Offizial, als Gerichtsvikar,[347] auch wenn dies nicht dem persönlichen Wunsch von Papst Franziskus entspricht.[348] Georg Bier stellt fest, dass diese Bestimmungen „das reibungslose Funktionieren des Gerichtsbetriebs"[349] sicherstellen sollen. Gerade für die Situation der Diözesanbischöfe im Bereich der DBK wäre es eine zeitliche und logistische Herausforderung, zusätzlich zu den diversen Tätigkeiten auch noch die richterliche Vollmacht persönlich auszuüben. In gleicher Weise fordert der Papst auch die Pfarrer auf, ihrer Amtspflicht zur pastoralen Sorge um die Christgläubigen innerhalb ihres Pfarreigebietes nach c. 529 § 1 verstärkt gerecht zu werden.[350] Im eheprozessrechtlichen Kontext lassen sich diese

346 Vgl. Ruf: Das Recht der katholischen Kirche, S. 121.

347 Vgl. Hallermann, Heribert (2002). Art. Hirtendienst. In: LKStKR, 2. Schöningh: Paderborn, S. 245–246, hier: S. 245.

348 Vgl. Papst Franziskus (2017): Ansprache von Papst Franziskus an die Teilnehmer eines Kurses, den das Gericht der Römischen Rota veranstaltet hat. Clementina-Saal, Samstag, 25. November 2017. In: vatican.va (Abruf: 23.07.2019). Interessant ist in diesem Zusammenhang die Lösung von Bischof Thomas J. Paprocki, ein promovierter Kirchenrechtler, der sich dafür entschieden hat, nicht den kürzeren Prozess vor dem Diözesanbischof durchzuführen, sondern sich zum Vorsitzenden jedes Richterkollegiums an seinem Diözesangericht ernannt hat, vgl. The Bishop of Springfield in Illinois (2015): General Executory Decree issued for the Diocese of Springfield in Illinois. Implementing the Apostolic Letter Issued Motu Proprio by His Holiness, Pope Francis, Mitis Iudex Dominus Iesus. In: The Jurist, 75. Catholic University of America: Washington, S. 604–605.

349 Bier, Georg (2001): Die Rechtsstellung des Diözesanbischofs nach dem Codex Iuris Canonici von 1983. In: Forschungen zur Kirchenrechtswissenschaft, 32. Echter: Würzburg, S. 246.

350 Vgl. Ruf: Das Recht der katholischen Kirche, S. 144–145.

Verpflichtungen von Diözesanbischof und Pfarrer aus dem Eherecht ableiten, welches durch c. 1063 die Pflicht der Hirten normiert, den Ehepartnern Hilfe und Beistand zu bieten, damit „der Ehestand im christlichen Geist gewahrt wird". Die Regelungen des genannten Kanons gehen über die bloße Ehevorbereitung und insbesondere über das Ausfüllen des Ehevorbereitungsprotokolls hinaus und schließen die Begleitung auch nach der erfolgten Eheschließung grundsätzlich mit ein.[351] In eine Art Überwachungs- und Gewährleistungspflicht wird der Ortsordinarius durch c. 1064 genommen, weil er dafür sorgen muss, dass der genannte Beistand im Vorfeld der Eheschließung und über diese hinaus auch tatsächlich gewährleistet wird.[352] Zusätzlich und darüber hinausgehend verlangt Papst Franziskus in Art. 1 RP, dass insbesondere auch „den getrennten oder durch Scheidung auseinandergegangenen Ehegatten" nachgegangen werden muss. Damit weitet er die Normierung durch c. 1675 auf einen weiteren Personenkreis aus, indem nicht allein der Richter alles versuchen muss, um im besten Fall eine Versöhnung der Ehegatten zu erreichen, sondern auch all jene, die im Bereich der Hirtensorge und Seelsorge tätig sind.[353]

Nachdem zu Beginn die allgemeinen Grundlagen und die Rechtfertigung einer vorgerichtlichen oder pastoralen Untersuchung thematisiert wurden, wird in Art. 2 RP ihre Zielsetzung genauer ausgeführt. Adressaten sind diejenigen, die die Nichtigkeit ihrer Ehe vermuten oder bereits davon überzeugt sind, dass ihre Ehe nichtig sein muss. Ziel ist es, direkt vor Ort Nachforschungen einzuleiten und möglicherweise bereits nützliche Beweise oder Beweiselemente zu erlangen, die für die in diesem Stadium mit hoher Wahrscheinlichkeit anstehende Durchführung eines gerichtlichen Ehenichtigkeitsverfahrens notwendig werden könnten.[354] Dennoch ist es wichtig zu bedenken, dass diese Untersuchung nicht aus juristischen Gesichtspunkten heraus stattfinden soll, sondern vom Grundsatz her pastoral ausgelegt ist – was auch immer darunter subsummiert werden soll. Darum sollen diejenigen, die an der Gültigkeit ihrer Ehe zweifeln, auch innerhalb ihrer Pfarrei einen ersten und vielleicht schon bekannten Ansprechpartner finden, denn nach Art. 2 RP soll die Voruntersuchung im „Kontext der einheitlichen diözesanen Ehepastoral" stattfinden.[355] Die kirchlichen Strukturen – hier insbesondere auf Ebene der Pfarreien – sollen nicht als zusätzliche

351 Vgl. c. 1063 n. 4.
352 Vgl. Ruf: Das Recht der katholischen Kirche, S. 249.
353 Vgl. Müller: Das kirchliche Ehenichtigkeitsverfahren nach der Reform von 2015, S. 23.
354 Vgl. Zumbült: Änderungen im Ehenichtigkeitsverfahren, S. 112.
355 Vgl. cc. 1063–1064.

Hürde wahrgenommen werden, sondern als Dienstleister wirken. Kann dies nicht gewährleistet werden, müssten neue Strukturen geschaffen werden, die das Desiderat schließen könnten. Diese Forderung findet sich zusätzlich und genauer ausgeführt in Art. 3 RP wieder: So sollen nicht – wie man zunächst vermuten könnte – der Pfarrer oder kirchenrechtlich versierte pastorale Mitarbeiter die geforderten Nachforschungen anstellen, sondern Personen, die vom Ortsordinarius als geeignet erachtet werden,[356] die aber dennoch zumindest über rudimentäre kirchenrechtliche Kenntnisse verfügen, um die Situation korrekt einschätzen zu können.[357] Nach Papst Franziskus scheinen diejenigen für diese Aufgabe prädestiniert zu sein, die bereits im Rahmen der Ehevorbereitung mit den betreffenden Personen zu tun hatten. Durch Art. 4 RP wird geregelt, dass während der Voruntersuchung eruiert werden soll, ob die Ehenichtigkeitsklage von beiden Parteien übereinstimmend vorgelegt werden kann, um möglicherweise einen kürzeren Eheprozess vor dem Diözesanbischof anzustreben. Diese Bemühungen um getrenntlebende oder bereits staatlicherseits geschiedene Ehepaare, die im weitesten Sinn auch als pastoral zu bezeichnen sind, auch wenn dies aus den formalen Definitionen nicht hervorgeht, sind nach Art. 5 RP – von Seiten der rechtlichen Notwendigkeit her betrachtet – dann abgeschlossen, wenn die Klageschrift eingereicht und vom zuständigen Diözesangericht angenommen worden ist.

Im Vorfeld einer möglichen Eröffnung eines Ehenichtigkeitsverfahrens steht eine Beratung der Ratsuchenden, die normalerweise durch Mitarbeiter des Offizialats oder andere fachlich geeignete Personen wie z. B. einen kanonistisch erfahrenen Pfarrer oder kirchenrechtlich spezialisierte Anwälte erfolgt, so wie es in Art. 113 DC vorgeschrieben wird. Der Sinn und Zweck dieses Beratungsgesprächs liegt in der Ermöglichung einer realistischen Einschätzung, inwieweit die Nichtigkeit der Ehe festgestellt werden kann, wie das Verfahren abläuft, wie lange es dauern kann, welche Zeugen zu benennen sinnvoll ist und wie die Formulierung der Klageschrift aussehen sollte.[358] Auch negative Konsequenzen wie der Hinweis, dass ein Verfahren nicht sinnvoll sei, da die gewünschte Nichtigkeit der Ehe wohl nicht festgestellt werden kann, können hier gegeben werden. Diese Empfehlungen sind allerdings nicht bindend, denn ob durch Einreichung eines Klageantrags ein Ehenichtigkeitsverfahren eingeleitet werden soll, entscheidet jede Person für sich. Dass die Beratungen im Vorfeld eines möglichen

356 Müller: Das kirchliche Ehenichtigkeitsverfahren nach der Reform von 2015, S. 23.
357 Vgl. ebd., S. 24.
358 Vgl. Lüdicke: Eheprozeßordnung, S. 140–141.

Verfahrens gut sind und gerne angenommen werden, zeigen nicht zuletzt die kirchlichen Statistiken. Aus der Klageschrift, dem so genannten *libellus*, muss gemäß Art. 166 § 1 DC ersichtlich werden, um welchen Streitgegenstand es sich handelt und auf welche Beweise und Beweismitteln rekurriert werden kann. Sowohl eine Partei alleine, als auch beide Parteien gemeinsam können die Klageschrift einreichen und damit um Einleitung eines Ehenichtigkeitsverfahrens bitten.[359] Handelt es sich um die Beurteilung einer Ehe, an der kein Katholik beteiligt ist, so ist ein berechtigtes Interesse nachzuweisen, warum ein katholisches Kirchengericht angegangen wird, um die Nichtigkeit der Ehe überprüfen zu lassen. Dies wird in aller Regel dadurch begründet sein, dass eine neue Eheschließung mit einem katholischen Partner gewünscht wird. Nach c. 1675 muss der Offizial davon ausgehen, dass es nicht mehr möglich ist, die eheliche Gemeinschaft weiter fortzuführen und damit auch jeder Versuch der Wiederherstellung entweder bereits unternommen wurde oder aussichtslos erscheint.[360] Erst dann darf er die Klageschrift annehmen und gemäß c. 1676 § 1 zulassen, „wenn er sie als irgendwie begründet beurteilt". Hierbei geht es nicht um Zweifel allgemeiner Art, sondern diese sind z. B. gegeben, wenn das angegangene Kirchengericht formell nicht zuständig wäre, wenn die klagende Partei gar nicht beabsichtigt, einen Prozess führen zu wollen, wenn die Klageschrift die Anforderungen von c. 1504 nn. 1–3 nicht materiell erfüllt[361] oder jedwede Grundlage zur Prozessführung fehlt.[362] Wurde die Klageschrift angenommen und zugelassen, muss der Offizial nach c. 1676 § 1 eine Kopie der Klageschrift sowohl dem diesem Verfahren zugewiesenen Ehebandverteidiger zukommen lassen, als auch der nichtklagenden Partei, falls es sich nicht um eine gemeinsame Klage handelt. Die nichtklagende Partei hat ihrerseits die Möglichkeit, eine Stellungnahme zum vorliegenden Klageantrag innerhalb einer 15-tägigen Frist abzugeben.[363] Die wiederholten Anforderungen von Stellungnahmen und die Ladung zur Vernehmung der nichtklagenden Partei sind auch unter Ausdehnung der vorgegebenen Fristen wünschenswert, da es das Ziel des Ehenichtigkeitsverfahrens sein muss, unter aktiver Beteiligung beider Parteien abzulaufen, um einen möglichst großen „Informationspool" generieren zu können, auch im Hinblick auf die Erstellung eines gut begründeten Votums.[364] Es ist seit dem M. P. *Mitis*

359 Vgl. ebd., S. 209.
360 Vgl. Lüdicke: MKCIC (52.), c. 1675, Rnn. 3–4.
361 Vgl. Ruf: Das Recht der katholischen Kirche, S. 393.
362 Vgl. Beal: A Commentary, S. 490–491.
363 Vgl. Lüdicke: MKCIC (52.), c. 1676, Rnn. 8–9.
364 Vgl. Daneels: Das Wesen des Ehenichtigkeitsverfahrens, S. 210.

Iudex Dominus Iesus die alleinige Aufgabe des Offizials,[365] gemäß den Vorgaben in c. 1676 § 2 nach erfolgter Anhörung des Ehebandverteidigers die Streitpunktformel per Dekret festzulegen und zu entscheiden, ob der ordentliche oder der kürzere Prozess durchzuführen ist.[366] Der Ablauf des kürzeren Eheprozesses vor dem Diözesanbischof wird hier wegen seiner zumindest im Bereich der DBK offensichtlich mangelnden Praxisrelevanz nicht näher beschrieben.[367]

Die Streitpunktformel wird nicht durch Spezialgesetze eigens für Ehenichtigkeitsverfahren normiert. Sie muss allgemeinprozessrechtlich nach c. 1513 § 1 „genau bestimmt werden", was in komplexeren und uneindeutigen Fällen auch erst im Anschluss an die Ladung und Vernehmung der Parteien erfolgen kann.[368] Die Änderung der Streitfrage richtet sich nach c. 1514 und ist daher nur aus schwerwiegenden Gründen durch ein neues Dekret nach Anhörung aller Prozessbeteiligten möglich.[369] Diese Regelung findet sich auch in Art. 136 DC wieder, allerdings mit einer Eigenart terminologischer Natur, da in der Instruktion *Dignitas Connubii* von der *formula dubii* die Rede ist.[370] Wurde die Streitfrage festgelegt und nicht mehr geändert, so wird diese sowohl in der ersten, als auch in der zweiten Instanz zur Beurteilung der Ehenichtigkeit herangezogen.[371] Durch dasselbe Dekret setzt der Offizial nach c. 1676 § 3 auch ein Richterkollegium aus drei Diözesanrichtern, den Ehebandverteidiger sowie den Notar ein, in aller Regel auch unter Nennung von Vertretungspersonen, die die Ämter bei Verhinderung übernehmen können, um im Sinne der Prozessökonomie ein zügig ablaufendes Eheverfahren zu ermöglichen – dies ist allerdings nicht bei den Richtern möglich.[372] Das Richterkollegium muss – wie es bereits die Bezeichnung nahelegt – nach c. 1426 § 1 kollegial verfahren, was bedeutet, dass

365 Vgl. Zumbült: Änderungen im Ehenichtigkeitsverfahren, S. 97.

366 Vgl. Beal: A Commentary, S. 494.

367 Im Bereich der DBK wurde in den in Frage kommenden Jahren 2016 bis 2017 kein einziges kürzeres Ehenichtigkeitsverfahren vor dem Diözesanbischof durchgeführt.

368 Vgl. Ruf: Das Recht der katholischen Kirche, S. 394–395.

369 Vgl. Lüdicke: MKCIC (10.), c. 1514, Rnn. 2–4.

370 Vgl. Hallein, Philippe (2011): Le défenseur du lien dans les causes de nullité de mariage. Étude synoptique entre le code et l'Instruction „Dignitas connubii", fondées sur les travaux des commissions préparatoires de l'Instruction. In: Tesi Gregoriana. Serie Diritto Canonico, 83. Gregorian University Press: Rom, S. 399–400.

371 Vgl. Robitaille, Lynda (2015): The Formulation of the Doubt: The Essential Link between First and Second Instance Decisions. In: Studia Canonica: Revue canadienne de droit canonique, 49(1–2). Peeters: Leuven, S. 613–642, hier: S. 614.

372 Vgl. Beal: A Commentary, S. 496–497.

die Urteile mit einfacher Stimmenmehrheit zu fällen sind.[373] Der Offizial oder ein Vizeoffizial führt den Vorsitz, sofern dies möglich ist, ansonsten kann auch ein anderer Kleriker des jeweiligen Turnus mit voller Befähigung zum Richteramt den Vorsitz innehaben.[374] Durch diese Einschränkung wird es ermöglicht, dass auch Ehenichtigkeitsverfahren stattfinden können, an denen der Offizial oder einer seiner beigeordneten Gerichtsvikare nicht aktiv als Richter beteiligt sind, denn es handelt sich nur um eine Empfehlung des Gesetzgebers. Ein einmal bestelltes Richterkollegium lässt sich in der personellen Zusammensetzung nicht mehr ändern, allerdings können Richter gemäß c. 1425 § 5 ausgewechselt werden, wenn ein sehr schwerwiegender Grund vorliegt, z. B. in Folge der Annahme einer Ablehnung gemäß c. 1449 § 2,[375] wenn einer oder mehrere der Richter als befangen gelten oder ein Interessenskonflikt bestünde.[376] Über die beantragte Ablehnung eines Richters entscheidet im Fall eines regulären Diözesanrichters der Offizial, sollte der Offizial selbst abgelehnt werden, so trifft die Entscheidung über seine Ablehnung der Diözesanbischof.[377]

Um die Nichtigkeit einer Ehe möglichst fundiert beurteilen zu können, bedarf es im Kern des Verfahrens der Erhebung von unterschiedlichen Beweisen und Beweismitteln. Da ein Ehenichtigkeitsverfahren wie alle kirchlichen Prozesse durch das Prinzip der Schriftlichkeit begründet ist, müssen diese in Schriftform innerhalb der Fallakte vorliegen. „Der Richter kann sein Urteil nur aus dem bilden, was ihm als Beweismittel vorgelegt worden ist.“[378] Die Durchführung der Beweiserhebung beginnt zunächst mit ihrer formellen Anordnung sowie der anschließenden Durchführung der Beweisaufnahme, die nach c. 1516 zu erfolgen hat. Als Methodenspektrum für die Erhebung von Beweisen kommen die Vernehmungen der Parteien nach Artt. 177–178 DC und weiterer Zeugen nach Artt. 193–200 DC, sowie die Einholung von Gutachten nach Artt. 203–211 DC in Frage. Auch und gerade bei Ehenichtigkeitsverfahren wird von den Parteien gemäß c. 1532 eine Eidesleistung erwartet und abgenommen, entweder die Wahrheit sagen zu werden oder gesagt zu haben, es sei denn, schwerwiegende Gründe sprächen dagegen; in diesem Fall kann davon abgewichen und möglicherweise

373 Vgl. Ruf: Das Recht der katholischen Kirche, S. 381–382.
374 Vgl. c. 1426 § 2 iVm c. 1673 § 3.
375 Vgl. Lüdicke: MKCIC (7.), c. 1449, Rn. 3.
376 Vgl. Graulich, Markus (2000). Art. Befangenheit. In: LKStKR, 1. Schöningh: Paderborn, S. 207–208, hier: S. 207.
377 Vgl. c. 1449 § 2.
378 Aymans/Mörsdorf/Müller: KanR IV, S. 424–425.

auch ganz abgesehen werden.[379] Der Verfahrensschritt der Beweiserhebung hat für den Ausgang des Verfahrens die größte Bedeutung, da durch die Aussagen der Parteien und Zeugen am meisten Informationen eingeholt werden können, die letztlich dafür notwendig sind, um die moralische Gewissheit über das Vorliegen des Klagegrundes erlangen zu können.[380] Da gesetzliche Präsumtionen gemäß c. 1526 § 2 nicht beweispflichtig sind,[381] muss auch die Gültigkeit der Ehe gemäß c. 1060 nicht bewiesen werden, sondern diese Vermutung muss von der klagenden Partei widerlegt werden. Im Zusammenhang mit dem M. P. *Mitis Iudex Dominus Iesus* sei an dieser Stelle darauf hingewiesen, dass die Parteiaussagen nach c. 1678 § 1 volle Beweiskraft haben können, „sofern nicht andere Elemente hinzukommen, die sie abschwächen". Damit nahm die Novellierung des Eheprozessrechts eine Umkehrung der Beweislast vor,[382] denn nach c. 1536 § 2 iVm c. 1679⋆ war es notwendig, dass die Parteiaussagen durch andere Elemente gänzlich bekräftigt worden sind. Nach c. 1678 § 2 bedarf es also einer Abschwächung durch andere Elemente, damit ihnen keine volle Beweiskraft zugesprochen werden kann.[383] Erhebung und Würdigung der Beweise und Beweismittel dienen der „Generierung des rechtserheblichen Sachverhalts, der der richterlichen Bewertung unterworfen wird"[384]. Am Ende der Beweiserhebung steht die Offenlegung der Akten gemäß c. 1598 § 1 – erfolgt sie nicht, so kann dies zur Nichtigkeit des ganzen Verfahrens führen, weil in diesem Fall eine Einschränkung des Verteidigungsrechts vorläge.[385]

Ist die Beweiserhebung abgeschlossen, so kommt es gemäß c. 1599 § 1 zum Aktenschluss, der nach c. 1599 § 2 als erfolgt gilt, wenn die Parteien nichts mehr vorzubringen haben, die gesetzten Fristen verstrichen sind oder amtlich festgestellt wird, dass der Prozessgegenstand ausreichend geklärt ist.[386] Ist der Aktenschluss verfügt worden, so ist es die Aufgabe des Ehebandverteidigers,

---

379 Vgl. Güthoff: HdbKathKR, Streitverfahren, S. 1677.

380 Vgl. Wirth: Die Würdigung der Partei- und Zeugenaussagen, S. 95.

381 Vgl. Aymans/Mörsdorf/Müller: KanR IV, S. 425.

382 Vgl. Müller: Das kirchliche Ehenichtigkeitsverfahren nach der Reform von 2015, S. 57.

383 Vgl. Weishaupt, Gero P. (2017): Das Rotaurteil coram Pinto vom 22. April 1974. Eine Interpretation für c. 1678 § 1 des Motu Proprio Mitis Iudex Dominus Iesus (c. 1679 CIC/1983)? In: KStKR, 27 [= Veritas vos liberabit: Festschrift zum 65. Geburtstag von Günter Assenmacher]. Schöningh: Paderborn, S. 639–682, hier: S. 649–650.

384 Hahn: Richteramt, S. 427.

385 Vgl. Lüdicke: MKCIC (12.), c. 1598, Rn. 1.

386 Vgl. Ruf: Das Recht der katholischen Kirche, S. 403.

diese durchzuarbeiten und seine Schriftsätze zur Verteidigung, die so genannten Animadversiones,[387] nach den Vorgaben von c. 1601 anzufertigen. In diesem Schriftsatz ist all das anzuführen, was sinnvoller- und vernünftigerweise für die Gültigkeit und gegen die Nichtigkeit der behandelten Ehesache spricht. Den Animadversiones kommt damit eine Schlüsselfunktion zu;[388] nach Erstellung werden diese gemäß c. 1603 § 1 der klagenden und der nichtklagenden Partei übermittelt, sodass sie die Möglichkeit haben, gegen die Animadversiones ihrerseits Stellungnahmen oder Erwiderungen vorzulegen, die ebenfalls in die Akten aufgenommen werden. Dem Ehebandverteidiger steht nach c. 1603 § 3 das Recht zu, als letzter in der Ehesache gehört zu werden, bevor die Richter des Richterkollegiums ihr Votum fällen.[389] Er kann also auf die möglichen Erwiderungen der Parteien nochmals reagieren. Als letzter Verfahrensschritt erfolgt im Anschluss die Entscheidung des Falls: Dazu müssen die Richter nach c. 1608 § 1 die moralische Gewissheit erlangt haben, „auf die im Urteil ausgegriffen wird"[390]. Jeder Richter ist einzeln dazu gehalten, gemäß c. 1608 § 3 die innerhalb der Akten vorliegenden Beweise „nach seinem Gewissen [zu] würdigen, unbeschadet der gesetzlichen Vorschriften über die Wirksamkeit bestimmter Beweismittel". Ehenichtigkeitsverfahren werden grundsätzlich von einem Richterkollegium behandelt, sodass jeder Richter ein Votum abgibt, in dem er eine Beweiswürdigung vornimmt und zu einer abschließenden Beurteilung kommt. Im Rahmen einer gemeinsamen Urteilssitzung wird die endgültige Entscheidung in Abhängigkeit der einzelnen Voten getroffen; die Richter tragen diese gemäß c. 1609 § 2 einschließlich der Darlegung aller Rechts- und Tatsachengründe vor.[391] Dies erfolgt nacheinander und eine Änderung des Votums innerhalb der Urteilssitzung ist möglich. Die Entscheidung erfolgt nach c. 1426 § 1 durch einfache Stimmenmehrheit.[392] Ist die Entscheidung erfolgt – wegen der Besetzung des Richterkollegiums mit einer ungeraden Anzahl an Richtern ist dies immer möglich – wird der Urteilstenor und -text verfasst. Als Abschluss des Eheverfahrens schließen

387 Als weiterführende Lektüre empfiehlt sich Milite, Pietro (2007): Le „Animadversiones" del Difensore del Vincolo a Norma del can. 1682 § 2. In: Quaderni dello Studio Rotale, 17. Libreria Editrice Vaticana: Città del Vaticano, S. 187–203.

388 Vgl. Schirmer, Friederike (2000). Art. Animadversiones. In: LKStKR, 1. Schöningh: Paderborn, S. 109–110.

389 Vgl. Ruf: Das Recht der katholischen Kirche, S. 403–404.

390 Hahn: Richteramt, S. 436.

391 Vgl. Lüdicke: MKCIC (12.), c. 1609, Rn. 5.

392 Vgl. Güthoff: HdbKathKR, Streitverfahren, S. 1681.

sich gemäß c. 1615 die Zustellung und Verkündigung des Urteils an beide Parteien an.[393] Das Urteil ist mit einer Rechtsmittelbelehrung zu ergänzen, die aufzeigt, welche Mittel von Seiten der klagenden, aber auch der nichtklagenden Partei gegen ein Urteil ergriffen werden können, denn sowohl die klagende, als auch die nichtklagende Partei und der Ehebandverteidiger sowie der Kirchenanwalt – sofern er am Prozess beteiligt war – haben das Recht, gemäß c. 1680 § 1 iVm cc. 1628–1629 Berufung gegen ein affirmatives (Ehebandverteidiger) oder negatives Urteil (Kirchenanwalt) einzulegen.[394] Ohne Berufung wird das Urteil nach einer Frist von 15 Tagen vollstreckbar.[395]

Bei Ehenichtigkeitsverfahren gibt es die Besonderheit, dass diese gemäß c. 1643 nie in Rechtskraft erwachsen können, da es sich um Personenstandsfragen handelt.[396] Die direkte Konsequenz aus dem Einlegen der Berufung ist gemäß c. 1640 iVm Artt. 266–267 DC, dass ein ordentliches Verfahren in zweiter Instanz durchgeführt werden muss.[397] Die Bestätigung des Urteils per Dekret ist nur noch dann möglich, wenn die Berufung gemäß c. 1680 § 2 „offenkundig nur der Verzögerung zu dienen scheint". Dies ist zunächst durch das Berufungsgericht zu prüfen, bevor alle weiteren prozessleitenden Schritte initiiert werden. Schon an dieser Stelle ist zu fragen, ob die durch den Ehebandverteidiger als amtlicher Partei eingelegte amtliche Berufung überhaupt der Verschleppung des Prozesses dienen kann oder ob bei dieser Norm nur die nichtklagende Partei in Betracht kommt. Obwohl die Römische Rota nach c. 1444 §1 n. 2 das ordentliche Gericht dritter Instanz für die Weltkirche ist, besteht im deutschsprachigen Raum wegen eines von Papst Pius X. im Jahr 1910 gewährten dauerhaften Privilegs die Besonderheit,[398] dass der Erzbischof von Freiburg im Breisgau der regulär zuständige Richter der dritten Instanz für das Erzbistum Köln ist, anfallende Urteile also zur Bearbeitung in der dritten Instanz generell nach Freiburg übermittelt werden, ohne dass es einer gesonderten Genehmigung von Seiten der Apostolischen Signatur bedürfte.[399] Die Deutsche Bischofskonferenz stellte im Jahr 2000 den Antrag, ein ordentliches Berufungsgericht dritter Instanz für alle deutschen Diözesen zu installieren, was allerdings von Seiten der Apostolischen

393 Vgl. Ruf: Das Recht der katholischen Kirche, S. 405.
394 Vgl. Lüdicke: MKCIC (52.), c. 1680, Rn. 2.
395 Vgl. c. 1679.
396 Vgl. Ruf: Das Recht der katholischen Kirche, S. 409.
397 Vgl. Rambacher: HdbKathKR, Eheverfahren, S. 1705.
398 Vgl. ebd., S. 1690.
399 Vgl. Killermann: Die Rota Romana, S. 203.

Signatur abgelehnt wurde.[400] Dennoch kann die Apostolische Signatur ein Verfahren der dritten Instanz in Form einer in aller Regel einmaligen Kompetenzerweiterung auch einem anderen Gerichtshof als der eigentlich zuständigen Römischen Rota zuweisen, was allerdings regelmäßig nur bei Tatsachenfragen, bei Rechtsfragen eher selten erfolgt.[401]

---

400 Vgl. ebd., S. 372.

401 Vgl. Lüdicke: Der kirchliche Ehenichtigkeitsprozeß, S. VII.

3. Berufung oder Appellation bei Eheverfahren

Das Rechtsmittel der Berufung oder *ius appellandi*[402] dient der Anfechtung eines Urteils und stellt somit eine zentrale und wichtige Komponente eines jeden Prozesses dar, da es dem Rechtsschutz dient und inhaltlich falsche Urteile verhindern kann.[403] So stellte bereits Eduard Eichmann fest, dass „Mittel vorgesehen werden [müssen], um ein Fehlurteil zu ändern oder aufzuheben“[404]. Auch wenn der Begriff „Berufung“ heutzutage eindeutig ist und nahezu ausschließlich verwendet wird, sollte auch der näher am lateinischen Original *appellatio* orientierte Begriff der Appellation genannt werden, weil dieser in zahlreichen Quellen und Literaturangaben verwendet wurde. Daher scheint es angebracht zu sein, ihn auch ergänzend in der aktuellen Kapitelüberschrift zu führen. Die Berufung gemäß c. 1628 ist von der Nichtigkeitsbeschwerde nach c. 1626 § 1 abzugrenzen, obwohl beide eine Korrektur des Urteils intendieren, aber zwei gänzlich unterschiedliche Herangehensweisen haben.[405] Dennoch lassen sich beide Rechtsmittel nach c. 1625 auch gemeinsam geltend machen. Das Einlegen einer Berufung führt zu einer materiellen Überprüfung des ergangenen Urteils, im Fall einer Nichtigkeitsbeschwerde wird die formelle Korrektheit des Urteils überprüft. Die *restitutio in integrum* ist für Ehenichtigkeitsverfahren mangels Rechtskraft nach c. 1643 iVm c. 1645 § 1 grundsätzlich nicht möglich.[406] Nur für den Fall der Erklärung der Unzuständigkeit ist sie nach Art. 78 § 2 DC bei Eheprozessen anwendbar.[407] Dabei ist das Rechtsmittel der Berufung der möglichen Urteilsnichtigkeit nach c. 1629 n. 2 untergeordnet, allerdings bleibt festzuhalten, dass

---

402 Vgl. z. B. Daniel, William L. (2009): Remedies Available to the Petitioner in a Cause of Marriage Nullity After the Right to Appeal has Been Lost In: Studies in Church Law, 5. Centre of Canon Law Studies: Bengalore, S. 479–484, hier: S. 480.

403 Vgl. Lüdicke, Klaus (1993): Art. Appellation. In: Lexikon für Theologie und Kirche, 1. Dritte Auflage. Herder: Freiburg, Sp. 884–885, hier: Sp. 884.

404 Eichmann, Eduard (1921): Das Prozeßrecht des Codex Iuris Canonici. Schöningh: Paderborn, S. 176–177.

405 Vgl. Lüdicke: LThK, Art. Appellation, Sp. 884.

406 Vgl. Geringer: Das Recht auf Verteidigung im kanonischen Ehenichtigkeitsverfahren, S. 439.

407 Vgl. Schöch: Römische Höchstgerichtsbarkeit, S. 498.

es sich bei nichtigen Urteilen in der Berufungsinstanz um eine Problematik von praktischer Relevanz handelt.[408]

3.1 Historische Entwicklung der Berufung

Die Ausführungen zur historischen Entwicklung des ordentlichen Rechtsmittels der Berufung erfolgen chronologisch, beginnen bei der Kollektion des *Corpus Iuris Canonici*, der Apostolischen Konstitution *Dei Miseratione*, führen über den CIC/17 mit der zugehörigen Instruktion *Provida Mater Ecclesia* zum M. P. *Causas Matrimoniales* und schließen über den CIC/83 mit der Instruktion *Dignitas Connubii* zur aktuellsten Novellierung des Eheprozessrechts und der Frage der Berufung sowie zweiten Pflichtinstanz im M. P. *Mitis Iudex Dominus Iesus*. Damit sind fast tausend Jahre kirchliche Rechtsgeschichte abgedeckt, auch wenn die detaillierten Ausprägungen der einzelnen Normen und Normierungen erst im Laufe der Zeit ihren heutigen Grad erreicht haben und in der Retrospektive vergleichsweise rudimentär wirken müssen.

Vor der Entstehung des *Decretum Gratiani* gab es „allenfalls marginale Regelungen auf dem Gebiet der Eheprozesse“[409]. Im ersten Jahrtausend war die rechtliche Normierung des Prozesslaufs noch nicht wesentlich ausgeprägt. Die Verfahren, meist mündlich vor dem Diözesanbischof, waren tendenziell eher Schiedsverfahren und es fehlte die Möglichkeit einer regulären Berufungsinstanz unterhalb des Papstes.[410] Ein berühmtes Beispiel stellt die widerrechtliche zweite Heirat des fränkischen Königs Lothar II. von Lothringen im 9. Jahrhundert dar, welche ihm von zwei Erzbischöfen erlaubt wurde, die später allerdings – nicht ohne Querelen – von Papst Nikolaus I., nachdem er im Sinne einer Berufungsinstanz angegangen worden war, wieder kassiert wurde.[411] Zur Zeit Gratians sind die kirchlichen Ehenichtigkeitsverfahren in einer Übergangsphase: So werden aus den klassischen Sanktionsverfahren, bei denen die Ehetrennung als Strafe

---

408 Vgl. Lüdicke, Klaus (1999): Berufung gegen ein nichtiges Urteil? In: AIC, 8 [= Winfried Schulz in memoriam. Schriften aus Kanonistik und Staatskirchenrecht, 2]. Lang: Frankfurt, S. 455–465, hier: S. 455.

409 Landau, Peter (2006): Papst Cölestin II. und die Anfänge des kanonischen Eheprozessrechts. In: DPM, 13. Lang: Frankfurt, S. 57–71, hier: S. 66.

410 Vgl. Steinwenter, Artur (1934): Der antike kirchliche Rechtsgang und seine Quellen. In: Zeitschrift der Savigny-Stiftung für Rechtsgeschichte. Kanonistische Abteilung, 23(1). Böhlau: Wien, S. 1–116, hier: S. 9.

411 Vgl. Heidecker, Karl (2010): The Divorce of Lothar II: Christian Marriage and Political Power in the Carolingian World. Cornell University Press: Ithaca/London.

charakterisiert wurde, Feststellungsverfahren über die Nichtigkeit der Ehe.[412] So führte Gratian auch an, dass die Ehetrennung nicht *privatim* erfolgen könne, sondern vom kirchlichen Richter festgestellt werden müsse.[413] Da sich in der damaligen Zeit ein tatsächlicher Strafcharakter nur dann äußerte, wenn es spürbare Sanktionen gab, die noch eine wesentlich größere Auswirkung auf das Leben und den sozialen Stand hatten, musste eine sofort mögliche neue Heirat, wenn ein Ehemann z. B. seine Ehefrau umgebracht hatte, rechtlich und faktisch verhindert werden.[414] Eine neue Heirat war darum frühestens nach sieben Jahren möglich und auch nur dann, wenn dies von der kirchlichen Autorität erlaubt worden war.[415] Zur Zeit Gratians war dieses Verständnis von einem bloßen Straftatbestand hin zu „moralisch indifferenter Eheungültigkeit"[416] im Umbruch. Das *Decretum Gratiani* beinhaltete also noch kein Eheprozessrecht im heutigen Sinn, behandelte aber das allgemeine Prozessrecht – jedoch, das ist auch für das Verständnis der Berufung in diesem Kontext wichtig, im Hinblick auf Kriminal- bzw. Strafprozesse[417] – in seinem zweiten Teil in den Causae 2–6,[418] worunter „fiktive Rechtsfälle, die gewissermaßen als Aufhänger für die Erörterung allgemeiner Rechtsfragen"[419] dienen, zu verstehen sind. Dabei wurden auch Sonderregelungen für Eheverfahren getroffen, sodass im Gegensatz zu anderen Verfahrensarten etwa nahe Verwandte explizit als Zeugen zugelassen wurden.[420] Gratian behandelte in C. 2, q. 6 explizit die Frage nach der Berufung im Allgemeinen. Es ist darauf hinzuweisen, dass hierunter nicht nur Prozesse, sondern auch teilweise Schiedsverfahren behandelt wurden.[421] Gegen Urteile in

412 Vgl. Landau: Ehetrennung als Strafe, S. 176.

413 Vgl. C. 33, q. 2, c. 4: „Nisi post restitutionem, neque de coniugii federe, neque de adulterii crimine inter virum et uxorem iudicium est agitandum."

414 Vgl. Landau: Ehetrennung als Strafe, S. 177.

415 Vgl. C. 33, q. 2, c. 11: „Quare sit institutum post septem annos in pristinum statum penitentem redire."

416 Landau: Ehetrennung als Strafe, S. 181.

417 Vgl. Landau: Gratian and the Decretum Gratiani, S. 36.

418 Vgl. Landau: TRE, Art. Gratian (von Bologna), S. 125.

419 Haering: Gratian und das Kirchenrecht, S. 24.

420 Vgl. C. 35, q. 6: „Nunc queritur, quibus accusantibus vel testificantibus consanguineorum coniuncto dirimenda sit?" Entsprechung im *Liber Extra*, vgl. X 4.18.3: „In causa matrimoniali super consanguinitate et contractu testificari possunt consanguinei et parentes."

421 Vgl. z. B. C. 2, q. 6, c. 33: „A quibus iudicibus provocari non licet."

Schiedsverfahren war eine Berufung generell nicht zulässig.[422] Problematisch erscheint zunächst der Umstand, dass sowohl der Diözesanbischof ordentlicher Richter über seine Untergebenen ist, als auch der Papst für Streitfälle, die an ihn herangetragen werden, sowie zusätzlich auch der Metropolit zuständig sein kann, sollte der zuständige Diözesanbischof nicht tätig werden wollen oder können oder wenn bei den Metropoliten Berufung eingelegt worden ist.[423] Einen klaren und generell anwendbaren Instanzenzug hat es so noch nicht gegeben.

Das Einlegen der Berufung hatte sowohl einen Devolutiveffekt, als auch einen Suspensiveffekt zur Folge, also die Abgabe des Falls an die angerufene höhere Autorität und die Hemmung der Vollstreckbarkeit des Urteils.[424] Interessanterweise konnte die Berufung zu jedem Stadium des Verfahrens eingelegt werden, also nicht erst, wenn das endgültige Urteil ergangen war.[425] Die Berufung hatte innerhalb einer Frist von zehn Tagen eingelegt zu werden, entweder in mündlicher oder in schriftlicher Form. Die Berufungsverfolgung selbst musste im Anschluss daran binnen 30 Tagen erfolgen. In der Berufungsinstanz wurde die Fragestellung behandelt, ob das Urteil aus der Vorinstanz in Gänze bestätigt werden kann oder aufgehoben werden muss.[426] Die prozessualen Ausführungen im *Decretum Gratiani* waren schließlich der Anstoß für ein eigenes und vom weltlichen Recht distinktes Prozessrecht, welches sich in der Folgezeit immer stärker ausbildete.[427] Zusammenfassend lässt sich festhalten, dass zumindest im Grundsatz „das Institut der gerichtlichen Berufung von einer niedrigeren Instanz an eine höhere […] verhältnismäßig gut entwickelt“[428] war.

Nachdem die Ehetrennung keine Strafe mehr war, musste das Eheverfahren auch einen eigenen Charakter vor dem Hintergrund der anderen Streitverfahren

422 Vgl. Jacobi, Erwin (1913): Der Prozeß im Decretum Gratiani und bei den ältesten Dekretisten. In: Zeitschrift der Savigny-Stiftung für Rechtsgeschichte. Kanonistische Abteilung, 3(1). Böhlau: Wien, S. 223–343, hier: S. 230.

423 Vgl. Stickler, Alfons M. (1983): Die kirchliche Regierungsgewalt in der klassischen Kanonistik. Einheit der Träger und Unterscheidung der Funktionen. In: Zeitschrift der Savigny-Stiftung für Rechtsgeschichte. Kanonistische Abteilung, 69(1). Böhlau: Wien, S. 267–291, hier: S. 272–273.

424 Vgl. Jacobi: Der Prozeß im Decretum Gratiani und bei den ältesten Dekretisten, S. 334–335.

425 Vgl. c. 2, q. 6, c. 14: „Quisque eam obedientiam maioribus exhibeat, quam ab inferioribus desiderat.“

426 Vgl. Jacobi: Der Prozeß im Decretum Gratiani und bei den ältesten Dekretisten, S. 335–337.

427 Vgl. Landau: TRE, Art. Gratian (von Bologna), S. 128.

428 Stickler: Die kirchliche Regierungsgewalt in der klassischen Kanonistik, S. 273.

bekommen, denn ansonsten hätte die Gefahr einer gütlichen Einigung der Parteien bestanden, aus der die Nichtigkeit der Ehe hätte resultieren können – ein undenkbarer Vorgang, damals wie heute.[429] Diese Neupositionierung der Eheverfahren „quasi mixta inter civilem et criminalem"[430] führte zu prozessualen Besonderheiten wie z. B. einem Klagerecht von Frauen, die bis *dato* keine Möglichkeit dazu hatten.[431] In der Periode des *Liber Extra* wurde auch der bis heute gültige Rechtssatz aufgestellt, dass die Urteile in Ehenichtigkeitsverfahren nie Rechtskraft erlangen können.[432] Grundsätzlich wird das Rechtsmittel der Berufung in X 2.28 – also dem 28. Titel im zweiten Buch – geregelt, welcher mit der Überschrift „De Appellationibus, Recusationibus, et Relationibus" versehen ist. So wurde u. a. festgelegt, dass eine rechtmäßig eingelegte Berufung tatsächlich verfolgt werden muss, ohne dass aus der Nichtverfolgung Nachteile für denjenigen entstehen konnten, der Berufung eingelegt hat oder die Berufung an sich erlischt.[433] Auch der Papst als oberste Berufungsinstanz und Kassationsgericht der Weltkirche hatte in dieser Zeitperiode bereits seine Position gefestigt: Bei einem Streit zwischen einem Diözesanbischof mit seinem Domkapitel kassierte Papst Gregor IX. wegen eines Verfahrensmangels – das Fehlen „einer förmlichen Streitfestlegung"[434] – das ganze Verfahren.

429 Vgl. Landau: Ehetrennung als Strafe, S. 185.

430 Vgl. Ausführungen zu X 1.38.5: „Si agitur de adulterio coram iudice saeculari ad poenam legalem, non intervenit procurator; secus si coram ecclesiastico ad separationem."

431 Vgl. C. 15, q. 3, § 2: „His ita respondetur: In veteri lege multa permittebantur, que hodie perfectione gratiae abolita sunt. Cum enim mulieribus permitteretur populum iudicare, hodie pro peccato, quod mulier induxit, ab Apostolo eis indicitur verecundari, viro subditas esse, in signum subiectionis velatum caput habere. Que ergo his omnibus viro subiecta ostenditur, cui pro alio postulare non conceditur, ad accusationem admittenda non videtur." Vgl. iVm Eph 5,21–24: „Einer ordne sich dem andern unter in der gemeinsamen Furcht Christi! Ihr Frauen euren Männern wie dem Herrn; denn der Mann ist das Haupt der Frau wie auch Christus das Haupt der Kirche ist. Er selbst ist der Retter des Leibes. Wie aber die Kirche sich Christus unterordnet, so sollen sich auch die Frauen in allem den Männern unterordnen."

432 Vgl. X 2.27.7: „Sententia lata contra matrimonium nunquam transit in rem iudicatam; unde quandocunque revocatur, quum constat de errore."

433 Vgl. X 2 28 4: „Si appellans infra terminum, a iudice, a quo appellavit, vel a se ipso statutum, appellationem non prosequitur, sententiae vel iudicio illius stare compellitur."

434 Pulte: Die Formulierung der Prozessfrage im kanonischen Eheprozess, S. 851.

Im *Liber Sextus* werden weitergehende prozessuale Eigenarten auch hinsichtlich der Möglichkeit zur Berufung festgelegt. Die grundlegenden Regelungen und Normierungen finden sich in VI. 2.15, ein Titel, der im Gegensatz zum *Liber Extra* nur noch mit „De Appellationibus" überschrieben ist. Das Amt und die Bezeichnung des heutigen Offizials profilierten sich immer mehr. Dieser nahm stellvertretend für den Diözesanbischof die Aufgabe des Richters wahr.[435] Dabei erging auch die bis heute gültige Regelung, dass gegen ein Urteil des Offizials keine Berufung beim Diözesanbischof möglich ist.[436] Es findet sich erstmals ein Verweis auf die Einigkeit des Gerichtshofs zwischen Offizial und Diözesanbischof und die Unmöglichkeit, gegen ein Urteil des Offizials Berufung beim Diözesanbischof einzulegen.[437] Diese Regelung wurde in jeder Novellierung des kirchlichen Rechts beibehalten und findet sich noch im heutige gültigen Gesetzbuch.[438] Auch war der Berufungsrichter vor dem Erlass eines Urteils gehalten, den Richter der ersten Instanz nötigenfalls unter Strafandrohungen dazu zu

435 Vgl. Stickler: Die kirchliche Regierungsgewalt in der klassischen Kanonistik, S. 275.

436 Vgl. VI. 1.4.2: „Non valet consuetudo, quod ab officiali episcopi ad episcopum appelletur."

437 Vgl. VI. 2.15.3: „De officiali episcopi non ad episcopum, sed ad archiepiscopum appellatur. § 1. De subdito episcopi ad ipsum, non ad archiepiscopum appellatur, nisi aliud esset de consuetudine. § 2. Archiepiscopus causam appellationis ab episcopo interpositae non debet committere, vel partes citare, nisi in appellatione probabilis causa sit expresse. § 3. Si negetur, per appellationem negotium devolutum, non inhibebit archiepiscopus iudicem principalis causae procedere, nisi prius de devolutione constiterit. § 4. Si dicitur, ex iniusta causa appellatum, archiepiscopus inhibere non potest, nisi, prius, recepta appellatione ut probabili, incipiat cognoscere de causae veritate. § 5. Licet dicatur appellatum a diffinitiva in casu prohibito a iure, ex quo de hoc archiepiscopus cognoscere coeperit, potest inhibere, ne sententia exsecutioni mandetur. § 6. Archiepiscopus in tertiam personam, post inhibitionem suam in causa per appellationem delata ad ipsum, aliquid innovantem, iurisdictionem exercere non potest. § 7. Archiepiscopus appellantem in aliis causis a iurisdictione episcopi non potest eximere. § 8. Ab episcopi in causis, quibus iurisdictionem temporalem habent, de iure debet ad archiepiscopum appellari, nisi speciale ius aliud inducat. § 9. Censuram ecclesiasticam, in appellantem prolatam per episcopum, archiepiscopus revocare non potest, nisi partibus vocatis, et de causa legitime cognito. § 10. Ex quo archiepiscopus pronunciaverit, male appellatum ante sententiam: statim debet causam ad suffraganeum remittere."

438 Vgl. can. 1573 § 2 CIC/17 und c. 1420 § 2 CIC/83.

bewegen, die Berufungsschriften zu übersenden.[439] Die Berufung an sich musste schriftlich eingelegt werden, auch wenn die Möglichkeit bestand, sie vor dem Richter zu verlesen.[440] Ausschließlich bei Berufungen, die gegen ein Zwischenurteil eingelegt wurden und nicht gegen das Endurteil, konnte der ursprüngliche Zustand wiederhergestellt werden, der vorgelegen hatte, bevor das Zwischenurteil gefällt worden war.[441] Es wurde das eigenständige und charakteristische Recht des Metropoliten, die Berufungsinstanz seiner Suffraganen wahrzunehmen und richterlich auszufüllen.[442] Im Umkehrschluss wurde aber auch deutlich festgelegt, dass der erste Richter seiner Diözese der jeweilige Diözesanbischof ist und der Metropolit keine Möglichkeit der Einmischung hatte, solange keine Berufung an ihn eingelegt worden war.[443]

---

439 Vgl. VI. 2.15.5: „Iudex appellationis inique appellantem ante sententiam remittere debet ad iudicem principalem, et in expensis condemnare, et hoc, si principalis iudex non detulerat appellationibus interpositis a definitiva antiqua iura serventur."

440 Vgl. VI. 2.15.9: „Valet appellatio in scriptis porrecta, licet coram iudice non legatur."

441 Vgl. VI. 2.15.12: „Per appellationem interpositam a diffinitiva recovari potest interlocutoria, principali negotio praeiudicans; alias non."

442 Vgl. VI. 2.2.1: „Archiepiscopus, omisso appellationis articulo, vel per viam querelae, de causa subditorum, suffraganeis etiam ipsis consentientibus, non cognoscit. § 1: Archiepiscopus subditos suffraganei non potest compellere causas, delegatas ab eo, suscipere, suas sententias et praecepta exsequi, vel testimonia in causis ad eos devolutis ferre nisi consuetudo aliud disponat. § 2: Archiepiscopus contra officiales vel praelatos suffraganeorum, consuetudine aliud non disponente, et contra subditos ipsorum, pro salariis advocatorum et procuratorum causarum fori archiepiscopi, iudex competens non est. § 3: Archiepiscopus non compellet invitos contrahentes aliarum dioecesum in sua propria coram se respondere, nisi ibi inveniantur. Sed si citati nolunt comparere, vel malitiose se occultant, ne citentur: in bonis ipsorum suae dioecesis potest missionem facere, vel in alia descernere per ordinarios faciendam. § 4: Non potest archiepiscopus suos clericos mittere in dioecesim suffraganei, ut coram eis fiant contractus, vel iam facti approbentur. Nec, si facti vel approbati fuerint coram illis, possunt suffraganeorum subditos coram se compellere litigare super illis, nec excommunicare suffraganeorum officiales vel subditos, si nolunt litigare coram ipso."

443 Vgl. VI. 2.15.3: „De officiali episcopi non ad episcopum, sed ad archiepiscopum appellatur. § 1: De subdito episcopi ad ipsum, non ad archiepiscopum appellatur, nisi aliud esset de consuetudine. § 2: Archiepsicopus causam appellationis ab episcopo interpositae non debet committere, vel partes citare, nisi in appellatione probabilis causa sit expressa. § 2: Si negetur, per appellationem negotium devolutum, non inhibebit archiepiscopus iudicem principalis causae procedere, nisi prius de devolutione constiterit. § 3: Si dicitur, ex iniusta causa appellatum, archiepiscopus inhibere non potest, nisi, prius, recepta appellatione ut probabili, incipiat cognoscere de causae

Die *Clementinae* behandeln die Thematik der Berufung in Clem. 2.12 unter der Titelüberschrift „De Appellationibus". Einzig eine neue Regelung scheint im Kontext der vorliegenden Arbeit erwähnenswert: Der Verzicht auf die Berufung führte nicht dazu, dass ein Urteil nicht in Rechtskraft erwächst.[444] In den *Extravagantes* und *Extravagantes Communes* finden sich keine weitergehenden neuen Normierungen über das Rechtsmittel der Berufung. Auch ein eigener Teil über die Berufung wurde nicht integriert, es bestand scheinbar kein weiterführender Regelungsbedarf.

Die Apostolische Konstitution *Dei Miseratione* von Papst Benedikt XIV. lässt sich als Geburtsstunde der Ehebandverteidiger bezeichnen, die damals noch unter dem Begriff *Matrimoniorum Defensor*, frei übersetzt mit Verteidiger der Ehen oder Ehenverteidiger, firmierten.[445] So sah der universale Gesetzgeber vor, dass diese Vorgänger der heutigen Ehebandverteidiger an jedem Ehenichtigkeitsverfahren beteiligt werden mussten und ihre Aufgabe darin bestand, all das hervorzuheben und darzulegen, was gegen eine Nichtigkeit und für eine Gültigkeit der verhandelten Ehesache sprach.[446] Diese Idee von Papst Benedikt XIV. war

---

veritate. § 5: Licet dicatur appellatum a diffinitiva in casu prohibitio a iure, ex quo de hoc archiepiscopus cognoscere coeperit, potest inhibere, ne sententia exsecutioni mandetur. § 6: Archiepiscopus in tertiam personam, post inhibitionem suam in causa per appellationem delata ad ipsum, aliquid innovantem, iurisdictionem exercere non potest. § 7: Archiepiscopus appellantem in aliis causis a iurisdictione episcopi non potest eximere. § 8: Ab episcopis in causis, quibus iurisdictionem temporalem habent, de iure debet ad archiepiscopum appellari, nisi speciale ius aliud inducat. § 9: Censuram ecclesiasticam, in appellantem prolatam per episcopum, archiepiscopus revocare non potest, nisi partibus vocatis, et de causa legitime cognito. § 10: Ex quo archiepiscopus pronunciaverit male appellatum ante sententiam: statim debet causam ad suffraganeum remittere."

444 Vgl. Clem. 2.12.6: „Prosecutio appellationis desertae non impedit, quin sententia conseatur in rem iudicatam transivisse."

445 Vgl. § 6 DM: „Ad officium autem Defensoris Matrimoniorum huiusmodi, ut supra electi, spectabit, in iudicium venire, quotiescumque contigerit, matrimoniales causas super validate, vel nullitate voram legitimo Iudice disceptari, eumque oportebit in quolibet actu iudiciali citari, adesse examini testium, voce et scriptis Matrimonii validitatem tueri, eaque omnia deducere, quae ad Matrimonium sustinendum necessaria censebit."

446 Vgl. § 7 DM: „Et demum Defensoris huiusmodi persona, tanquam Pars necessaria, ad iudicii validitatem, et integritatem censeatur, semperque adsit in Iudicio sive unus ex Coniugibus, qui pro nullitate Matrimonii agit, sive ambo, quorum alter pro nullitate, alter vero pro validitate in iudicium veniant. Defensor autem, cum ei munus huiusmodi committetur, iuramentum praestabit fideliter officium suum obeundi, et quotiescumque contigerit, ut in iudicio adesse debeat pro alicuius Matrimonii validitate

nicht neu, vielmehr begegnete sie ihm bereits, als er noch Prospero Lambertini hieß und bei der *Sacra Congregatio Concilii* tätig war, die regelmäßig einen Ehebandverteidiger, insbesondere beim Verfahrensstand der Beweiserhebung, beteiligte.[447] Dort stellte er fest, dass dieses Amt einen großen Nutzen hatte, um die Wahrheit zu finden und im Verfahren die Würde der Ehe zu verteidigen.[448] Praktisch umgesetzt wurde dies prozessrechtlich durch die Vorschrift einer Anschlussberufung seitens des Ehebandverteidigers, falls eine der Parteien ebenfalls Berufung einlegte oder von Amts wegen, falls keine der Parteien dies intendierte.[449] Die Regelungen aus § 9 DM[450] sind disziplinarer Art: Sollte eine oder beide Parteien eine neue Ehe eingehen, bevor eine *duplex sententia conformis* für die Nichtigkeit der bestehenden Ehe vorlag, so waren diese hart zu bestrafen und das neue Eheleben war zu trennen. Diese Anforderung des doppelten übereinstimmenden Urteils wurde von Papst Benedikt XIV. verpflichtend für Eheverfahren eingeführt und vorgeschrieben.[451] Zusammenfassend lässt sich festhalten, dass durch die Apostolische Konstitution *Dei Miseratione* drei

tuenda, rursus idem iuramentum praebebit: quaecumque vero, eo non legitime citato aut intimato, in iudicio peracta fuerint, nulla, irrita, cassa declaramus, ac pro nullis, cassis, ac irritis haberi volumus, perinde, ac si citata, et intimata non esset ea Pars, cuius citari intererat, et quam, iuxta legum, et canonum praescripta, ad legitimam iudicii validitatem, citari, aut intimari omnio necessarium erat."

447 Vgl. Stockmann, Peter (2001): Pro vinculo, salva semper veritate. Die Rechtsstellung des Ehebandverteidigers und seine Berücksichtigung in den Rota-Ansprachen. In: DPM, 8(I). Lang: Frankfurt, S. 483–500, hier: S. 484.

448 Vgl. Hallein: Le défenseur du lien dans les causes de nullité de mariage, S. 22.

449 Vgl. Lüdicke: Zum Berufungssystem im kirchlichen Ehenichtigkeitsprozeß, S. 514.

450 Vgl. § 9 DM: „Appellatione a prima Sententia pendente, vel etiam nulla, ob malitiam, vel oscitantiam, vel collusionem Defensoris, et Partium, interposita, si ambo, vel unus ex Coniugibus novas nuptias celebrare ausus fuerit, volumus, ac descernimus, ut non solum serventur, quae adversus eos, qui Matrimonium contra interdictum Ecclesiae contrahunt, statuta sunt, praesertim, ut invicem a cohabitatione separentur, quoadusque altera Sententia super nullitate emanaverit, a qua intra decem dies non sit appellatum, vel appellatio inter posita deserta deinde fuerit; sed ulterius ut contrahens, vel contrahentes Matrimonium huiusmodi, omnibus poenis contra Polygamos a Sacris Canonibus, et Constitutionibus Apostolicis constitutis, omnio subiaceant, quas in eos, quatenus opus sit, motu, scientia, ac potestate simili rursus statuimus, decernimus, ac renovamus."

451 Vgl. De Bertolis, Ottavio (2015): Papa Francesco riforma il Processo Canonico Matrimoniale. In: La Civiltà Cattolica, 166(3967), IV. Unione Stampa Periodica Italiana: Roma, S. 59–68, hier: S. 64.

wesentliche Elemente bei Ehenichtigkeitsverfahren geändert wurden: Bessere Auswahl von gewissenhaften und fähigen Richtern, verpflichtende Beteiligung der Ehebandverteidiger gemäß § 3 DM[452] sowie die Pflicht derselben, bei einem erstmals ergangenen affirmativen Urteil Berufung einlegen zu müssen.[453]

Die Berufung war im Kontext des CIC/17 von der Berichtigung eines falschen Urteils zu unterscheiden, wie es in can. 1878 § 1 geregelt ist. Bei der Berichtigung ging es um die Korrektur sachlicher, d. h. inhaltlicher Fehler bei der Übertragung des Urteils, der Urteilsbegründung, der Tatbestände oder der entstandenen Gerichtsgebühren, zu denen es bei der Abschrift gekommen war.[454] Es handelte sich also um Fehler, die nach can. 1878 § 2 interessanterweise von dem Richter, der das Urteil gefällt hat, auch wieder berichtigt werden konnten, allerdings unter

---

452 Vgl. § 3 DM: „Verum Nobis responsum est, id saepe contingere partim ex culpa illorum Iudicum, quibus, vel in prima instantia, cum Causa coram Iudice Ordinario ex aliqua legitima causa cognosci nequit, vel in secunda, cum in partibus nullus adest Iudex, ad cuius Tribunal Causa in gradu appellationis devolvatur, vel si adest, iusta de causa coram eo disceptari nequit, Causae Matrimoniales huiusmodi a Sede Apostolica committuntur; qui vel ob inscitiam, vel ob malam voluntatem, proclives sunt ad Matrimonia dissolvenda, atque eadem Matrimonia, levi, vel etiam nullo habito examine, irrita, ac invalida declarant: partim etiam ex facto Coniugum super nullitate suorum Matrimoniorum litigantium; cum frequenter unus tantum eorum, qui dissolutionem Matrimonii postulat, in iudicio compareat, et Sententia, nullo contradicente, secundum sua vota obtenta, ad alias nuptias convolat; vel ambobus Coniugibus in Iudicium venientibus, altero, qui pro Matrimonio, altero vero, qui contra agit, Sententia de nullitate Matrimonii prolata, nullus est, qui ad superiorem Iudicem appellationem interponat; vel quia litigantes in specie quidem discordes, re vera inter se concordes sunt, et invicem colludentes, contractum matrimonium dissolvi cupiunt; vel quia Pars, quae pro validitate Matrimonii stabat, eiusque nullitalem acriter contra adversarium impugnabat, lata a Iudice Sententia contra Matrimonium, mutat voluntatem, vel pecunia sibi ad sumptus litis non suppetente, vel aliis deficientibus auxiliis ad litigandum necessariis, et incoeptum opus, ac Causam post primam Sententiam deserit; quo fit, ut deinde ambo Coniuges, vel unus eorum, ad aliud contrahendum Matrimonium se conferat."

453 Vgl. Lüdicke: Zum Berufungssystem im kirchlichen Ehenichtigkeitsprozeß, S. 515.

454 Vgl. can. 1878 § 1: „Si agatur de errore materiali qui inciderit vel in transcribenda parte dispositiva sententiae vel in referendis factis aut partium petitionibus aut in ponendis calculis, errorem corrigere valet ipse iudex." Eigene Übersetzung: „Wenn es sich um einen sachlichen Fehler handelt, der sich entweder beim Übertragen des Urteilstenors ereignet hat oder beim Eintragen des Tatbestands oder der Parteianträge oder bei der Berechnung des zu zahlenden, diesen Fehler kann der Richter selbst verbessern."

der Schutzklausel, dass sich keine der am Prozess beteiligten Parteien – darunter wurden auch der Ehebandverteidiger und der Kirchenanwalt subsummiert – der Berichtigung widersetzt.[455] Widersetzte sich eine der prozessbeteiligten Personen der genannten einfachen Berichtigung, so wurde es nach can. 1878 § 3 zwingend erforderlich,[456] dass gemäß can. 1840 § 3 ein regulärer Gerichtsbeschluss in dieser Sache herbeigeführt werden musste.[457] Die eigentlichen Kernfragen der Berufung wurden im CIC/17 in den cann. 1878–1891 in den allgemeinen prozessrechtlichen Normen geregelt[458] sowie für Ehenichtigkeitsverfahren in den Normen der cann. 1986–1989 und bei der Behandlung einiger Spezialfälle in den cann. 1990–1992.

Die zentrale Norm über das Rechtsmittel der Berufung und die Berufungsmöglichkeiten ist can. 1879.[459] Dieser besagte, dass sowohl die klagende als auch die nichtklagende Partei das Recht hatten, gegen ein ergangenes Urteil Berufung einzulegen, wenn sie sich durch das Urteil benachteiligt fühlten. Es ging also um die subjektive Wahrnehmung, dass ein formal korrektes Urteil „einen Auffassungsfehler in Beurteilung des Sachverhalts"[460] beinhaltete. Das Einlegen der Berufung bei dem Gericht, an dem das betreffende Urteil gefällt worden war, hatte zur Folge, dass sowohl die Berufung, als auch die Prozessakten zum Zweck der Überprüfung an das Gericht der nächsthöheren Instanz

455 Vgl. can. 1878 § 2: „Iudex ad hanc correctionem deveniat edito decreto ad instantiam partis, nisi pars altera refragetur." Eigene Übersetzung: „Der Richter soll zu dieser Korrektur kommen und ein Dekret auf inständiges Bitten der Partei erstellen, wenn die andere Partei nicht dagegen stimmt."

456 Vgl. can. 1878 § 3: „Si altera pars refragetur, quaestio incidens ad normam can. 1840, §3 decreto definiatur; et decretum ad calcem sententiae correctae referatur." Eigene Übersetzung: „Wenn die andere Partei dagegen stimmt, soll eine aufkommende Frage nach der Norm in can. 1840 § 3 per Dekret entschieden werden; und das Dekret soll am Schluss des korrigierten Urteils eingetragen werden."

457 Vgl. can. 1840 § 3: „Iudex in decreto quo, non servata iudicii forma, vel reiicit vel definit quaestionem incidentem, rationes quibus innititur, in iure et in facto breviter exponat." Eigene Übersetzung: „Mit einem Dekret weist der Richter, die Form des Gerichts nicht bewahrend, die vorliegende Frage entweder ab oder entscheidet sie; [der Richter] stützt sich auf Rechts- und Tatsachengründe, die er kurz darlegen soll."

458 Vgl. Retzbach, Anton (1959): Das Recht der katholischen Kirche nach dem Codex Iuris Canonici. Für die Praxis bearbeitet. Herausgegeben von Franz Vetter. Fünfte Auflage. Herder: Freiburg, S. 413.

459 Vgl. Eichmann: Das Prozeßrecht, S. 177.

460 Hohenlohe, Constantin (1921): Das Prozessrecht des Kodex Iuris Canonici. Volksbund-Verlag: Wien, S. 68.

weitergeleitet wurden.[461] Die Berufung hatte also sowohl einen Devolutiveffekt, weil die Prozesssache von der höheren Berufungsinstanz weiterverfolgt, als auch einen Suspensiveffekt, weil die Vollstreckbarkeit des Urteils suspendiert wurde.[462] Wie bereits bei der Berichtigung eines Urteils erwähnt, hatten auch bei dem Rechtsmittel der Berufung grundsätzlich alle am Prozess beteiligten Parteien das Recht und die Möglichkeit, dieses Rechtsmittel zu nutzen. Konkret standen sowohl dem Ehebandverteidiger, als auch dem Kirchenanwalt, sofern er am Prozess beteiligt gewesen war, diese Möglichkeit zu.[463] Wenn sich entweder die klagende oder die nichtklagende Partei durch ein Urteil belastet oder benachteiligt fühlten, so stand auch diesen die Möglichkeit und das Recht zu, unabhängig voneinander jeweils Berufung gegen das ergangene Urteil einzulegen. Eine gemeinsame Wahrnehmung der Berufungsmöglichkeit war hingegen nicht vorgesehen.[464] Das Rechtsmittel der Berufung war nur in einigen ausgewählten und in can. 1880 allgemeinprozessrechtlich näher bestimmten Fällen ausgeschlossen. Die für Ehenichtigkeitsverfahren relevanten und anzuwendenden Ausschlussklauseln werden im Folgenden kurz vorgestellt. Grundsätzlich galt, dass die Berufung nicht verweigert werden durfte, da sie zu den Verteidigungsrechten zählte, selbst dann, wenn sie „frivola et frustratoria"[465] gewesen wäre. Gegen ein Urteil des Papstes oder der Apostolischen Signatur konnte keine Berufung eingelegt werden, allerdings mit einer Ausnahme, die dem Primat des Papstes geschuldet war und nicht prozessrechtlichen Normen: Gegen ein Urteil der Apostolischen Signatur konnte die Sache vor den Papst gebracht werden, weil dieser nach can. 218 die oberste Jurisdiktionsgewalt inne hatte und daher

461 Vgl. can. 1879: „Pars quae aliqua sententia se gravatam putat, itemque promotor iustitiae et defensor vinculi in causis in quibus interfuerunt, ius habent a sententia appellandi, id est provocandi ab inferiore iudice qui sententiam tulit, ad superiorem, salvo praescripto can. 1880." Eigene Übersetzung: „Die Partei, die sich irgendwie vom Urteil belastet fühlt, ebenfalls der Kirchenanwalt und der Bandverteidiger in Fällen, in denen sie sich beteiligt haben, haben das Recht gegen das Urteil Berufung einzulegen, d. h. Einspruch einlegen vom unteren Richter, der das Urteil an den höheren weitergibt, unbeschadet der Bestimmung in can. 1880."

462 Vgl. Eichmann: Das Prozeßrecht, S. 178.

463 Vgl. Fn. 461.

464 Vgl. Jone, Heribert (1953): Gesetzbuch der lateinischen Kirche. Erklärungen der Kanones. III. Band: Prozeß- und Strafrecht, Kan. 1552 - Kan. 2414. Zweite Auflage. Schöningh: Paderborn, S. 253.

465 Eichmann: Das Prozeßrecht, S. 179, Anm. 1.

jederzeit überall eingreifen und aktiv werden konnte.[466] Inwieweit das Eingreifen des Papstes in laufende oder beschlossene Angelegenheiten, die auf dem Gerichtsweg behandelt wurden, sinnvoll war, sei an dieser Stelle dahingestellt, insbesondere da es sich bei dieser Möglichkeit um eine absolute Ausnahme handelte, die darum keine nähere praktische Relevanz hatte. Hatte der Apostolische Stuhl die Behandlung eines Falls an ein anderes Gericht „unter Ausschluss der Berufung" delegiert, so konnte dagegen keine Berufung eingelegt werden.[467] Eine letzte in eheprozessrechtlichen Kontext relevante Möglichkeit des Ausschlusses der Berufungsmöglichkeit lag vor, wenn das Urteil selbst bereits ungültig bzw. nichtig war – hier reicht eine einfache Feststellung aus, damit das Verfahren in der selben Instanz erneut gerichtlich behandelt werden konnte.[468]

Die Berufung war nach can. 1881 innerhalb einer Frist von zehn Tagen nach Bekanntgabe des Urteils bei dem Richter einzulegen, der das Urteil, gegen welches das Rechtsmittel eingelegt werden sollte, gefällt hatte.[469] Zur Bekanntgabe, dass man Berufung einlegen möchte, war schon allein die Erklärung „ich appelliere" ausreichend.[470] Eine besondere Möglichkeit während der Geltung des CIC/17 war, die Berufung gemäß can. 1882 § 1 in mündlicher Form einzulegen, was allerdings nur dann möglich war, wenn das Urteil vom Richter verlesen wurde und die geäußerte Berufung von einem Protokollanten aufgeschrieben wurde.[471]

466 Vgl. can. 1880 n. 1: „Non est locus appellationi: A sententia ipsius Summi Pontificis vel Signaturae Apostolicae." Eigene Übersetzung: „Ein Urteil des Papstes selbst oder der Apostolischen Signatur."

467 Vgl. can. 1880 n. 2: „Non est locus appellationi: A sententia iudicis qui a Sancta Sede delegatus est ad videndam causam cum clausula appellatione remota." Eigene Übersetzung: „Die Berufung kann nicht eingelegt werden gegen: Ein Urteil eines Richters, der vom Heiligen Stuhl delegiert ist sich um einen Fall mit der Klausel ‚appellatione remota' [= die Berufung ist ausgeschlossen] zu kümmern."

468 Vgl. can. 1880 n. 3: „Non est locus appellationi: A sententia vitio nullitatis infecta." Eigene Übersetzung: „Die Berufung kann nicht eingelegt werden gegen: Ein Urteil, das den Fehler der Nichtigkeit hat."

469 Vgl. can. 1881: „Appellatio interponi debet coram iudice a quo sententia prolata est intra decem dies a notitia publicationis sententiae." Eigene Übersetzung: „Die Berufung ist einzulegen vor dem Richter, von dem das Urteil gefällt worden ist, innerhalb von zehn Tagen ab dem Bekanntsein des verkündigten Urteils."

470 Vgl. Eichmann: Das Prozeßrecht, S. 180.

471 Vgl. can. 1882 § 1: „Appellatio fieri potest oretenus coram iudice pro tribunali sedente, si publice sententia legatur, statimque ab actuario scriptis redigenda est." Eigene Übersetzung: „Die Berufung kann mündlich vorgebracht werden vor dem Richter der zu Gericht sitzt, wenn das Urteil öffentlich verlesen wird und sofort vom Schriftführer niederzuschreiben ist."

In allen anderen Fällen regelt can. 1882 § 2, dass die Berufung nur schriftlich eingelegt werden konnte.[472] Die einzige Ausnahme von dieser Regel galt für den speziellen Fall, dass die Person, die Berufung einlegen wollte, nicht schreiben konnte. Schon allein aus Gründen der Wahrung des Rechtschutzes der betreffenden Person war es möglich, die Berufung mündlich zur Niederschrift nach can. 1707 §§ 1.3 vorzubringen.[473] War die Berufung bei Gericht eingegangen, so musste sich der Berufungsrichter gemäß can. 1883 grundsätzlich innerhalb eines Monats um deren Bearbeitung kümmern, es sei denn, es wurde eine längere Frist für die Bearbeitung festgelegt.[474] Die Berufung konnte verfolgt werden, sobald sie eingelegt wurde und eine Kopie des angefochtenen Urteils dem Richter an die Berufungsinstanz übermittelt worden war.[475] Aus der Berufung ergaben sich *eo ipso* unterschiedliche Rechtswirkungen, die nach der Regelung des can. 1887 § 1 sowohl der klagenden, als auch der nichtklagenden Partei zukamen, selbst wenn die betreffende Partei keine Berufung eingelegt hatte.[476] Die

---

472 Vgl. can. 1882 § 2: „Aliter facienda est in scriptis, salvo casu de quo in can. 1707." Eigene Übersetzung: „Andernfalls ist sie schriftlich vorzubringen, unbeschadet dem Fall in can. 1707."

473 Vgl. can. 1707 § 1: „Qui scribere nescit, aut legitime impeditur quominus libellum exhibeat, oretenus petitionem suam coram tribunali proponere potest." Eigene Übersetzung: „Wer nicht schreiben kann oder rechtmäßig behindert ist, eine Klageschrift vorzulegen, kann mündlich seine Klage vor dem Gericht vortragen." und can. 1707 § 3: „In utroque tamen casu iudex notarium iubeat scriptis actum redigere qui actori legendus est et ab eo probandus." Eigene Übersetzung: „In beiden Fällen jedoch soll der Richter den Notar auffordern, den Klagevortrag aufzuschreiben, der dem Kläger zu verlesen und von diesem zu bestätigen ist."

474 Vgl. can. 1883: „Appellatio prosequenda est coram iudice ad quem dirigitur intra mensem ab eius interpositione, nisi iudex a quo longius tempus ad eam prosequendam parti praestituerit." Eigene Übersetzung: „Die Berufung ist vor dem Richter zu verfolgen zu dem sie gesendet wird innerhalb eines Monats von ihrer Einlegung an, wenn nicht der Richter, von dem [sie gesendet wird] eine längere Zeit für seine Verfolgung der Partei vorgeschrieben hat."

475 Vgl. can. 1884 § 1: „Ad prosequendam appellationem requiritur et sufficit ut pars ministerium invocet iudicis superioris ad impugnatae sententiae emendationem, adiuncto exemplari huius sententiae et libelli appellatorii quem iudici inferiori exhibuerat." Eigene Übersetzung: „Für die zu verfolgende Berufung ist es erforderlich und ausreichend, wenn eine Partei den Beistand des oberen Richters zur Verbesserung des angefochtenen Urteils anrufe, eine Abschrift dieses Urteils und der Berufungsklageschrift, welche dem unteren Richter vorgelegen hatte, ist beizufügen."

476 Vgl. can. 1887 § 1: „Appellatio facta ab actore prodest etiam reo, et vicissim." Eigene Übersetzung: „Die eingelegte Berufung vom Kläger nützt außerdem dem Angeklagten und andersrum."

zentrale Rechtswirkung lag in der aufschiebenden Funktion der Berufung, die grundsätzlich gegeben war, falls vom Gesetzgeber keine anderslautenden Aussagen für bestimmte Fälle festgelegt wurden, d. h., die „Vollstreckung des Urteils [wurde] vorläufig aufgeschoben“[477]. Im Kontext von Ehenichtigkeitsverfahren war diese Auswirkung erst dann von Belang, wenn es sich um ein affirmatives Urteil handelte, welches ein affirmatives Urteil aus einer vorherigen Instanz bestätigt – wie im folgenden Absatz näher ausgeführt wird. Wenn das Rechtsmittel der Berufung eingelegt worden war, so musste das Gericht, gegen dessen Urteil Berufung eingelegt wurde, alle Prozessakten gemäß can. 1890 entweder in beglaubigter Kopie oder als Original dem zugewiesenen Berufungsgericht – in aller Regel handelte es sich um das Metropolitangericht – welches über die Berufung zu entscheiden hatte, übersenden.[478]

Bei Eheprozessen galt es, auch hinsichtlich der Frage nach der Berufung spezielle Normen zu beachten, die diese ganz eigene Thematik als *leges speciales* behandelten. Nach can. 1986 hatte in erster Instanz, falls das Urteil die Nichtigkeit der Ehe festgestellt hatte, also affirmativ ausgefallen war, der am Verfahren beteiligte Ehebandverteidiger Berufung einzulegen, unabhängig davon, ob dies für ihn logisch oder sinnvoll erschien oder er tatsächlich berechtigte Gründe vorzubringen hatte.[479] Kam er dieser Verpflichtung nicht nach, so musste ihn der Richter, der das Urteil gefällt hatte, auf seine Pflicht hinweisen und ihn nötigenfalls unter Androhung kirchlicher Strafmaßnahmen zwingen.[480] Die Berufung nach einem affirmativem Urteil in erster Instanz erfolgte also nicht von Amts wegen, sondern von Rechts wegen durch den Ehebandverteidiger.[481] Hierbei

477 Jone: Gesetzbuch III, S. 262.

478 Vgl. can. 1890: „Interposita appellatione tribunal a quo debet ad iudicem ad quem actorum causae authenticum exemplar vel ipsamet originalia acta causae transmittere ad normam can. 1644.“ Eigene Übersetzung: „Wenn Berufung eingelegt wird muss das Gericht bezüglich dieser an den Richter, an den [der Fall geht] ein authentisches Exemplar der Fallakten oder sogar die originalen Fallakten übermitteln nach der Norm in can. 1644.“

479 Vgl. Retzbach: Das Recht der katholischen Kirche, S. 432–433.

480 Vgl. can. 1986: „A prima sententia, quae matrimonii nullitatem declaraverit, vinculi defensor, intra legitimum tempus, ad superius tribunal provocare debet; et si negligat officium suum implere, compellatur auctoritate iudicis.“ Eigene Übersetzung: „Von dem ersten Urteil, das die Nichtigkeit der Ehe erklärt habe, muss der Bandverteidiger, innerhalb der gesetzlichen Frist, an das obere Gericht Berufung einlegen; und wenn er es unterlässt sein Amt zu erfüllen, soll er durch Veranlassung des Richters gezwungen werden.“

481 Vgl. Holböck, Carl (1951): Handbuch des Kirchenrechts. II. Band: 3., 4. und 5. Buch des kirchlichen Gesetzbuches. Tyrolia/Herder: Innsbruck/Wien, S. 995.

handelte es sich um die zur Zeit des CIC/17 in rechtlichen Normen umgesetzte *duplex sententia conformis* aus der bereits behandelten Apostolischen Konstitution *Dei Miseratione*.[482] Zu dieser lassen sich „keine Abweichungen fest[stellen], die die Grundkonzeption berühren“[483]. War gemäß can. 1987 in zweiter Instanz erneut ein affirmatives Urteil gefällt worden, welches das affirmative Urteil der ersten Instanz bestätigte, musste der Ehebandverteidiger tatsächlich nur in dem Fall erneut und aus eigenem Antrieb Berufung einlegen, wenn er Gründe hierfür hatte oder sein Gewissen ihn an der Nichtigkeit der Ehe zweifeln ließ.[484] Die gleiche Pflicht zur Einlegung der Berufung oblag dem Ehebandverteidiger auch in der Urteilskonstellation, wenn die erste Instanz zwar negativ, die zweite Instanz aber affirmativ entschieden hatte.[485] Legte weder der Ehebandverteidiger noch eine der Parteien Berufung ein, wurde das Urteil vollstreckbar, d. h. beide Parteien hatten das Recht, frühestens zehn Tage nach Urteilsverkündigung eine neue Ehe einzugehen, falls keine anderen Hinderungsgründe bestanden.[486] Die Verkündigung des Urteils hatte nach can. 1877 zu erfolgen;[487] die genannte Frist berechnete sich nach den in can. 34 § 3 n. 3 genannten Vorgaben.

Da die kirchliche Gerichtsbarkeit im Normalfall drei Instanzen kannte, waren rechnerisch und auch in der Praxis sechs verschiedene Kombinationen von

---

482 Vgl. Rehak, Martin (2018–2019): Das Recht und die Pflicht des Ehebandverteidigers zur Einlegung einer Berufung nach dem Motu Proprio Mitis Iudex. In: DPM, 25/26. Lang: Frankfurt, Manuskript S. 1–33 (im Druck), hier: S. 7.

483 Lüdicke: Zum Berufungssystem im kirchlichen Ehenichtigkeitsprozeß, S. 518.

484 Vgl. Eichmann, Eduard; Mörsdorf, Klaus (1959): Lehrbuch des Kirchenrechts auf Grund des Codex Iuris Canonici. III. Band: Prozeß- und Strafrecht. In: WH.T. Neunte Auflage. Schöningh: Paderborn, S. 242.

485 Vgl. Eichmann: Das Prozeßrecht, S. 218.

486 Vgl. can. 1987: „Post secundam sententiam, quae matrimonii nullitatem confirmaverit, si defensor vinculi in gradu appellationis pro sua conscientia non crediderit esse appellandum, ius coniugibus est, decem diebus a sententiae denuntiatione elapsis, novas nuptias contrahendi.“ Eigene Übersetzung: „Nach dem zweiten Urteil, das die Nichtigkeit der Ehe bestätigt hat, wenn der Bandverteidiger in der Berufungsinstanz aufgrund seines Gewissens nicht glaubt, Berufung einzulegen, haben die Gatten das Recht, wenn zehn Tage nach der Bekanntgabe des Urteils vergangen sind, eine neue Ehe einzugehen.“

487 Vgl. Augustine, Charles (1921): A Commentary on the new Code of Canon Law. Volume VII: Ecclesiastical Procedure (Book IV, Can. 1552–2194). Herder Book: Saint Louis/London, S. 316.

Urteilsergebnissen möglich.[488] Dies führte in der kanonistischen Diskussion zu der umstrittenen Frage, wie zu verfahren wäre, wenn das Gericht erster Instanz durch affirmatives Urteil die Nichtigkeit der Ehe festgestellt, in zweiter Instanz aber ein negatives Urteil ergangen war und die dritte Instanz wiederum die Nichtigkeit attestierte. Hierzu stellte Heribert Jone fest: „Das frühere Urteil wird nur dann bestätigt, wenn auch im zweiten Urteil die Ungültigkeit aus demselben Grunde ausgesprochen wird wie im ersten Urteil“[489]. Da can. 1987 durch die Verwendung des Verbs *confirmare*[490] explizit die Bestätigung eines bereits erfolgten affirmativen Urteils benannte und einschränkende Gesetzesnormen nach can. 19 generell eng auszulegen waren,[491] mussten die beiden affirmativen Urteile zwar nicht zwangsläufig direkt nacheinander, wohl aber aus denselben Gründen ergangen sein.[492]

Auch der Kirchenanwalt war nach can. 1879 befugt, Berufung einzulegen,[493] allerdings nur dann, wenn er am Prozess beteiligt war. Zusätzlich wurde sein Berufungsrecht wegen der Natur seines Amtes auch dadurch eingeschränkt, dass er nur gegen Urteile, die die Nichtigkeit der Ehe nicht festgestellt hatten, vorgehen sollte.[494] Im

---

488 Mögliche Urteilsketten in Abhängigkeit der Instanzen:

1. Instanz	**2. Instanz**	**3. Instanz**
affirmativ	affirmativ	---
affirmativ	negativ	affirmativ
affirmativ	negativ	negativ
negativ	affirmativ	affirmativ
negativ	affirmativ	negativ
negativ	negativ	---

Nach zwei übereinstimmenden Urteilen war keine Berufung mehr möglich. Die Wiederaufnahme des Verfahrens und die damit verbundenen Erweiterungen der Instanzenzahl wurden hier aus Gründen der Übersichtlichkeit und der grundlegenden Thematik nicht berücksichtigt. Auch handelt es sich in der vereinfachten tabellarischen Übersicht um jeweils denselben Klagegrund und dieselbe Ehe, denn ansonsten wären mehr Instanzenzüge denkbar.

489 Jone: Gesetzbuch III, S. 336.

490 In can. 1987: Dritte Person Singular, Perfekt, Konjunktiv aktiv.

491 Der can. 19 des CIC/17 entspricht exakt dem c. 18 des CIC/83.

492 Vgl. Jone: Gesetzbuch III, S. 276.

493 Vgl. Augustine: A Commentary on the new Code of Canon Law, S. 318.

494 Vgl. Eichmann/Mörsdorf: Lehrbuch des Kirchenrechts III (9.), S. 241.

Gegensatz zu anderen Parteienstreitverfahren gab es bei Ehenichtigkeitsverfahren eine Besonderheit: Gemäß can. 1989 gingen Urteile in Ehesachen nie in Rechtskraft über. Sie konnten – sofern neue Beweise vorgelegt wurden – jederzeit wieder neu verhandelt und vor das Kirchengericht getragen werden.[495] Eine Berufung beim Vorliegen zweier übereinstimmender Urteile war nur aus schwerwiegenden Gründen möglich, um die Gefahr eines *regressus ad infinitum* durch eine ausufernde Anwendung von can. 1989 bereits im Vorfeld einzugrenzen.[496] Durch can. 1990 wurde der spezielle Fall eines Ehenichtigkeitsverfahrens behandelt, bei welchem kein ordentlicher Prozess durchgeführt werden musste, allerdings nur, wenn bestimmte, eng definierte Voraussetzungen erfüllt waren.[497] Es mussten authentische Dokumente vorliegen, aus denen mit Sicherheit hervorging, dass zum Zeitpunkt der Eheschließung entweder das Ehehindernis der Religionsverschiedenheit, der Weihe, des feierlichen Gelübdes der Keuschheit, des Ehebandes, der Blutsverwandtschaft, der Verschwägerung oder der geistigen Verwandtschaft vorlag.[498] Wenn eines der genannten Hindernisse gegeben war sowie mit gleicher Sicherheit auch keine Dispens vorlag und beides durch authentische Dokumente belegt werden konnte, so lag eine nichtige Ehe so offensichtlich vor, dass es nicht notwendig erschien, ein

495 Vgl. can. 1989: „Cum sententiae in causis matrimonialibus nunquam transeant in rem iudicatam, causae ipsae, si nova argumenta praesto sint, retractari semper poterunt, firmo praescripto can. 1903." Eigene Übersetzung: „Weil Urteile in Ehesachen nie in Rechtskraft übergehen, können selbst diese Fälle, wenn neue Beweise gegeben sind, immer wiederbehandelt werden, unbeschadet der Vorschrift in can. 1903."

496 Vgl. Holböck: Handbuch des Kirchenrechts II, S. 995.

497 Vgl. Retzbach: Das Recht der katholischen Kirche, S. 433–434.

498 Vgl. can. 1990: „Cum ex certo et authentico documento, quod nulli contradictioni vel exceptioni obnoxium sit, constiterit de exsistentia impedimenti disparitatis cultus, ordinis, voti sollemnis castitatis, ligaminis, consanguinitatis, affinitatis aut cognationis spiritualis, simulque pari certitudine apparuerit dispensationem super his impedimentis datam non esse, hisce in casibus, praetermissis sollemnitatibus hucusque recensitis, poterit Ordinarius, citatis partibus, matrimonii nullitatem declarare, cum interventu tamen defensoris vinculi." Eigene Übersetzung: „Wenn aus einem sicheren und authentischen Dokument, das keinem Widerspruch oder Einwand unterworfen sei, das Bestehen eines Hindernisses der Religionsverschiedenheit, der Weihe, des feierlichen Gelübdes der Keuschheit, des Ehebands, der Blutsverwandtschaft, der Verschwägerung oder der geistigen Verwandtschaft hervorgehe und gleichzeitig mit entsprechender Gewissheit offenkundig ist, dass keine Dispens von den genannten Hindernissen gegeben ist, kann der Ordinarius in eben diesen Fällen unter Einbeziehung der Parteien die Nichtigkeit der Ehe erklären, dennoch unter der Beteiligung von dem Bandverteidiger."

ordentliches Ehenichtigkeitsverfahren zu führen[499]. Die Ehe konnte in diesem Fall vom Ordinarius nach Rücksprache mit den Parteien, aber auch unter Hinzuziehung des Ehebandverteidigers für nichtig erklärt werden. Zur Vermeidung einer missbräuchlichen Nutzung dieses „Kurzverfahrens" stand dem Ehebandverteidiger gemäß can. 1991 die Möglichkeit der Berufungseinlegung zu, falls er Zweifel am Vorliegen der Voraussetzungen dieses Kurzverfahrens hatte.[500] Nach can. 1992 hatte der Richter der Berufungsinstanz zu entscheiden, ob das Urteil bestätigt werden konnte oder ein ordentlicher Eheprozess geführt werden musste.[501]

Zusammenfassend lässt sich feststellen, dass der CIC/17 das schon vor der Promulgation bestimmende Prinzip der doppelten Urteilskonformität, dass zwei übereinstimmende Urteile vorliegen müssen, bevor die Entscheidung vollstreckbar wird, integriert hatte. Dies war so ausgestaltet, dass der am Verfahren beteiligte Ehebandverteidiger nach einem erstinstanzlichen Urteil, das affirmativ war, also die Nichtigkeit der Ehe festgestellt hatte, von Rechts wegen verpflichtet war, Berufung gegen das Urteil einzulegen, damit ein erneutes Gerichtsverfahren zur Feststellung der Nichtigkeit am Berufungsgericht erfolgen konnte. Es war die Aufgabe des Vorsitzenden des Richterkollegiums, den Ehebandverteidiger nachdrücklich sowohl an seine Pflicht zu erinnern als auch das Einlegen des Rechtsmittels der Berufung zu provozieren, sollte dieser seiner Aufgabe nicht oder erst verspätet nachkommen. Im Sinne der Gewährung des Rechtsschutzes war es auch der klagenden und nichtklagenden Partei möglich, gegen ein Urteil – in

499 Vgl. Eichmann/Mörsdorf: Lehrbuch des Kirchenrechts III (9.), S. 245.

500 Vgl. can. 1991: „Adversus hanc declarationem defensor vinculi, si prudenter existimaverit impedimenta de quibus in can. 1990 non esse certa aut dispensationem super eisdem probabiliter intercessisse, provocare tenetur ad iudicem secundae instantiae, ad quem acta sunt transmittenda quique scripto monendus est agi de casu excepto." Eigene Übersetzung: „Entgegen dieser Feststellung ist der Bandverteidiger gehalten, wenn er einsichtig zu glauben meint, dass die Hindernisse in can. 1990 nicht sicher sind oder keine Dispens von denselben möglicherweise vorlag, beim Richter zweiter Instanz Berufung einzulegen, an welchen die Akten zu übermitteln sind und der schriftlich aufmerksam zu machen ist, dass es sich um einen Ausnahmefall handelt."

501 Vgl. can. 1992: „Iudex alterius instantiae, cum solo interventu defensoris vinculi, decernet eodem modo de quo in can. 1990, utrum sententia sit confirmanda, an potius procedendum in causa sit ad ordinarium tramitem iuris; quo in casu eam remittit ad tribunal primae instantiae." Eigene Übersetzung: „Der Richter zweiter Instanz, bei alleiniger Intervention des Bandverteidigers, entscheidet in der gleichen Weise wie in can. 1990, ob das Urteil zu bestätigen ist oder ob in dem Fall vielmehr zu verfahren ist nach dem ordentlichen Prozessweg; der in diesem Fall an das Gericht erster Instanz zurückgegeben wird."

diesem Fall kommt in aller Regel nur ein negatives Urteil in Betracht – Berufung einzulegen, durch das sie sich begründbar beschwert oder benachteiligt gefühlt haben. Vorgesehen war eine ausschließende Nutzfrist von zehn Tagen nach der ordnungsgemäßen Verkündigung und Bekanntgabe des Urteils, um Berufung gegen ein Urteil einzulegen. Ausgeschlossen war die Berufung gegen ein Urteil des Papstes sowie der Apostolischen Signatur. Die Verfahrensdauer in zweiter Instanz war auf ein Jahr begrenzt.

Es ist selbstverständlich, dass sich auch die zum CIC/17 gehörende Eheprozessordnung, die Instruktion *Provida Mater Ecclesia*, mit der Berufungsthematik beschäftigte. Diese behandelte in den Artt. 212–223 PME die Berufung bei Ehenichtigkeitsverfahren. So wurde in Art. 212 § 3 PME geregelt, dass der am Verfahren beteiligte Ehebandverteidiger auch in dem Fall Berufung gegen ein affirmatives Urteil der ersten Instanz einlegen musste, wenn bereits eine der Parteien von dem Rechtsmittel Gebrauch gemacht hatte.[502] Dieser Umstand lässt auf eine Annahme hinsichtlich der *mens legislatoris* schließen, nach der nicht auf das grundsätzliche Einlegen der Berufung gegen das Urteil abgestellt wurde, sondern dies explizit durch den Ehebandverteidiger zu erfolgen hatte, damit dieser die Vorgaben von can. 1986 erfüllte.[503] Im Hintergrund dieser Regelung könnte auch stehen, dass die Berufung idealerweise auch begründet war und der Ehebandverteidiger damit über ein Instrument verfügte, mit welchem er nach Lektüre des Urteilstenors über seine Animadversiones hinausgehenden Feststellungen machen und Stellungnahmen abgeben konnte, die in das Verfahren der zweiten Instanz einflossen.[504] Sollte es nach Meinung der Berufungsberechtigten erforderlich sein, war es nach Art. 216 § 1 PME sowohl für beide Parteien, als auch den Ehebandverteidiger möglich, anstelle der regulären Berufungsinstanz die Berufung direkt bei der Römischen Rota einzulegen.[505] Der Instanzensprung nach Rom führte nach Art. 216 § 2 PME dazu, dass die Römische Rota ausschließlich und allein dafür zuständig wurde, über die eingelegte Berufung zu entscheiden. Die Kompetenz der Römischen Rota wurde insbesondere durch die Betrachtung von Art. 216 § 3 PME deutlich, der besagt, dass selbst dann, wenn das reguläre Berufungsgericht angerufen worden war, der Fall auf Antrag bei der Römischen Rota behandelt werden konnte.[506] Um

502 Koeniger: Eheprozessordnung, S. 121.
503 Vgl. Fn. 480.
504 Vgl. Eichmann/Mörsdorf: Lehrbuch des Kirchenrechts III (9.), S. 242.
505 Vgl. Koeniger: Eheprozessordnung, S. 152.
506 Vgl. Eichmann/Mörsdorf: Lehrbuch des Kirchenrechts III (9.), S. 243.

ungerechtfertigte Verfahrenswiederholungen und Dopplungen zu vermeiden, sieht Art. 218 § 1 PME vor, dass ein Fall nicht erneut von einem Gericht derselben Instanz erneut verhandelt werden konnte, wenn bereits ein Urteil ergangen war. Auch wenn neue Beweise vorgelegt werden konnten, musste sich die klagende Partei an die nächste Instanz wenden, wenn es sich um die gleiche Ehe und die identischen Nichtigkeitsgründe wie bei der ersten Verhandlung des Falls handelte.[507] Diese Regelung geht auf eine authentische Interpretation von can. 1989 aus dem Jahr 1931 zurück und wurde sinnvollerweise auch in der Eheprozessordnung ergänzt.[508]

Mit der *appellatio perempta* – frei übersetzt mit dem Erlöschen der Berufung – führte die Instruktion *Provida Mater Ecclesia* durch die Verwendung der genannten Phrase in Art. 217 § 1 PME und Art. 221 § 3 PME einen neuen rechtssprachlichen Begriff ein. Hierbei handelte es sich nicht um eine sachlich-inhaltliche Neuerung, sondern ausschließlich die Begrifflichkeit stellte ein Novum dar.[509] Es wurde also kein neues Recht geschaffen – was im Rahmen einer Instruktion auch nicht erfolgen sollte – sondern die prozessrechtlichen Bestimmungen aus den cann. 1736–1737, die das Erlöschen eines Rechtszuges regeln, wurden namentlich auch auf die Berufung bei Ehenichtigkeitsverfahren angewendet. Die vorgegebene zeitliche Frist, nach der es zum Erlöschen des Rechtszuges kam, falls kein prozessualer Akt vorgenommen wurde, lag bei Verfahren in der ersten Instanz bei zwei Jahren und bei Verfahren in der zweiten Instanz bei einem Jahr.[510] Nach Ablauf der genannten Frist erlosch der Rechtszug, das Verfahren war also ohne Urteil *eo ipso* rechtmäßig beendet.[511] Der genannte

507 Vgl. Art. 218 § 2 PME und Koeniger: Eheprozessordnung, S. 125.

508 Vgl. Pontificia Commissio ad Codicis Canones Authentice Interpretandos (1931): Responsa ad Proposita Dubia. III. De Causis Matrimonialibus. In: AAS, 23, n. 9, S. 353.

509 Vgl. Mörsdorf: Zur Eheprozeßordnung, S. 369.

510 Vgl. can. 1736: „Si nullus actus processualis, quin aliquod obstet impedimentum, ponatur in tribunali primae instantiae per biennium aut in gradu appellationis per annum, instantia perimitur, et in altero casu sententia per appellationem oppugnata transit in rem iudicatam." Eigene Übersetzung: „Wenn kein prozessualer Akt, selbst wenn kein Hindernis entgegenstünde, vor ein Gericht erster Instanz für zwei Jahre oder in der Berufungsinstanz für ein Jahr gestellt werde, wird die Instanz erloschen und im anderen Fall wird das Urteil durch die angegangene Berufung in eine entschiedene Sache überführt."

511 Vgl. can. 1737: „Peremptio obtinet ipso iure et adversus omnes, minores quoque aliosve minoribus aequiparatos, eaque ex officio etiam excipi debet, salvo iure regressus ad indemnitatem adversus tutores, administratores, procuratores qui culpa se caruisse

Art. 217 PME stützte sich auf die Tatsache, dass Urteile in Personenstandssachen – wie es can. 1903 regelte – nie in Rechtskraft erwachsen konnten.[512] Die Artt. 213 und 267 PME behandeln Fragen nach der Zusammensetzung und der Arbeitsweise des Gerichts in der zweiten Instanz. Sie legten fest, dass das Berufungsverfahren identisch mit dem Gerichtsverfahren, das in der ersten Instanz stattgefunden hat, ablaufen musste.[513] Mit dieser Normierung, die eigentlich als erwartbar vorausgesetzt werden konnte, wollte der Gesetzgeber die Gefahr von Missbrauch eindämmen. So könnte in der zweiten Instanz ein gewisser Laxismus auftreten, da die vollständigen Prozessakten einschließlich aller Partei- und Zeugenaussagen bereits vorlagen und von Seiten der Parteien nach einem ersten affirmativen Urteil in aller Regel die Erwartungshaltung bestand, möglichst schnell wieder heiraten zu dürfen.[514] Kam es bei Fragen der Berufung zu Streitigkeiten oder Problemen, so waren diese gemäß Art. 215 § 2 PME direkt vom Berufungsgericht selbst zu entscheiden, damit kein Akt der Verfahrensverzögerung stattfinden konnte, sollte erst ein fremdes Gericht mit der Entscheidung der Streitigkeiten betraut werden; eine zeitliche Vorgabe wurde allerdings nicht gemacht.

Zusammenfassend lässt sich feststellen, dass die Eheprozessordnung *Provida Mater Ecclesia* die Bestimmungen des CIC/17 weitgehend übernommen sowie in neuer Systematik, angepasst auf Ehenichtigkeitsverfahren, zusammengestellt und um weitere Ausführungsbestimmungen ergänzt hat. Explizit geklärt wurde eine offene Frage dahingehend, dass der Ehebandverteidiger auch dann verpflichtet war, Berufung gegen ein Urteil einzulegen, wenn sich bereits eine oder beide Parteien gegen das Urteil ausgesprochen und Berufung eingelegt hatten. Damit wird deutlich, dass nicht die Berufung *per se* vom Gesetzgeber gefordert wurde, sondern dass diese auch *eo ipso* durch den Ehebandverteidiger zu erfolgen hatte. Gleichzeitig wurde der neue rechtssprachliche Begriff der

---

non probaverint." Eigene Übersetzung: „Die Erlöschung hat Geltung für das Gesetz und gegenüber allen, Minderjährigen und solchen, die Minderjährigen gleichgestellt sind und ferner die von Amts wegen ausgenommen werden müssen, unbeschadet dem Rechtsanspruch auf Entschädigung gegenüber Vormündern, Verwaltern, Prokuratoren, die sich nicht geprüft haben, frei von Schuld zu sein."

512 Vgl. Morhard, Anton (1995): Die gerichtliche Berufung im kanonischen Recht. Eine Analyse des klassischen „remedium iuris". In: AIC, 1. Lang: Frankfurt, S. 205, Anm. 403.

513 Vgl. Koeniger: Eheprozessordnung, S. 123.

514 Vgl. Cox, Craig (2000): The Contentious Trial (cc. 1501–1670). In: New Commentary. Paulist Press: New York, S. 1655–1753, hier: S. 1739.

erlöschenden Berufung eingeführt, der inhaltlich bereits im CIC/17 vorhanden war. Die Berufung erlosch, wenn beim Verfahren bei der Berufungsinstanz innerhalb eines Jahres kein prozessualer Akt gesetzt wurde.

Besonders interessant wird es im Folgenden, wenn die Frage nach der Berufung oder Appellation in rechtsverbindlicher Form zum ersten Mal in der nachkonziliaren Gesetzgebung berücksichtigt wird. Diese fußt im Wesentlichen auf dem Zweiten Vatikanischen Konzil und sollte bereits im Hinblick auf die Erstellung eines neuen Kodex in der Übergangszeit bis zu dessen Promulgation die Neuerungen des Konzils umsetzen. Ehenichtigkeitsverfahren wurden hierbei durch das M. P. *Causas Matrimoniales* und hier insbesondere in den Nrn. VIII-XIII CM behandelt. Es wird in Nr. VIII § 1 CM erneut die Pflicht des Ehebandverteidigers verwiesen, Berufung gegen affirmative Urteile der ersten Instanz einzulegen, so wie dies bereits der CIC/17 geregelt hatte.[515] Erneut war es die Aufgabe des Vorsitzenden des Richterkollegiums, den Ehebandverteidiger aufzufordern, Berufung einzulegen, sollte dieser seiner Verpflichtung nicht nachkommen.[516] Doch auch wesentliche Neuerungen wurden in die Normierungen integriert: So war der Ehebandverteidiger verpflichtet, gemäß Nr. VIII § 2 CM neben seiner Berufung dem Gericht der zweiten Instanz auch eine Stellungnahme zukommen zu lassen, in welcher er darlegte, ob und welche Einwände er gegen das Urteil hatte, d. h. ob er auch Berufung eingelegt hätte, wenn es dazu keine Pflicht gegeben hätte.[517] Diese Regelung stellte ein Novum dar; sie war weder in can. 1986 noch in Art. 212 § 2 PME vorgesehen.[518]

Die entscheidende Neuerung des M. P. *Causas Matrimoniales* im Hinblick auf die Berufungsfrage war die Möglichkeit der Dekretbestätigung: Das Richterkollegium in der zweiten Instanz konnte nach Prüfung der Prozessakten und der angeforderten Unterlagen gemäß Nr. VIII § 3 CM per Dekret die in erster Instanz festgestellte Nichtigkeit der Ehe direkt bestätigen.[519] Die Durchführung eines regulären Eheprozesses in der zweiten Instanz wurde obsolet, es sei denn, das Richterkollegium stellte fest, dass eine Dekretbestätigung nicht möglich war und verwies damit den Fall *eo ipso* auf den ordentlichen Prozessweg.[520] Gegen

515 Vgl. Eichmann, Eduard; Mörsdorf, Klaus (1979): Lehrbuch des Kirchenrechts auf Grund des Codex Iuris Canonici. III. Band: Prozeß- und Strafrecht. In: WH.T. Elfte Auflage. Schöningh: Paderborn/München/Wien/Zürich, S. 251.

516 Vgl. Nr. VIII § 1 CM.

517 Vgl. Eichmann/Mörsdorf: Lehrbuch des Kirchenrechts III (11.), S. 251.

518 Vgl. Fn. 480.

519 Vgl. Rehak: Das Recht und die Pflicht des Ehebandverteidigers, S. 9.

520 Vgl. Eichmann/Mörsdorf: Lehrbuch des Kirchenrechts III (11.), S. 251–252.

das erlassene Dekret konnten sowohl der Ehebandverteidiger, als auch die Prozessparteien nach Nr. IX § 1 CM gegenüber dem Berufungsgericht der dritten Instanz – in aller Regel die Römische Rota – Beschwerde einzulegen, allerdings nur, wenn „neue und schwerwiegende Beweisgründe" aufgetaucht und „unmittelbar zur Hand" waren.[521] Die Dekrete zur Bestätigung des Urteils hatten an der Römischen Rota einen Umfang von etwa fünf bis 20 Seiten.[522] Hatte der Ehebandverteidiger die Beschwerde form- und fristgerecht eingelegt, so hatte der Ehebandverteidiger der dritten Instanz nach Nr. IX § 2 CM die Möglichkeit, von dieser Beschwerde zurückzutreten, mit der Folge, dass der Rechtsstreit an dieser Stelle beendet wäre. Hatte allerdings die klagende oder nichtklagende Partei die Beschwerde eingelegt, so musste das Gericht der dritten gemäß Nr. IX § 2 CM entweder per Dekret die Beschwerde abweisen oder ein reguläres Ehenichtigkeitsverfahren in der dritten Instanz durchführen.[523]

Die Möglichkeit der Bestätigungen von Urteilen aus der ersten Instanz per Dekret war zwar ein prozessrechtliches Novum, dennoch wurde bereits vor der Veröffentlichung des M. P. *Causas Matrimoniales* in der Kanonistik darüber diskutiert und debattiert. Hierbei wurde ein Vorschlag der Deutschen Offizialenkonferenz von 1966 aufgegriffen und modifiziert übernommen: Es wurde vorgeschlagen, dass zwar an der Pflichtberufung durch den Ehebandverteidiger nach affirmativen Urteilen der ersten Instanz festgehalten werden sollte, allerdings sollte der Ehebandverteidiger der zweiten Instanz die Kompetenz erhalten, nach Sichtung der Akten beim Berufungsgericht zu beantragen, auf ein Verfahren zu verzichten und damit das Urteil der ersten Instanz als vollstreckbar zu erklären.[524] In ähnlicher Weise äußerte sich auch Audomar Scheuermann im Vorfeld der Promulgation des Motu Proprio, indem er ein Umdenken bezüglich der zweiten Pflichtinstanz forderte und vorschlug, dass bei eindeutigen Ehenichtigkeitsfällen die zweite Instanz von Amts wegen entfallen sollte.[525] Die

521 Vgl. Morhard: Die gerichtliche Berufung im kanonischen Recht, S. 205–206.

522 Vgl. Schöch, Nikolaus (2000): Bestätigung durch Dekret, ordentliches Verfahren oder Nichtigkeitsbeschwerde: Überlegungen zur Vorgehensweise der Berufungsgerichte anhand der neuesten Rotajudikatur. In: DPM, 7. Lang: Frankfurt, S. 99–149, hier: S. 146.

523 Vgl. Morhard: Die gerichtliche Berufung im kanonischen Recht, S. 252–253.

524 Vgl. Deutsche Offizialenkonferenz (1966): Entschließungen der Deutschen Offizialenkonferenz zur Reform des Eheprozessrechts. In: Periodica, 58. Rom, S. 577–582, hier: S. 581.

525 Vgl. Scheuermann, Audomar (1967): Vorschläge zum kirchlichen Eheprozessrecht. In: AfkKR, 136. Kirchheim & Co: Mainz, S. 3–45, hier: S. 34–35.

eingeführte Bestätigung per Dekret schien beide Vorschläge sowie die an ihnen geäußerte Kritik inhaltlich zu würdigen, kombinierte beide und führte sie in einem für den Gerichtsalltag praktikablen *modus operandi* zusammen.

Auch die vom CIC/17 und die Instruktion *Provida Mater Ecclesia* behandelten Spezialfälle wurden wieder im M. P. *Causas Matrimoniales* aufgenommen.[526] Es ging um solche Fälle, bei denen fast mit Sicherheit davon ausgegangen werden konnte, dass die Ehe nichtig war und dieser Umstand durch authentische Dokumente belegt werden konnte. In diesem Fall sollte den Parteien und dem Gericht ein Eheprozess erspart werden können. Neu war, dass auf die Aufzählung einzelner bestimmter Ehehindernisse verzichtet wurde, da nach Nr. X CM das Vorliegen eines Ehehindernisses *per se* ausreichend war.[527] Waren die Voraussetzungen gegeben, so konnte der Ordinarius unter Beteiligung des Ehebandverteidigers ohne Durchführung eines Ehenichtigkeitsverfahrens die Nichtigkeit der Ehe erklären, wenn beide davon überzeugt waren. Auf dieselbe Weise konnte der Ordinarius unter Beteiligung des Ehebandverteidigers gemäß Nr. XI CM die Ehenichtigkeit erklären, wenn offensichtlich ein Formfehler zum Zeitpunkt der Eheschließung vorlag. Zum Schutz des Ehesakraments wurde der Ehebandverteidiger nicht nur beteiligt, sondern er konnte, „wenn er die begründete Meinung hat[te]“[528], dass die Ehe entweder nicht oder nicht offensichtlich genug nichtig war, nach Nr. XII CM beim Gericht der zweiten Instanz unter Hinweis auf das Vorliegen dieses Sonderfalls Berufung einlegen.[529] Der Richter in der zweiten Instanz konnte nun entweder das Urteil des Ordinarius bestätigen oder ein ordentliches Verfahren anstoßen, welches nach Nr. XIII CM wieder vom Gericht der ersten Instanz durchgeführt werden musste. Es lässt sich festhalten, dass das Berufungsverfahren stark vereinfacht worden ist, indem ein affirmatives Urteil in der ersten Instanz nun von der zweiten Instanz per Dekret bestätigt werden konnte, ohne dass ein reguläres Ehenichtigkeitsverfahren durchgeführt werden musste.[530]

Dennoch ist es wichtig, einige ergangene authentische Interpretationen zu beachten, die wegen des nachvollziehbaren Fehlens einer Eheprozessordnung zum M. P. *Causas Matrimoniales* im Folgenden separat gewürdigt werden müssen. Die Interpretationskommission für Dekrete des Zweiten Vatikanischen

---

526 Vgl. Fnn. 508, 510 und 511.

527 Vgl. Eichmann/Mörsdorf: Lehrbuch des Kirchenrechts III (11.), S. 253–254.

528 Nr. XII CM.

529 Vgl. Eichmann/Mörsdorf: Lehrbuch des Kirchenrechts III (11.), S. 255–256.

530 Vgl. Schmitz: Kirchliches Prozeßrecht, S. 12.

Konzils hatte festgestellt, dass ein Berufungsgericht zweiter Instanz ein Urteil auch dann per Dekret nach Nr. VIII § 3 CM bestätigen könne, wenn sowohl eine der Parteien als auch der Ehebandverteidiger Berufung eingelegt hätten. Dagegen entfiel die Möglichkeit der Dekretbestätigung für das Berufungsgericht in der dritten Instanz, wenn in erster Instanz ein affirmatives, in zweiter Instanz aber ein negatives Urteil gefällt worden war. Die Durchführung eines regulären Ehenichtigkeitsverfahrens der dritten Instanz war in dieser Fallkonstellation obligatorisch.[531] Auch wurde festgestellt, dass ein Dekret zur Bestätigung eines Urteils nach den Normen von Nr. VIII § 3 CM mit einer kurzen, wenigstens summarischen Zusammenfassung versehen werden musste, in welcher die Entscheidung des Berufungsgerichts kurz begründet wurde.[532] Die Änderungen, die durch das M. P. *Causas Matrimoniales* am prozessualen Ablauf der Ehenichtigkeitsverfahren vorgenommen wurden, wurden „überall mit großer Zustimmung aufgenommen"[533].

Zusammenfassend lässt sich feststellen, dass in der nachkonziliaren Gesetzgebung, im Fall von Ehenichtigkeitsverfahren durch das M. P. *Causas Matrimoniales*, die Pflicht des Ehebandverteidigers zum Einlegen der Berufung bei affirmativen Urteilen erster Instanz übernommen und bestätigt wurde. Ergänzt wurde die Verpflichtung, dass er nicht nur die Berufung einschließlich Begründung, sondern auch eine zusätzliche Stellungnahme einzureichen hatte, in welcher er darlegt, ob er aus sachlicher Sicht tatsächlich Einwände gegen das Urteil, das die Nichtigkeit der Ehe festgestellt hatte, vorbringen konnte oder ob er ausschließlich seiner gesetzlichen Pflicht nachkommt. Die zentralste Neuerung, die die Ehenichtigkeitsverfahren offensichtlich wesentlich beschleunigte und große Auswirkungen auf den Gerichtsalltag hatte, war die Möglichkeit des Berufungsgerichts, das affirmative Urteil der ersten Instanz per Dekret, also ohne ordentliches Ehenichtigkeitsverfahrens, zu bestätigen. Hierbei handelte es sich um keinen Verwaltungsakt, sondern das Richterkollegium sowie der Ehebandverteidiger und – falls er am Eheverfahren beteiligt war – der Kirchenanwalt traten zusammen und mussten kollegial entscheiden, ob das Urteil der ersten Instanz per Dekret bestätigt werden konnte. Diese Bestätigung per Dekret war

---

531 Vgl. Pontificia Commissio Decretis Concilii Vaticani II Interpretandis (1973): Responsum ad proposita dubia. De appellationibus in causis matrimonialibus. In: AAS, 65, n. 11, S. 620.

532 Vgl. Pontificia Commissio Decretis Concilii Vaticani II Interpretandis (1974): Responsum ad propositum dubium. De decreto ratihabitionis in causis matrimonialibus. In: AAS, 66, n. 8, S. 463.

533 Schöch: Bestätigung durch Dekret, S. 100.

unabhängig davon möglich, wer die Berufung eingelegt hatte. Diese Verfahrensmöglichkeit stellte eine wesentliche Vereinfachung der Eheprozesse dar, insbesondere aus zeitlicher Hinsicht und sowohl für die beteiligten Parteien, die im Idealfall wesentlich schneller eine neue Ehe schließen konnten, als auch für die Gerichte, die nicht mehr generell in zweiter Instanz ordentliche Ehenichtigkeitsverfahren führen mussten.

3.2 Berufungsmöglichkeiten seit dem CIC/83

Die im Kontext der vorliegenden Arbeit zentrale Berufungs-Thematik wird im CIC/83 in den cc. 1628–1640 für die allgemeinen prozessrechtlichen Normen und in den cc. 1682–1684⋆ für die eheprozessrechtlichen Spezialnormen behandelt. Dennoch finden sich auch außerhalb der genannten Normbereiche weitere, verstreut zu findende Kanones, die Aussagen über das Rechtsmittel der Berufung beinhalten.[534] Das Rechtsmittel der Berufung wurde im Verlauf der Kodex-Reform nicht hinterfragt, weil es nur in einer idealen Umgebung möglich wäre, dass alle Richter identische Fakten auf identische Art und Weise und mit demselben Ergebnis untersuchen würden.[535] Außerdem gründet das Recht auf Berufung im Naturrecht.[536] Wohlwissend, dass es diese idealen Bedingungen in der alltäglichen Gerichtspraxis nicht gibt und unter Bezug auf die Regelungen zum Rechtsschutz nach c. 221 behandelt und integriert der CIC/83 prozessuale Berufungsmöglichkeiten. Während es zur Geltungszeit des CIC/17 üblich war, dass ein Ehenichtigkeitsverfahren ausschließlich aus einem einzigen Nichtigkeitsgrund geführt wurde und das Berufungsgericht lediglich die Möglichkeit hatte, diesen einen spezifischen Grund anzunehmen oder abzulehnen[537] – man sprach vom Prinzip der *attentata*[538] – wurde es mit dem CIC/83 üblich, die Verfahren hinsichtlich der Klagegründe auf eine breitere Basis zu stellen und damit dem Berufungsgericht einen größeren Spielraum einzuräumen.[539] Auf eine insbesondere den beiden beteiligten Prozessparteien zu Gute kommende Änderung sei an dieser Stelle verwiesen: Die Dauer von Ehenichtigkeitsverfahren in

534 Vgl. Morhard: Die gerichtliche Berufung im kanonischen Recht, S. 190–193.

535 Vgl. Robitaille: The Formulation of the Doubt, S. 619.

536 Vgl. Schöch: Synopse der Veränderungen, S. 347.

537 Vgl. can. 1891 § 1.

538 Vgl. Hohenlohe: Das Prozessrecht des Kodex Iuris Canonici, S. 71.

539 Vgl. Beal, John P. (2010): What is an Appellate Court to do? Procedural Considerations When Declaring Equivalent Conformity of Sentences. In: The Jurist, 70(2). Catholic University of America: Washington, S. 368–395, hier: S. 370.

der zweiten Instanz wurde nach c. 1453 mit einer Höchstgrenze von einem halben Jahr festgeschrieben.[540] Die Berufungsinstanz hat also nur die Hälfte der Zeit zur Verfügung, die derselbe Kanon für die Durchführung eines ordentlichen Ehenichtigkeitsverfahrens in der ersten Instanz vorsieht. Die vom Gesetzgeber vorgesehene Gesamtdauer von Eheverfahren bei der Berücksichtigung von zwei Pflichtinstanzen lag also bei eineinhalb Jahren.[541] In der Praxis wird man von einer regulären Dauer des Verfahrens über zwei Instanzen zwischen zwei und zweieinhalb Jahren ansetzen müssen.[542] Im Vergleich zu den zeitlichen Vorgaben des CIC/17, der eine maximale Verfahrensdauer von einem Jahr für die zweite Instanz veranschlagt hatte, lässt sich also eine Halbierung konstatieren.[543] Obwohl die Urteile der ersten Instanz nicht vollstreckbar waren, solange nicht eine *duplex sententia conformis* vorlag, aber es sich dennoch um gültige richterliche Urteile handelte, konnte das Berufungsgericht diese nicht an das Gericht der ersten Instanz zurückverweisen, sofern keine Irregularitäten vorlagen.[544]

Die Möglichkeit der Bestätigung von affirmativen Urteilen der ersten in der zweiten Instanz als eine der zentralsten Änderungen der nachkonziliaren Gesetzgebung in Nr. VIII CM wurde in den c. 1682⋆ § 2 des CIC/83 übernommen.[545] Dies führte nicht nur zur gewünschten Verkürzung des Verfahrens von der Klageerhebung bis zum Vorliegen eines vollstreckbaren Urteils bei Ehenichtigkeitsverfahren, sondern es bewährte sich bereits in der Praxis zwischen den Promulgationen des M. P. *Causas Matrimoniales* und dem CIC/83.[546] In c. 1682⋆ § 2 wurde geregelt, dass anstatt der Durchführung eines regulären Eheverfahrens in der zweiten Instanz das Urteil der ersten Instanz per Dekret und ohne Verfahren bestätigt werden konnte.[547] Dieses Vorgehen stellte zweifellos die häufigste Form der Verfahren in der zweiten Instanz dar.[548] Über Rechtsmittel, die den Parteien

540 Vgl. Ruf: Das Recht der katholischen Kirche, S. 387–388.

541 Vgl. Zirkel: Müssen kirchliche Eheprozesse Jahre dauern, S. 21.

542 Vgl. Pulte: Die Tätigkeit der Offizialate, S. 35.

543 Vgl. can. 1620.

544 Vgl. Robitaille: The Formulation of the Doubt, S. 618.

545 Vgl. Rambacher: HdbKathKR, Eheverfahren, S. 1705.

546 Vgl. Cox, Craig (2000): Marriage Processes (cc. 1671–1707). In: New Commentary. Paulist Press: New York, S. 1760–1789, hier: S. 1775.

547 Vgl. Feldhans, Verena (2007): Die Berufung im Ehenichtigkeitsprozess. Ein Vergleich von Codex Iuris Canonici und Dignitas Connubii. In: DPM, 14. Lang: Frankfurt, S. 217–240, hier: S. 231.

548 Vgl. Schöch: Das Bestätigungsdekret in zweiter Instanz bei mehreren Klagegründen, S. 462.

im Anschluss an die Bestätigung eines Urteils zukamen, schwieg der CIC/83.[549] Kam keine Bestätigung des affirmativen Urteils erster Instanz durch Dekret in Frage, so war ein ordentliches Ehenichtigkeitsverfahren zweiter Instanz durchzuführen[550]. Die Bestätigung per Dekret war nur möglich, wenn es sich um ein affirmatives Urteil aus der Vorinstanz handelte, welches nicht an Nichtigkeit litt, da der Streitgegenstand materieller Natur sein musste.[551] In der Berufungsinstanz konnten nach c. 1683* neue Nichtigkeitsgründe zugelassen werden. Entscheidungen über deren Vorliegen fanden allerdings – prozessual betrachtet – in der ersten Instanz statt. Auch das Rechtsinstitut der doppelten Urteilskonformität wurde durch die Normierungen von c. 1684* § 1 beibehalten[552] und sicherte so die Qualität der Urteile ab.[553] Starb an diesem Punkt des Verfahrenslaufs eine der beteiligten Parteien, bevor die Bestätigung des affirmativen Urteils per Dekret erfolgen konnte, geriet das Verfahren in die Schwebe.[554] Der formale Ablauf wurde verfahrenstechnisch weiter optimiert: Nach c. 1682* § 1 musste ein affirmatives Urteil der ersten Instanz „von Amts wegen dem Berufungsgericht" übermittelt werden.[555] Dieses Vorgehen diente der Kontrolle des Urteils.[556] Um es rechtssprachlich präzise auszudrücken, wurde nicht der Fall an das Berufungsgericht übermittelt, sondern lediglich die Akten.[557] Damit wurde nun endgültig die Pflicht des Ehebandverteidigers, gegen ein Urteil, das die Nichtigkeit der Ehe festgestellt hatte, Berufung einzulegen, abgeschafft.[558] Klaus Lüdicke

549 Vgl. Lagges, Patrick R. (2009): Canons 1444 and 1682, §2. Appeal of Marriage Nullity Cases before the Tribunal of the Roman Rota. In: Roman Replies and CLSA Advisory Opinions, 25. Canon Law Society of America: Washington, S. 139–142, hier: S. 140.

550 Vgl. Canonico, Marco (2008): Note di Commento all'Istruzione Dignitas Connubii sul Processo Matrimoniale Canonico [= Collana del Dipartimento di Diritto Pubblico, 17]. Giappichelli: Torino, S. 68.

551 Vgl. Lüdicke: Berufung gegen ein nichtiges Urteil, S. 458, 460.

552 Vgl. Cox: Marriage Processes, S. 1777–1778.

553 Vgl. Costigane, Helen; Hurley, James (2010): Why have a Tribunal of Second Instance? In: Duddington, John (Hg.): Law & Justice: The Christian Law Review, 165. Edmund Plowden Trust: Worcester, S. 117–123, hier: S. 117.

554 Vgl. Ingoglia, Antonio (2004): Osservazioni sull'esecutività della sentenza pro nullitate matrimonii non confermata dal tribunale d'appello. In: Il Diritto Ecclesiastico, 115(1). Giuffrè: Milano, S 47–57, hier: S. 47.

555 Vgl. Rambacher: HdbKathKR, Eheverfahren, S. 1704.

556 Vgl. Schöch: Das Bestätigungsdekret in zweiter Instanz bei mehreren Klagegründen, S. 461.

557 Vgl. Canonico: Note di Commento all'Istruzione Dignitas Connubii, S. 65.

558 Vgl. Lüdicke: MKCIC (16.), c. 1682, Rn. 1.

kritisiert diese Änderung als „systemwidrig“[559], weil die Übersendung der Akten nicht vergleichbar mit einer Pflichtberufung sei, liefert aber keine Argumente, sondern verweist nur in historischer Betrachtung auf die lange Existenz der Pflichtberufung. Im Verlauf der Kodex-Reform wurde die Frage diskutiert, ob es nicht sinnvoller wäre, die Pflichtberufung durch den Ehebandverteidiger beizubehalten.[560] Aus juristischen, pastoralen aber auch rein praktischen Erwägungen wurde diese Idee allerdings verworfen.[561] Der can. 347 SchProc sah die Verpflichtung des Ehebandverteidigers vor, gegen ein affirmatives Urteil Berufung einlegen zu müssen und – sollte er dieser Pflicht nicht nachkommen – wurde der Fall von Amts wegen weitergeleitet.[562] Hierbei handelte es sich um eine Verknüpfung der beiden diskutierten Möglichkeiten. Dies wurde allerdings in der

---

559 Lüdicke: LThK, Art. Appellation, Sp. 885.

560 Vgl. Pontificia Commissio Codici Iuris Canonici Recognoscendo (1966): Ex actis Pontificiae Commissionis Codici Iuris Canonici Recognoscendo. Coetus studiorum „De Processibus“ (Sessio I). In: Communicationes, 38(1). Pontificium Consilium de Legum Textibus: Roma, S. 23–60, hier: S. 32. Vgl. Pontificia Commissio Codici Iuris Canonici Recognoscendo (1969): Ex actis Pontificiae Commissionis Codici Iuris Canonici Recognoscendo. Coetus studiorum „De Processibus“ (Sessio VIII). In: Communicationes, 39(2). Pontificium Consilium de Legum Textibus: Roma, S. 291–312, hier: S. 302, 304, 308. Vgl. Pontificia Commissio Codici Iuris Canonici Recognoscendo (1970): Ex actis Pontificiae Commissionis Codici Iuris Canonici Recognoscendo. Coetus studiorum „De Processibus“ (Sessio X). In: Communicationes, 40(1). Pontificium Consilium de Legum Textibus: Roma, S. 120–142, S. 133–134. Vgl. Pontificia Commissio Codici Iuris Canonici Recognoscendo (1979): Acta Commissionis, Opera Consultorum in recognoscendis schematibus canonum: I. Coetus studiorum de Processibus. In: Communicationes, 11(2). Pontificium Consilium de Legum Textibus: Roma, S. 243–295, hier: S. 265–267.

561 Vgl. Lüdicke: MKCIC (16.), c. 1682, Rn. 1.

562 Vgl. can. 347 SchProc: § 1: „A sententia, matrimonii nullitatem primum declarante, vinculi defensor appellare debet intra legitimum tempus; quod si facere negligat, acta transmittantur ex officio, auctoritate praesidis, ad tribunal appellationis ad normam can. 290, et ad ulteriora procedatur, tanquam si appellatio a vinculi defensore proposita sit.“ § 2: „Vinculi defensor apud tribunal appellationis non potest appellationi adversus primam sententiam, quae matrimonii nullità tem declaraverit, renuntiare; quamprimum autem, accurate perpensis actis, debet scripto declarare utrum contra sententiam impugnatam quidpiam opponendum habeat necne.“ § 3: „Perpensis animadversionibus defensoris vinculi, de quibus in § 2, et, si qua sit, partis appellantis, collegium suo decreto vel decisionem impugnatam continenter confirmât vel ad ordinarium examen novi gradus causam admittit.“ § 4: „Praescripta can. 308 servanda sunt, etiam si sententia, quae matrimonii nulli ta tem declaraverit, non altera sententia sed decreto confirmata sit.“

Genese des Kanons durch can. 1634 SchCIC/80 dahingehend redigiert, dass der Fall grundsätzlich von Amts wegen an das Berufungsgericht übermittelt wurde und der Ehebandverteidiger in diesen automatischen Vorgang nicht mehr integriert war.[563] Mit dieser Regelung war die Plenaria nicht zufrieden, der Vorschlag wurde als „juristisch absurd und vernunftwidrig“[564] bezeichnet. Dennoch kam es zu keinen Änderungen mehr, weder am Inhalt, noch am Wortlaut.[565] Ein berechtigter Einwand, inwieweit ein Gericht gegen das eigene Urteil Berufung einlegen könne, wurde nicht weiter erläutert, möglicherweise war der Einwand ausreichend, dass es sich rechtssprachlich korrekt um eine *ulterior revisio* und keine *appellatio* im eigentlichen Sinne handle.[566] Auch Nikolaus Schöch übt daran Kritik und schlägt die Einführung der Rechtsfolge vor, dass die Übersendung die Vollstreckbarkeit des Urteils hemme oder analog zu einer ordentlichen Berufung zu behandeln sei.[567] Zusammenfassend stellt Klaus Lüdicke zur Diskussion über die doppelte Urteilskonformität für Ehenichtigkeitsverfahren im Rahmen der Kodex-Reformkommission fest: „Die Protokolle über die Einwände sind sehr knapp und lassen kaum Argumente erkennen“[568]. Im Ergebnis wurde für die Beibehaltung der *duplex sententia conformis* mit 46 von 59 Stimmen gestimmt, also mit deutlich mehr als zwei Dritteln der Stimmen.[569] Konsequenterweise findet keine „Berufung“ von Amts wegen statt, wenn das Urteil negativ ausgefallen ist, da im Hintergrund der Regelung die Rechtsgunst der Ehe nach c. 1060 steht. Es obliegt den beteiligten Parteien, Berufung gegen das Urteil einzulegen, da der Ehebandverteidiger im Falle eines negativen Urteils sicher

---

563 Vgl. can. 1634 SchCIC/80: § 1: „Sententia, quae matrimonii nullitatem primum declaraverit, una cum appellationibus, si quae sint et ceteris iudicii actis, intra viginti dies a sententiae publicatione ad tribunal appellationis ex officio transmittatur.“ § 2: „Si sententia pro matrimonii nullitate prolata sit in primo iudicii gradu, tribunal appellationis, perpensis animadversionibus defensoris vinculi et, si quae sint, etiam partium, suo decreto vel decisionem continenter confirmet vel ad ordinarium examen novi gradus causam admittat.“

564 Lüdicke: Zum Berufungssystem im kirchlichen Ehenichtigkeitsprozeß, S. 522.

565 Dies lässt sich an der inhaltlichen Übereinstimmung mit c. 1682* festmachen.

566 Vgl. Lüdicke: Zum Berufungssystem im kirchlichen Ehenichtigkeitsprozeß, S. 522–523.

567 Vgl. Schöch: Bestätigung durch Dekret, S. 102.

568 Lüdicke: Die Reform des kirchlichen Ehenichtigkeitsprozesses, S. 152.

569 Vgl. Pontificium Consilium de Legum Textibus Interpretandis (1991): Congregatio Plenaria. Diebus 20–29 octobris 1981 habita. In: Acta et Documenta Pontificiae Commissionis Codici Iuris Canonici Recognoscendo. Libreria Editrice Vati-cana: Città del Vaticano, S. 274.

keine Intention zur Nutzung dieses Rechtsmittels hat, ebenso wie ein möglicherweise beteiligter Kirchenanwalt.[570] Das Recht auf Berufung steht den beiden Parteien unabhängig vom Ausgang des Urteils nach c. 1628 zu.[571] Wurde ein Urteil der ersten Instanz von Amts wegen an die zweite Instanz übermittelt, oblag es dem Berufungsgericht, dieses nach den Vorgaben von c. 1682⋆ § 2 entweder per Dekret zu bestätigen oder ein ordentliches Ehenichtigkeitsverfahren zweiter Instanz durchzuführen.[572] Allerdings gilt in der Berufungsinstanz: „Wäre das erstinstanzliche Urteil nichtig, wäre das Berufungsurteil tatsächlich das erste (gültige) Urteil und folglich weiterer Berufung fähig."[573] Das Recht, eine neue Ehe zu schließen – sofern nicht andere Ehehindernisse oder Konsensmängel vorliegen – hatten die Ehepartner nach c. 1684⋆ § 1, wenn die Nichtigkeit der Ehe sowohl in erster, als auch in zweiter Instanz bestätigt wurde.[574] Die im CIC/17 vorgesehene Berufungsfrist von zehn Tagen nach Urteilsverkündigung bis zur Erlaubnis einer neuen Eheschließung,[575] wurde im CIC/83 nicht aufgenommen,[576] obwohl es sich bei dieser Dauer um eine „heilige Zahl"[577] handelte. Bei der Römischen Rota besteht die Möglichkeit, innerhalb einer 20-tägigen Frist Berufung einzulegen,[578] was vermutlich mit geographischen oder postalischen Schwierigkeiten zusammenhängt, die früher noch gravierender waren als heute.

Es existieren nur einige wenige Fälle, in denen es nicht möglich ist, gegen ein Urteil Berufung einzulegen. Diese werden für das Prozessrecht im Allgemeinen in c. 1629 aufgezählt.[579] Aus eheprozessrechtlicher Sicht – einige in dem genannten Kanon aufgeführte Gründe sind bei Eheverfahren obsolet – ist keine

570 Vgl. Mendonça, Augustine (1999): Aspetti Stratturali e Funzionali del Tribunale di Appello nelle cause di Nullità di Matrimonio. In: Monitor Ecclesiasticus, 124. Fondazione Monitor Ecclesiasticus: Roma, S. 378–404, hier: S. 379.

571 Vgl. Aymans/Mörsdorf/Müller: KanR IV, S. 502.

572 Vgl. Cox: Marriage Processes, S. 1775–1776.

573 Lüdicke: Berufung gegen ein nichtiges Urteil, S. 460.

574 Vgl. Ruf: Das Recht der katholischen Kirche, S. 416.

575 Vgl. Fn. 486.

576 Vgl. Fahrnberger, Gerhard (1986): Möglichkeiten einer rascheren Abwicklung kirchlicher Ehenichtigkeitsverfahren nach dem revidierten Codex Iuris Canonici. In: Lüdicke, Klaus; Paarhammer, Hans; Binder, Dieter A. (Hgg.): Recht im Dienste des Menschen. Eine Festgabe. Hugo Schwendenwein zum 60. Geburtstag. Styria: Graz, S. 299–323, hier: S. 319.

577 Müller: Die Berufung im kanonischen Prozessrecht, S. 151.

578 Vgl. Rota Romana (1994): Normae, 07.02.1994. In: AAS, 86, S. 508–540, Art. 104 § 1.

579 Vgl. Feldhans: Die Berufung im Ehenichtigkeitsprozess, S. 226.

Berufung möglich gegen ein Urteil des Papstes oder des Höchsten Gerichtshofs der Apostolischen Signatur,[580] sowie gegen ein nichtiges Urteil, da es sich in diesem Fall um kein Urteil handelt.[581] Wenn das Recht die Möglichkeit einräumt, gegen das Urteil eines Gerichtsverfahrens Berufung einzulegen, so können dies nach c. 1628 sowohl beide Prozessparteien tun, als auch der Kirchenanwalt, falls er am Prozess beteiligt gewesen ist, und der Ehebandverteidiger. Für das formal korrekte Vorgehen fordert c. 1630 § 1, dass die Berufung bei dem Richter einzulegen ist, gegen dessen Urteil die Berufung erfolgen soll, innerhalb einer 15-tägigen Frist nach Bekanntgabe des Urteils.[582] Der Grund für diese Norm liegt darin, dass dieser Richter sich im Anschluss an die Einlegung der Berufung jeder weiteren Rechtshandlung in dem jeweiligen Verfahren zu entziehen hat – diese allgemeinprozessrechtliche Norm zielt insbesondere auf Vollstreckungsdekrete ab, die es so bei Ehenichtigkeitsverfahren nicht gibt.[583] Auch wenn die Berufung form- und fristwahrend zunächst ohne Begründung eingelegt werden kann, so bedarf das Rechtsmittel nach c. 1634 § 1 einer inhaltlichen Begründung, damit sie von Rechts wegen weiterverfolgt und bearbeitet werden kann. Bei einem negativen Urteil der ersten Instanz kann die Berufung am Gericht zweiter Instanz weder nach einer zeitlichen Überschreitung der Berufungsfrist, noch weil keine neuen Gründe vorgebracht wurden, abgelehnt werden.[584] Die Prozessakten müssen gemäß c. 1634 § 3 iVm c. 1474 vom Gericht der ersten Instanz an das Berufungsgericht in notariell beglaubigter Abschrift übersendet werden.[585] Wurde die Berufung form- und fristgerecht eingelegt, so hat sie nach c. 1353 aufschiebende Wirkung und hemmt gemäß c. 1638 die Vollstreckung des angefochtenen Urteils. Folgerichtig betrifft diese Konsequenz nach den Regelungen von c. 1637 § 1 alle am Prozess beteiligten Parteien.[586] Da es sich bei Ehenichtigkeitsverfahren um Personenstandsverfahren handelt, können die erwachsenen Urteile nach c. 1643 nicht rechtskräftig werden,[587] sie werden

580 Vgl. c. 1620 n. 1.
581 Vgl. c. 1620 n. 2.
582 Vgl. Feldhans: Die Berufung im Ehenichtigkeitsprozess, S. 228.
583 Vgl. Müller: Die Berufung im kanonischen Prozessrecht, S. 151.
584 Vgl. Wegan, Martha (1995–1997): Berufungsfrist und Berufungsbegründung. In: ÖAKR, 44(1) [= Hugo Schwendenwein zum 70. Geburtstag]. Plöchl: Freistadt, S. 315–323, hier: S. 322.
585 Vgl. Aymans/Mörsdorf/Müller: KanR IV, S. 504–505.
586 Vgl. Ruf: Das Recht der katholischen Kirche, S. 353, 408.
587 Vgl. Morhard: Die gerichtliche Berufung im kanonischen Recht, S. 190–191.

allerdings vollstreckbar, denn die Gewährung einer neuen Eheschließung kann nicht provisorisch erfolgen.[588]

Weil der CIC/83 wie sein Vorgänger um eine Eheprozessordnung ergänzt worden ist, muss auch diese zur Darstellung und Beurteilung der Berufungsfrage herangezogen werden. Die Instruktion *Dignitas Connubii* behandelt u. a. Aspekte formaler Natur, dazu zählen z. B. in den Artt. 263–268 DC die Regelungen für die Übersendung der Akten und die Behandlung eines Berufungsfalls im Berufungsgericht. Die wesentlichen Bestimmungen zur materiellen Berufungsthematik finden sich in den Artt. 279–289 DC und werden im Folgenden dargestellt. Über die Frage des Instanzenzugs und der Notwendigkeit einer doppelten Urteilskonformität, die „zur Enttäuschung einiger Kanonisten und zur Erleichterung der anderen“[589] beibehalten wurde, ist bereits im Vorfeld der Veröffentlichung der neuen Eheprozessordnung heftig diskutiert worden. Trotz der bereits durch den CIC/83 in c. 1682* § 1 und in Art. 264 DC getroffenen Änderung an der bisherigen formalen Prozesspraxis, dass ein erstmals ergangenes affirmatives Urteil der ersten Instanz von Amts wegen an das Berufungsgericht weitergeleitet werden musste,[590] war der Ehebandverteidiger nach Art. 279 § 2 DC dennoch dazu verpflichtet, separat Berufung einzulegen, falls er begründete Zweifel an dem Urteil hatte.[591] Diese Akzentuierung[592] war notwendig geworden, da die Tendenz der Ehebandverteidiger dahingehend vorlag, keine Berufung einzulegen, da das Verfahren sowieso an das Berufungsgericht weitergeleitet werden musste. Weil aber das Berufungsgericht nach c. 1682* § 2 „in Würdigung der Stellungnahmen des Bandverteidigers“ die Entscheidung zu treffen hatte, ob das erstinstanzliche Urteil per Dekret bestätigt werden konnte oder ob ein ordentliches Ehenichtigkeitsverfahren geführt werden musste,[593] hatte der Ehebandverteidiger eine weitere Möglichkeit, seine argumentative Sicht des Falls dem Richterkollegium der zweiten Instanz darzulegen.[594]

Unabhängig von der Frage, ob in der Berufungsinstanz ein ordentliches Ehenichtigkeitsverfahren durchgeführt werden oder die Bestätigung durch ein Dekret erfolgen sollte, musste der anhängige Fall nach Art. 263 DC grundsätzlich von einem Richterkollegium durchgeführt werden, damit ein gültiger Rechtsakt

588 Lüdicke: Zum Berufungssystem im kirchlichen Ehenichtigkeitsprozeß, S. 509.
589 Pulte: Neue EPO zum CIC/1983, S. 133.
590 Vgl. Lüdicke: Eheprozeßordnung, S. 332.
591 Vgl. Erlebach: L'impugnazione della sentenza, S. 458.
592 Vgl. Rehak: Das Recht und die Pflicht des Ehebandverteidigers, S. 10.
593 Vgl. Feldhans: Die Berufung im Ehenichtigkeitsprozess, S. 233.
594 Lüdicke: Eheprozeßordnung, S. 357.

zustande kam.[595] Ein Bestätigungsdekret konnte gemäß Art. 265 § 1 DC erst dann erlassen werden, wenn die Prozessakten des Verfahrens aus der ersten Instanz nach Art. 265 § 3 DC vollständig beim Berufungsgericht vorhanden waren.[596] Mit dieser Einschränkung wollte der Gesetzgeber verhindern, dass zu schnelle Bestätigungen der erstinstanzlichen Urteile erfolgten, ohne dass die notwendige Prüfung des Falls, die wegen des Prinzips der Schriftlichkeit der Verfahren ausschließlich auf Grundlage der Akten möglich ist, vorgenommen wurde. Hierbei wurde ein besonderer Wert auf die Stellungnahme des Ehebandverteidigers gelegt, die dieser den Prozessakten beifügen musste. Zusätzlich war es möglich, auch von der klagenden und der nichtklagenden Partei ergänzende Stellungnahmen einzuholen, damit ein möglichst fundiertes Urteil mit moralischer Gewissheit getroffen werden konnte.[597] Die Prozessakten mussten nach Art. 265 § 4 DC eine zumindest summarische Begründung enthalten, die auf die Argumente oder Beweise rekurrierte, die zum Erlangen der moralischen Gewissheit geführt haben.[598] Sollte die zu behandelnde Ehesache nicht nur wegen eines Grundes, sondern wegen mehrerer Gründe für nichtig erklärt worden sein, so musste in der Berufungsinstanz gemäß Art. 265 § 6 DC auch nur mindestens einer dieser Gründe bestätigt werden können, damit ein Dekret zur Bestätigung des Urteils der ersten Instanz erlassen werden konnte.[599] Durch Art. 290 § 2 DC werden die Rechtsmittel und Möglichkeiten, die den Parteien nach zwei übereinstimmenden Urteilen zustehen, auch für die Bestätigung per Dekret zuerkannt.[600] Eine Bestätigung via Dekret war nach Art. 266 DC nicht möglich, wenn das Urteil der ersten Instanz negativ ausgefallen oder das Verfahren bereits in der dritten Instanz anhängig geworden, die Nichtigkeit also in zweiter Instanz festgestellt wurde.[601] In diesem Fall, der von der vom Gesetzgeber ins Auge gefassten prozessualen Regel der affirmativen Urteile in erster und zweiter Instanz abweicht, musste ein ordentliches Ehenichtigkeitsverfahren geführt werden, auch um der Rechtsgunst der Ehe nach c. 1060 gerecht zu werden.[602]

Die Eheprozessordnung *Dignitas Connubii* für den CIC/83 regelt in Art. 283 § 2 DC den Spezialfall, dass gegen dasselbe Urteil mehrere Berufungen

595 Vgl. ebd., S. 331.
596 Vgl. Feldhans: Die Berufung im Ehenichtigkeitsprozess, S. 232.
597 Vgl. Lüdicke: Eheprozeßordnung, S. 333–334.
598 Vgl. Pulte: Neue EPO zum CIC/1983, S. 134.
599 Vgl. Lüdicke: Eheprozeßordnung, S. 335–336.
600 Vgl. Lagges: Canons 1444 and 1682, §2, S. 140.
601 Vgl. Feldhans: Die Berufung im Ehenichtigkeitsprozess, S. 233.
602 Vgl. Lüdicke: Eheprozeßordnung, S. 337.

eingelegt werden, diese Berufungen aber nicht an das gleiche Gericht zweiter Instanz erfolgen, sondern auch die Römische Rota angerufen wurde. Diese Konkurrenzsituation in der Zuständigkeit wird dadurch behoben, dass nach Höherwertigkeit des Berufungsgerichts entschieden wird, wodurch die Römische Rota als höchstes Berufungsgericht der katholischen Kirche die alleinige Zuständigkeit für den Fall an sich zieht.[603] Dieses Vorgehen wird durch die Regelungen von Art. 283 § 3 DC bekräftigt, der die Übermittlung aller Prozessakten an die Römische Rota vorsieht, falls die Berufung an diese eingelegt worden ist. Dabei spielt es keine Rolle, zu welchem Zeitpunkt die Berufung an die Römische Rota eingelegt wird; sie übernimmt die Zuständigkeit auch dann, wenn die Prozessakten bereits bei einem anderen Berufungsgericht vorliegen.[604] Hat dieses andere Gericht aber bereits die Parteien vorgeladen, so ist nach c. 1415 die Zuständigkeit besiegelt und „die Berufung an die Römische Rota wird gegenstandslos“[605]. Zusammenfassend lässt sich über die Berufungsregelungen in *Dignitas Connubii* sagen, dass die Eheprozessordnung ihr Ziel erreicht hat, ein Vademekum für diejenigen zu sein, die in kirchlichen Gerichten praktisch aktiv werden und als Richter, Ehebandverteidiger, Kirchenanwälte oder sonstige Mitarbeiter tätig sind. Die Instruktion bietet Hilfestellungen und Vereinfachungen des teilweise komplizierten und interpretationswürdigen Prozessablaufs.[606] Interessant ist eine Beobachtung von Markus Müller, der feststellt, dass statt von dem in c. 1631 gewährten *ius appellandi* in Art. 282 DC nur noch von der *legitimas appellationis* die Rede ist, also über die Rechtmäßigkeit der Berufung zu entscheiden ist, wenn darüber eine Streitfrage entstehen sollte.[607]

Zusammenfassend lässt sich feststellen, dass die Promulgation und das Inkrafttreten des CIC/83 Auswirkungen auf die Berufung bei Ehenichtigkeitsverfahren hatten. Die Verfahrensdauer in der Berufungsinstanz wurde weiter gekürzt und soll nur noch ein halbes Jahr dauern. Auch wurde die Möglichkeit, ein Urteil der ersten Instanz in der zweiten Instanz per Dekret zu bestätigen, übernommen. Der Ehebandverteidiger wurde – trotz aller Kritik – von seiner nicht mehr zeitgemäßen Pflicht entbunden, Berufung gegen ein affirmatives Urteil einlegen zu müssen. An die Stelle seiner Berufung von Rechts wegen trat die Übermittlung des affirmativen Urteils an die Berufungsinstanz von Amts wegen. Das bedeutet,

603 Feldhans: Die Berufung im Ehenichtigkeitsprozess, S. 222.
604 Vgl. Lüdicke: Eheprozeßordnung, S. 363–364.
605 Müller: Die Berufung im kanonischen Prozessrecht, S. 153.
606 Feldhans: Die Berufung im Ehenichtigkeitsprozess, S. 239.
607 Vgl. Müller: Die Berufung im kanonischen Prozessrecht, S. 159.

dass zwar grundsätzlich an der doppelten Urteilskonformität bei Ehenichtigkeitsverfahren festgehalten wurde, obwohl dies im Verlauf der Kodex-Reform stark umstritten war, aber mit der Übermittlung von Amts wegen ein neuer, wesentlich passenderer Modus für die praktische Umsetzung gefunden wurde. Dies brachte allerdings keine Änderung der Möglichkeiten, Berufung einzulegen. So können weiterhin der Ehebandverteidiger, wenn beteiligt der Kirchenanwalt, die klagende und die nichtklagende Partei das Rechtsmittel gegen Urteile nutzen, solange die auf 15 Tage verlängerte Nutzfrist[608] nach Bekanntgabe des Urteils eingehalten wird. Weil in Ehenichtigkeitsverfahren Personenstandsfragen behandelt werden, können diese Urteile nie in Rechtskraft übergehen, sondern lediglich vollstreckbar werden. Wenn schwerwiegende Gründe vorliegen, können auch Ehenichtigkeitsverfahren, bei denen ein endgültiges Urteil vorliegt, jederzeit neu vor Gericht behandelt und entschieden werden. Offenkundig ist, dass auch der CIC/83 daran festhält, dass die Feststellung der Nichtigkeit von Ehen auf dem Gerichtsweg und nicht auf dem Verwaltungsweg zu erfolgen hat – unter Fortbestehen des regulären Instanzenzugs. Die Eheprozessordnung und Instruktion *Dignitas Connubii* klärte die teilweise umstrittene Frage, dass die Gerichte der zweiten Instanz immer kollegial besetzt sein müssen, auch, wenn das Urteil der ersten Instanz per Dekret bestätigt werden sollte. Eine Bestätigung war erst dann möglich, wenn die vollständigen Prozessakten einschließlich des Urteilstextes aus der ersten Instanz vorlagen, da es dann erst möglich war, den Fall vollumfänglich und abschließend zu beurteilen. Wurde die Ehe in erster Instanz aufgrund mehrerer Klagegründe für nichtig erklärt, so genügt es in zweiter Instanz, wenn einer der vorliegenden Ehenichtigkeitsgründe bestätigt werden konnte. Es musste kein Nachweis über alle erstinstanzlich festgestellten Gründe erfolgen. Die Instruktion *Dignitas Connubii* weist darauf hin, dass die Bestätigung per Dekret nur möglich war, wenn das Urteil der ersten Instanz affirmativ ausgefallen ist. Der Ehebandverteidiger war angehalten, trotz der Übersendung von Amts wegen selbst Berufung einzulegen, wenn er Zweifel hatte. Er musste seine Zweifel schriftlich begründen und an die Berufungsschrift anhängen.

3.3 Genese des M. P. „Mitis Iudex Dominus Iesus“

Im Oktober 2014 fand die dritte außerordentliche Generalversammlung der Bischofssynode zum Thema „Die pastoralen Herausforderungen der Familie im Kontext der Evangelisierung“ in Rom statt. Während dieses Treffens von fast

608 Vgl. c. 201 § 1.

200 ausgewählten Bischöfen forderte Papst Franziskus, Ehenichtigkeitsverfahren einen größeren Spielraum einzuräumen und die Existenz sowie den Zweck von Eheprozessen bei den Christgläubigen weltweit bekannter zu machen.[609] In diesem Zusammenhang äußerte er die Vermutung, dass ein großer Teil der sakramentalen Ehen möglicherweise gar nicht gültig geschlossen worden wären.[610] Auch äußerte der Papst die seiner Meinung nach unbefriedigende Situation, dass es als „Gefängnis“[611] wahrgenommen werden könnte, wenn die Ehepartner auch in schwierigen und belastenden Situationen – er spricht hier insbesondere von Fällen brutaler häuslicher Gewalt – an die Unauflöslichkeit der Ehe gebunden seien.[612] Dies vorweggeschickt, scheint es nachvollziehbar zu sein, dass Papst Franziskus Änderungen an den prozessualen Eigenarten von Ehenichtigkeitsverfahren intendiert und geplant hatte, ohne Änderungen am materiellen Eherecht vorzunehmen. Für diese geplante Reform des Eheprozessrechtes richtete er, ohne dass dies einer größeren Öffentlichkeit bekannt geworden wäre,[613] am 27.08.2014 – und damit bereits im Vorfeld der o. g. Generalversammlung der Bischofssynode – eine spezielle Kommission ein,[614] welche die Aufgabe hatte, durch eine Novellierung der Rechtsnormen Ehenichtigkeitsverfahren schneller im Verfahrenslauf und leichter in der Zugänglichkeit zu machen.[615] Francesco Kardinal Coccopalmerio, der damalige Präsident des Päpstlichen Rates für die Gesetzestexte, war Mitglied dieser Reformkommission und bezeichnete sie als „Sturmtruppe“[616] – was er mit dieser Aussage konkret ausdrücken wollte, ist

609 Vgl. L'Osservatore Romano (2014): Vatikan prüft Verkürzung von Ehenichtigkeitsverfahren. In: OR(D), 44(32/33). Schwabenverlag: Ostfildern, S. 2.

610 Vgl. Kohlgraf, Peter (2015): Weder Ausverkauf noch Rigorismus. Helfen schnellere Verfahren zur Annullierung von Ehen? In: HerKorr, 69(8). Herder: Freiburg, S. 406–409, hier: 407.

611 Ebd., S. 408.

612 Vgl. Kohlgraf: Weder Ausverkauf noch Rigorismus, S. 408.

613 Vgl. Daniel, William L. (2014): Ongoing Difficulties in the Judicial Praxis of American Tribunals in Causes of the Nullity of Marriage. In: The Jurist, 74(2). Catholic University of America: Washington, S. 215–263, hier: S. 215.

614 Vgl. L'Osservatore Romano (2014): Aus dem Vatikan in Kürze. In: OR(D), 44(39). Schwabenverlag: Ostfildern, S. 3.

615 Vgl. Pagé: Reflections of a Judicial Vicar, S. 59–60.

616 Coccopalmerio, Francesco (2016): La réforme de la procédure canonique pour la déclaration de nullité du marriage. In: Caparros, Ernest; Navarro, Luis; Sol, Thierry (Hgg.): La réforme opérée par le m.p. Mitis Iudex. Commentaires et documentation. Wilson & Lafleur: Montréal, S. 1–30, hier: S. 6.
Eigene Übersetzung von „troupe de choc“.

nicht überliefert. Während bis zur Promulgation des M. P. *Mitis Iudex Dominus Iesus* Ehenichtigkeitsverfahren mit größter Sorgfalt behandelt wurden und eine sukzessive Weiterentwicklung auf Grundlage entstandener Desiderate und bewährter Gerichtspraktiken erst nach langwierigen Konsultationen und ausführlichen Debatten erfolgte, wurde die Reform des Jahres 2015 innerhalb kürzester Zeit durchgeführt.[617] Eines der Ziele der Reform des Eheprozessrechts war es, ein neues Denken zu erzeugen und für diejenigen, die potenziell ein Ehenichtigkeitsverfahren anstreben könnten, eine Möglichkeit zu schaffen, das Verfahren problemlos und ohne Gewissensbisse anzustoßen und bis zum Urteil durchzuhalten.[618]

Nicht einmal ein Jahr, nachdem die spezielle Kommission zur Reform des Eheprozessrechts ihre Arbeit aufgenommen hatte, hat Papst Franziskus am 15.08.2015 – am Hochfest der Aufnahme Mariens in den Himmel – das M. P. *Mitis Iudex Dominus Iesus* für die lateinische Kirche und das M. P. *Mitis et Misericors Iesus*[619] für die katholischen Ostkirchen als Novellierung des Eheprozessrechts im CCEO[620] unterschrieben und diese am 08.09.2015 im Rahmen einer Pressekonferenz der Öffentlichkeit zur Verfügung gestellt,[621] sodass die neuen Normen und Verfahrensregelungen zum 08.12.2015 offiziell in Kraft treten konnten.[622] Im Rahmen der vorliegenden Arbeit wird nicht auf die Änderungen am CCEO eingegangen, da der Unterschied gering ist und sich „auf die Besonderheiten der Organisation der Gerichte der orientalischen Kirchen“[623] beschränkt. Auffallend und interessant ist die Beobachtung, dass es sich bei allen drei genannten

617 Vgl. Daniel: An Analysis of Pope Francis' 2015 Reform, S. 430–431.

618 Vgl. De Bertolis: Processo Canonico Matrimoniale, S. 61.

619 Papst Franziskus (2015): Mitis et misericors Iesus. Apostolisches Schreiben in Form eines „Motu Proprio“, über die Reform des kanonischen Verfahrens für Ehenichtigkeitserklärungen im Kodex der Kanones der orientalischen Kirchen In: AAS, 107, n. 9, S. 946–957.

620 Codex Canonum Ecclesiarum Orientalum (2000): Auctoritate Ioannis Pauli PP. II promulgatus 1990. Gesetzbuch der katholischen Ostkirchen. Lateinisch-deutsche Ausgabe. In: Gerosa, Libero; Krämer, Peter (Hgg.): Amateca – Repertoria. Band 2. Bonifatius: Paderborn.

621 Vgl. L'Osservatore Romano (2015): Ein doppelter Schwerpunkt. Pressekonferenz zur Vorstellung von zwei Motu proprios zum Ehenichtigkeitsverfahren. In: OR(D), 45(38). Schwabenverlag: Ostfildern, S. 6.

622 Vgl. Meckel, Thomas (2016): (2016): Mitis iudex et iustus iudex? Papst Franziskus reformiert das Eheprozessrecht. In: Internationale katholische Zeitschrift Communio, 45(1). Schwabenverlag: Ostfildern, S. 76–86, hier: 76.

623 Schöch: Synopse der Veränderungen, S. 325, Anm. 2.

Terminen um Festtage der allerseligsten Jungfrau und Gottesmutter Maria handelt. Der Tag des Inkrafttretens fällt zusätzlich mit dem 50. Jahrestag des Abschlusses des Zweiten Vatikanischen Konzils sowie dem Beginn des „Jahres der Barmherzigkeit" zusammen.[624] Damit wurde innerhalb eines Jahres die Verpflichtung zweier gleichlautender Urteile zur Feststellung der Ehenichtigkeit, die so genannte doppelte Urteilskonformität oder *duplex sententia conformis* abgeschafft, ein Rechtsinstitut, welches 274 Jahre lang charakteristisch für Ehenichtigkeitsverfahren war, wie William L. Daniel durchaus kritisch konstatiert.[625] Es lässt sich zusammenfassen, dass das M. P. *Mitis Iudex Dominus Iesus* unerwartet, wenn nicht sogar überraschend promulgiert worden ist. Selbst für die Bischöfe, die aus Anlass der vierzehnten ordentlichen Generalversammlung der Bischofssynode zum Thema „Die Berufung und Sendung der Familie in Kirche und Welt von heute" im Oktober 2015 in Rom anwesend waren, handelte es sich um eine Kuriosität, denn die Thematik der kirchlichen Eheprozesse stand noch auf der Agenda dieser Bischofssynode.[626] Nicht nur die Platzierung zwischen den beiden Bischofssynoden, sondern auch die als geheim zu bezeichnende Arbeit an den Entwürfen und die zügige Fertigstellung und Promulgation des M. P. *Mitis Iudex Dominus Iesus* führten zu Irritationen, auch wenn Änderungen des Eheprozessrechts nahezu zu jeder Zeit gefordert wurden und immer noch gefordert werden.[627] Inwieweit die Reform des Eheprozessrechts mit den Absichten oder Überlegungen der Synodenväter in Einklang gebracht werden kann oder sollte, bleibt weiterhin ungewiss.[628] Des Weiteren ist die Frage nach einer Zusammenarbeit der speziellen Kommission zur Reform des Eheprozessrechts mit einer unter Papst Benedikt XVI. eingerichteten Studiengruppe, welche sich mehrere Jahre mit einer möglichen Reform von *Dignitas Connubii* beschäftigte, unklar und kann nicht beantwortet werden.[629] Zusammenfassend lässt sich festhalten, dass das M. P. *Mitis Iudex Dominus Iesus* „zum einen in Kontinuität zur nachkonziliaren Rechtsentwicklung [steht], zum anderen weist es aber auch signifikant Aspekte der Diskontinuität auf"[630].

---

624 Vgl. Coccopalmerio: La réforme de la procédure canonique, S. 7.

625 Vgl. Daniel: An Analysis of Pope Francis' 2015 Reform, S. 432.

626 Vgl. Pagé, Roch (2015): Questions Regarding the Motu Proprio Mitis Iudex Dominus Iesus. In: The Jurist, 75(2). Catholic University of America: Washington, S. 607–617, hier: S. 607.

627 Vgl. ebd., S. 607–608.

628 Vgl. Daniel: An Analysis of Pope Francis' 2015 Reform, S. 433.

629 Vgl. ebd., S. 434–435.

630 Dennemarck: Anmerkungen zu Mitis Iudex, S. 280.

Der Päpstliche Rat für die Gesetzestexte war an der Erstellung oder Revision der Entwürfe und Endfassung des Motu Proprio in offizieller Funktion als Dikasterium der Römischen Kurie nicht beteiligt. Francesco Kardinal Coccopalmerio wurde nicht als Präsident des Rates, sondern ausschließlich als Einzelperson eingebunden mit der Prämisse, die geforderte Geheimhaltung auch gegenüber anderen Personen einzuhalten, was objektiv betrachtet unverständlich erscheint, da gerade der Päpstliche Rat für die Gesetzestexte wegen seiner juristischen und kanonistischen Grundlegung und der damit verbundenen Expertise prädestiniert für die Ausarbeitung und Revision von Gesetzestexten erscheint.[631] Auch stellt diese einen Kernbereich seiner Aufgabe nach Art. 156 der Apostolischen Konstitution *Pastor Bonus*[632] dar. Dieser Umstand macht die Rechtssprache und den Umfang der Rechtsnormen teilweise nicht eindeutig – man denke an die nicht-taxative Indizienliste zur Feststellung, ob ein offenkundiger Fall vorliegt[633] – und führt zu vielen offenen Fragen und Problemen. So musste Papst Franziskus im Nachgang der Veröffentlichung des M. P. *Mitis Iudex Dominus Iesus* bereits klarstellen, dass es sich um „strikt juristische, keine dogmatischen Änderungen“[634] des Eheprozessrechts handelt, also insbesondere auch nicht um die schleichende Einführung einer wie auch immer gearteten Form von katholischer Ehescheidung, denn – bedingt durch Kommunikationsprobleme – konnte in der medialen Präsenz dieser Novellierung des Eheprozessrechts leicht der Eindruck gewonnen werden, dass Ehenichtigkeitsverfahren in Zukunft leichter zu affirmativen Urteilen führen könnten.[635] Papst Franziskus korrigierte sich sogar im weiteren Verlauf, indem er in einer Ansprache vor der Römischen Rota – man beachte in diesem Zusammenhang den rechtlichen Verbindlichkeitsgrad von Ansprachen – davon sprach, dass weder die Qualität noch die Quantität des gelebten oder nicht gelebten Glaubens ein Ehehindernis darstellt

631 Vgl. Schüller, Thomas (2016): Freiheit für das Volk – Strenge für den Klerus. Papst Franziskus und sein freimütiger Umgang mit dem Kirchenrecht. In: HerKorr, 70(8). Herder: Freiburg, S. 22–25, hier: S. 23.

632 Papst Johannes Paul II. (1988): Diener der Diener Gottes zum ewigen Angedenken. Apostolische Konstitution „Pastor Bonus“ über die römische Kurie. In: CIC/83 [= AAS, 80, n. 7, S. 841–912]. Butzon & Bercker: Kevelaer, S. 775–831.

633 Vgl. Meckel: Papst Franziskus reformiert das Eheprozessrecht, S. 81.

634 Pagé: Questions regarding the Motu Proprio Mitis Iudex, S. 608.

635 Vgl. Ivereigh, Austen A. (2017): Offering a precious stone: the communication of Pope Francis's Jubilee of Mercy. In: Church, Communication and Culture, 2(3). Taylor & Francis: London, S. 322–343, hier: S. 332.

oder den Ehekonsens irritieren könnte.[636] Klaus Lüdicke hätte es nachvollziehbarerweise bevorzugt, wenn die cc. 1671–1691 aufgehoben worden wären und an ihrer Stelle ein eigenständiges Motu Proprio platziert worden wäre, welches „mit sachgerechter Stoff-Verteilung und entsprechender Zählung [...] dienlicher gewesen [wäre]"[637], als die neuen Regelungen in die vorhandene Struktur von 21 Kanones mittels der platzbedingten Zusammenlegung von einzelnen Kanones durch neue Paragrafen zu pressen.

Eines der Hauptanliegen, die Papst Franziskus mit der Promulgation des M. P. *Mitis Iudex Dominus Iesus* verfolgte, war sicherlich die Verkürzung der Prozessdauer und die prozessuale Vereinfachung der Ehenichtigkeitsverfahren.[638] Die Änderungen des Eheprozessrechts dürfen nicht isoliert betrachtet werden, sondern müssen im Lichte einer „Hermeneutik der Kontinuität"[639] verstanden werden. Hierbei ist zu beachten, dass das Motu Proprio insbesondere vor einem italienischen kirchengerichtlichen Hintergrund entstanden ist, wo das kirchliche Urteil auch Auswirkungen auf den staatlichen Status der Ehepartner hat, die „auf dem Wege der sogenannten *libazione* die Wirkung einer staatlichen Ehescheidung"[640] erreichen können, was vermehrt zur künstlichen Verzögerung des Verfahrens, z. B. durch Berufungen von Seiten der nichtklagenden Partei, führt. Kurt Schulte spricht in diesem Zusammenhang von einem „Recht auf schnelle Rechtsprechung"[641], welches jedem Christgläubigen zustehe. Inwieweit hier eine universalkirchliche Lösung bevorzugt werden sollte, wenn man sich die teilweise stark auseinandertriftenden Prozessdauern von Ehenichtigkeitsverfahren im weltweiten Vergleich anschaut, sei an dieser Stelle dahingestellt.[642] Die Frage der *receptio legis* des M. P. *Mitis Iudex Dominus Iesus* lässt sich in der

636 Vgl. Leven, Benjamin (2016): Eherecht: Papst korrigiert sich. In: HerKorr, 70(3). Herder: Freiburg, S. 39.

637 Lüdicke: Die Reform des kirchlichen Ehenichtigkeitsprozesses, S. 149.

638 Vgl. Moneta, Paolo (2016): La dynamique processuelle dans le m.p. Mitis Iudex. In: Caparros, Ernest; Navarro, Luis; Sol, Thierry (Hgg.): La réforme opérée par le m.p. Mitis Iudex. Commentaires et documentation. Wilson & Lafleur: Montréal, S. 63–99, hier: S. 65.

639 Schöch: Synopse der Veränderungen, S. 359.

640 Lüdicke: Die Reform des kirchlichen Ehenichtigkeitsprozesses, S. 155.

641 Schulte, Kurt (2015): Recht auf schnelle Rechtsprechung. Offizial Kurt Schulte im Interview mit Markus Nolte. In: Genn, Felix (Hg.): Kirche+Leben. Wochenzeitung im Bistum Münster, 38. Bistumszeitung Münster Verlag: Recklinghausen, S. 7.

642 Vgl. Paprocki, Thomas J. (2015): Implementation of Mitis Iudex Dominus Iesus in the Diocese of Springfield in Illinois. In: The Jurist, 75. Catholic University of America: Washington, S. 593–605, hier: S. 594.

bisher verstrichenen Zeit durchaus positiv attestieren.[643] Kurt Schulte betont, dass es lediglich zu Änderungen des Eheprozessrechts gekommen ist, das materielle Eherecht hingegen nicht berührt worden ist.[644] So stellt auch Thorsten Weil fest: „Papst Franziskus wollte mit ‚Mitis Iudex Dominus Iesus' nicht die Nichtigkeit der Ehe fördern, sondern das Verfahren beschleunigen. Das ist gelungen."[645]

3.4 Berufungsrecht nach geltender Rechtslage

Mit der Promulgation des M. P. *Mitis Iudex Dominus Iesus* und insbesondere seit dem Inkrafttreten des Motu Proprio wurde eine wesentliche und viel diskutierte Änderung am Eheprozessrecht vorgenommen,[646] die massiv in das bisherige Prozedere der Ehenichtigkeitsverfahren eingreift: Die bisher notwendige *duplex sententia conformis* wurde obsolet, eine Pflichtberufung gegen ein erstinstanzliches affirmatives Urteil bzw. eine Weiterleitung des Urteils an das Berufungsgericht von Amts wegen ist nicht mehr notwendig, um ein vollstreckbares Ehenichtigkeitsurteil zu erhalten.[647] Diese Regelung war bereits in ähnlicher Weise in einem nicht veröffentlichten zweiten Entwurf für die Instruktion *Dignitas Connubii* vorgesehen, der letztlich abgelehnt wurde.[648] Der genannte Entwurf wurde als *Novissimum Schema* bezeichnet und blieb zwar unveröffentlicht,[649] ging aber vielleicht dennoch materiell in die Änderung des Eheprozessrechts durch Papst Franziskus ein. Der neue c. 1679 legt fest, dass ein Urteil, welches die Nichtigkeit einer Ehe feststellt, nach Ablauf der festgelegten Frist zur Einlegung der Berufung vollstreckbar wird und beide Parteien nach c. 1682 § 1 eine neue Ehe schließen können, falls keine sonstigen Ehehindernisse oder Konsensmängel vorliegen sollten.[650] Damit verzichtet der Papst „auf eine höherinstanzliche

643 An dieser Stelle sei auf folgenden ausführlicheren Beitrag verwiesen: Ruscazio, Maria C. (2018): Considerazioni sulla receptio legis alla luce del m.p. Mitis Iudex Dominus Iesus. In: Stato, Chiese e pluralismo confessionale, 9. „Cesare Beccaria" Department of Legal Sciences: Milano, S. 1–22.

644 Schulte: Recht auf schnelle Rechtsprechung, S. 7.

645 Weil, Thorsten (2017): 25 Prozent mehr Beratungsgespräche. Fragen zu den Ehenichtigkeitsverfahren an Offizial Thorsten Weil. In: Burger, Stephan (Hg.): Konradsblatt. Wochenzeitung für das Erzbistum Freiburg, 101(1). Badenia: Karlsruhe, S. 10–11, hier: S. 11.

646 Vgl. Moneta: L'appello nel nuovo processo matrimoniale, S. 1.

647 Vgl. Müller: Das kirchliche Ehenichtigkeitsverfahren nach der Reform von 2015, S. 66.

648 Vgl. Arroba Conde: Die Rezeption von Dignitas Connubii, S. 31.

649 Vgl. Lüdicke: Die Reform des kirchlichen Ehenichtigkeitsprozesses, S. 143, Anm. 9.

650 Vgl. Beal: A Commentary, S. 516–517.

Bestätigung des Urteils“[651]. Dennoch bleibt nach c. 1680 § 1 das grundsätzliche Recht, gegen das Urteil Berufung einlegen zu können, sowohl für die klagende und die nichtklagende Partei, als auch für den Kirchenanwalt – sofern er am Prozess beteiligt war – und den Ehebandverteidiger, weiterhin bestehen.[652] Durch diese explizite eheprozessrechtliche Nennung der Berufungsmöglichkeit erfolgt sogar eine Akzentuierung des Rechtsmittels, insbesondere im Hinblick auf den Ehebandverteidiger.[653] Die Abschaffung der zweiten Pflichtinstanz führt zu einem Bedeutungsgewinn des Rechtsmittels der Berufung und des Ehebandverteidigers, insbesondere nach affirmativen Urteilen der ersten Instanz.[654]

Frans Daneels, ehemaliger Sekretär und erneut Mitglied des Höchsten Gerichts der Apostolischen Signatur, stellte bereits 2007 im Hinblick auf den Rechtscharakter fest, dass die doppelte Urteilskonformität in Ehenichtigkeitsverfahren nur einen deklarativen, keinen konstitutiven Charakter hat, was in der Folge bedeutet, dass es dem Gesetzgeber zukommt, diese zu revidieren oder zu derogieren.[655] Dieser Umstand wird auch daran deutlich, dass die *lex propria* der Apostolischen Signatur[656] in Art. 115 § 2[657] die Möglichkeit vorsieht, von der Anforderung zweier gleichlautender Urteile zu dispensieren.[658] Aus rechtspositivistischer Sicht ließe sich an dieser Stelle also anmerken, dass kein wesentlicher Vorgang weggefallen bzw. derogiert worden ist, schließlich sehen die allgemeinen Prozessnormen nach c. 1641 und c. 1643 keine doppelte Urteilskonformität vor, was letztlich durch den neuen c. 1679 auch für Ehenichtigkeitsverfahren Anwendung findet.[659] So einfach lässt sich der Fall allerdings nicht behandeln, da die *duplex sententia conformis* nicht in das Eheprozessrecht integriert wurde, um die beteiligten Parteien zu ärgern, indem es zu einer zeitlichen Verzögerung des Verfahrens kommt. Leichtfertige Nichtigerklärungen von Ehen zu vermeiden

---

651 Dennemarck: Anmerkungen zu Mitis Iudex, S. 280.

652 Vgl. Beal: A Commentary, S. 516–517.

653 Vgl. Rehak: Das Recht und die Pflicht des Ehebandverteidigers, S. 13.

654 Vgl. Lüdicke: Die Reform des kirchlichen Ehenichtigkeitsprozesses, S. 155.

655 Vgl. Daneels: Das Wesen des Ehenichtigkeitsverfahrens, S. 207.

656 Vgl. Papst Benedikt XVI. (2008): Litterae Apostolicae Motu Proprio datae „Antiqua ordinatione“ quibus Supremi Tribunalis Signaturae Apostolicae lex propria promulgatur. In: AAS, 100, n. 8, S. 513–538.

657 Vgl. Art. 115 § 2: „Solummodo autem in Congressu decerni possunt concessio dispensationis a duplici decisione conformi in causis nullitatis matrimonii vel commissio causae ad Rotae Romanae Tribunalis iudicium.“

658 Vgl. Arroba Conde: Die Rezeption von Dignitas Connubii, S. 36.

659 Vgl. Lüdicke: MKCIC (52.), c. 1679, Rn. 1.

und damit der Rechtsgunst der Ehe nach c. 1060 einen Dienst zu erweisen, war das Kernanliegen der doppelten Urteilskonformität.[660] Mit der Formulierung des neuen c. 1689 wurde dieses Anliegen zu Gunsten schnellerer Eheverfahren im M. P. *Mitis Iudex Dominus Iesus* fallengelassen. Das Vorliegen eines doppelten übereinstimmenden Urteils, damit eine Ehe nichtig erklärt und vollstreckbar werden konnte, ist obsolet geworden.[661] Das bisherige System der *duplex sententia conformis* wurde in der Praxis an den Gerichten weiterentwickelt und schließlich in den CIC/17 übernommen.[662] Auch wenn das Durchlaufen von zwei oder mehr gerichtlichen Instanzen einen erhöhten Aufwand sowohl für die Parteien, als auch die Gerichte dargestellt hat, konnte doch mit größerer Sicherheit von einem korrekten Urteil ausgegangen werden.[663]

Festhalten lässt sich, dass auch nach dem M. P. *Mitis Iudex Dominus Iesus* die Frage nach der Nichtigkeit einer Ehe nicht auf dem Verwaltungsweg, sondern explizit auf dem Gerichtsweg erfolgen soll und es damit auch weiterhin Eheverfahren in zweiter Instanz geben wird, wenn auch deutlich weniger als zuvor.[664] Am Offizialat des Erzbistums Freiburg im Breisgau wurden – um an dieser Stelle ein Einzelbeispiel eines Metropolitangerichts zu nennen – im Gerichtsjahr 2016 insgesamt vierzehn Urteile zweiter Instanz gefällt, von denen sieben affirmativ und sieben negativ endeten.[665] Die Fristen zur Einlegung einer Berufung im CIC/83 wurden durch das M. P. *Mitis Iudex Dominus Iesus* nicht verändert, so gelten weiterhin die allgemeinprozessrechtlichen Normen in den cc. 1630.1633, also eine Frist von 15 Tagen zur Einlegung der Berufung nach ordnungsgemäßer Bekanntgabe des Urteils.[666] Hierzu reicht es nicht aus, nach c. 1614 lediglich den Urteilstenor den beteiligten Parteien mitzuteilen, da in diesem Fall die Berufungsfrist nicht beginnt, sondern das ganze „Urteil ist unter Angabe der Rechtsmittel baldmöglichst zu verkünden“, denn „vor der Verkündung besitzt es keine Wirksamkeit“, wie der genannte Kanon vorschreibt.[667] Wurde die Berufung rechtmäßig, also insbesondere form- und fristgerecht eingelegt, so muss sie innerhalb

---

660 Vgl. Müller: Das kirchliche Ehenichtigkeitsverfahren nach der Reform von 2015, S. 67.

661 Vgl. Zumbült: Änderungen im Ehenichtigkeitsverfahren, S. 104.

662 Vgl. Lüdicke: MKCIC (52.), c. 1679, Rn. 1.

663 Vgl. Costigane/Hurley: Why have a Tribunal of Second Instance, S. 123.

664 Vgl. Meckel: Rechtliche Neuerungen für die Rota Romana, S. 507.

665 Vgl. Erzbischöfliches Offizialat Freiburg (2017): Relatio de Statu et Activitate Tribunalis. Pro Ecclesia Latina. Pro Anno 2016 redacta. Eigenverlag: Freiburg, S. 10.

666 Vgl. c. 1630 § 1.

667 Vgl. Müller: Das kirchliche Ehenichtigkeitsverfahren nach der Reform von 2015, S. 68.

eines Monats vom zuständigen Richter am Berufungsgericht verfolgt, d. h. ausgeführt werden,[668] falls nicht im Einzelfall eine Verlängerung der Frist gewährt wurde.[669]

Auch im kürzeren Eheprozess vor dem Diözesanbischof ist es möglich, Berufung gegen das Urteil einzulegen. Die hierfür vorgesehenen Normen weichen allerdings von der Berufung im ordentlichen Ehenichtigkeitsverfahren grundlegend ab. Nach c. 1687 § 3 ist die Berufung entweder beim für die jeweilige Kirchenprovinz zuständigen Metropolitangericht oder direkt bei der Römischen Rota einzulegen. Wird als zweite Instanz die Römische Rota angegangen, so spricht man von einer „Sprungrevision", da der reguläre Verfahrensverlauf, nachdem die Römische Rota erst als ordentliches Gericht der dritten Instanz tätig wird, verlassen wurde.[670] Für den Fall, dass das Urteil durch den Erzbischof als Metropoliten selbst gefällt wurde, so ist nach demselben c. 1687 § 3 die Berufung „beim ältesten Suffraganbischof" einzulegen.[671] Diese Formulierung lässt mehrere Interpretationsmöglichkeiten mit jeweils unterschiedlichen Ausgängen zu und führte bereits unmittelbar nach der Promulgation des M. P. *Mitis Iudex Dominus Iesus* zu einer Anfrage an den Päpstlichen Rat für die Gesetzestexte, wie das älteste Suffraganbistum zu ermitteln sei. In seiner Antwort verweist der päpstliche Rat in einer kurzen rechtssprachlichen Untersuchung zunächst auf die cc. 421 § 2, 425 § 3 und 501 § 3, in welchen der dienstälteste Suffraganbischof behandelt wird. Gleichzeitig stellt der päpstliche Rat klar, dass diese Interpretationsmöglichkeit für Ehenichtigkeitsverfahren nicht angewendet werden kann, weil das Gericht der zweiten Instanz nach c. 1438 n. 2 dauerhaft bestimmt sein muss und nicht in Abhängigkeit von Ernennungen oder Wechseln der Suffraganbischöfe turnusmäßig geändert werden sollte. Dies vorausgeschickt, erklärte der Päpstliche Rat für die Gesetzestexte, dass es sich in c. 1687 § 3 weder um den dienstältesten, noch um den vom Alter her gesehen ältesten Suffraganbischof handeln kann, sondern allein um das älteste Suffraganbistum in Abhängigkeit des Gründungsdatums.[672] Allerdings ist auch diese Aussage nicht eindeutig in

---

668 Vgl. Schwendenwein, Hugo (1984): Das neue Kirchenrecht. Gesamtdarstellung. Zweite Auflage. Wissenschaftliche Buchgesellschaft: Darmstadt, S. 500.

669 Vgl. c. 1633.

670 Vgl. Güthoff: HdbKathKR, Gerichtsverfassung und -ordnung, S. 1669.

671 Vgl. Meckel: Rechtliche Neuerungen für die Rota Romana, S. 507–508.

672 Vgl. Conseil Pontifical pour les textes Législatifs (2016): Concernant le Suffraganeus antiquor dans le nouveau canon 1687 § 3 Mitis Iudex. In: Supplément au Code de droit canonique bilingue et annoté [= Pontificium Consilium de Legum Textibus, Prot. N. 15155/2015]. Wilson & Lafleur: Montréal, S. 38.

ihrer Anwendung auf konkrete Fallkonstellationen, da sie keine Regelung vorsieht, falls Suffraganbistümer zeitgleich gegründet wurden. In diesem Fall wird wohl die Apostolische Signatur, hier besonders die dritte Sektion zur Verwaltung administrativer Angelegenheiten, selbständig oder auf Nachfrage der Metropoliten ein dauerhaft zuständiges Berufungsgericht aus den Suffraganbistümern zu bestimmen haben.[673]

Das Rechtsmittel der Berufung soll ein Hilfsmittel für die Rechtssicherheit und den Rechtsschutz der Christgläubigen sein und kein Mittel zur Verzögerung eines vollstreckbaren Urteils. Weggefallen ist die Bestätigung eines affirmativen Urteils der ersten in der zweiten Instanz per Dekret[674] außer in einem Ausnahmefall: Sollte eine Berufung offenkundig nur aus taktischen Gründen der zeitlichen Verzögerung eingelegt worden sein, so kann nach c. 1680 § 2 das Kollegialgericht der Berufungsinstanz per Dekret das Urteil bestätigen. Gegen zwei gleichlautende Urteile ist keine direkte Anfechtung mehr möglich.[675] Rechtssprachlich interessant ist die Verwendung des Begriffs „offenkundig". Im Gegensatz zu den Voraussetzungen für den kürzeren Eheprozess, die in c. 1683 n. 2 geregelt sind, wird im lateinischen Text der Norm nicht der Begriff *manifest* verwendet, sondern das als schwächer einzustufende Adverb *evidenter*. Unter Verwendung der von c. 17 nahegelegten analogen Methode als Interpretationshilfsmittel bedeutet dies, dass bei der Wahl des Begriffs *manifest* der Sachverhalt nicht nur offenkundig, sondern mehr als offenkundig sein müsste und dass es gewichtigere Gründe geben muss, als es bei der Verweigerung der Berufung laut Gesetzestext notwendig ist. Diese ist also – relativ betrachtet – niederschwelliger angesetzt, was ihrer Bedeutung nicht gerecht wird. Ist die Berufung zulässig und wird sie zugelassen, so hat nach c. 1687 § 4 ein reguläres Berufungsverfahren in der zweiten Instanz durchgeführt zu werden. Die nach Art. 253 § 5 DC iVm c. 1614 vorgesehene Rechtsmittelbelehrung,[676] die auch an das Urteil nach Durchführung eines Ehenichtigkeitsverfahrens angehängt werden muss und die die Parteien über ihre Rechte, insbesondere das Recht auf Berufung aufklärt, musste auch im Zuge der Revision des Eheprozessrechts angepasst werden.

Zusammenfassend lässt sich feststellen, dass die Revision des Eheprozessrechts durch das M. P. *Mitis Iudex Dominus Iesus* eine entscheidende Änderung von großer Bedeutung am Berufungssystem vornahm. So wurde die seit 1741

---

673 Vgl. Art. 124 n. 4 PB.

674 Vgl. c. 1682* § 2.

675 Vgl. c. 1641 n. 1 iVm c. 1642 § 1.

676 Vgl. Artt. 253 § 5, 257 § 2.

bestehende doppelte Urteilskonformität für Ehenichtigkeitsverfahren abgeschafft, was bedeutet, dass affirmative Urteile der ersten Instanz nach Ablauf der Berufungsfrist und wenn keine Berufung eingelegt worden ist, direkt vollstreckbar werden – eine neue Eheschließung wäre möglich, wenn keine anderen Ehehindernisse oder Konsensmängel vorliegen und kein Eheverbot ausgesprochen wurde. Lediglich wenn die klagende oder die nichtklagende Partei, der Ehebandverteidiger oder der Kirchenanwalt – falls dieser am Eheverfahren beteiligt war – Berufung einlegen, wird eine Untersuchung des Falls in zweiter Instanz ausgelöst und eingeleitet. Das Berufungsgericht muss ein ordentliches Ehenichtigkeitsverfahren der zweiten Instanz führen, wenn die Berufung nicht offensichtlich der Verzögerung dient – in diesem Fall kann das Urteil der ersten Instanz per Dekret bestätigt werden. Durch den Wegfall der zweiten Pflichtinstanz ist es nun letztlich der Ehebandverteidiger, der mehr noch als sonst verpflichtet und dafür verantwortlich ist, das Urteil genau zu studieren und bei etwaigen Zweifeln Berufung einzulegen. Sein Amt wurde stark aufgewertet und hat eine ganz neue Bedeutung gewonnen. Es besteht aber auch die Gefahr, dass er zu einer *persona non grata* wird, weil er im Zweifel gegen die Urteile seines eigenen Gerichts vorgehen muss und deren Richtigkeit in Frage stellt.

3.5 Neue Bedeutung des Ehebandverteidigers

Wie aus den vorausgegangenen Ausführungen hervorgegangen und deutlich geworden ist, ist der Wegfall der doppelten Urteilskonformität die zentrale Änderung, die durch das M. P. *Mitis Iudex Dominus Iesus* am Rechtsmittel der Berufung vorgenommen wurde. Damit ist für die gerichtliche Praxis ein „Sicherungsinstrument für den Schutz der Unauflöslichkeit der Ehe beseitigt worden“[677]. Dem Ehebandverteidiger kommt nicht nur grundsätzlich von Amts wegen eine besondere Bedeutung als Anwalt des Ehebandes und der Rechtsgunst der Ehe zu, sondern seine Stellung wurde durch die Revision des Eheprozessrechts wesentlich profilierter.[678] Er ist alleine verantwortlich, das ergangene affirmative Urteil intensiv zu überprüfen und im Fall von Zweifeln, seien diese an der Verfahrensweise des Gerichts oder an der Nichtigkeit der Ehe grundgelegt, Berufung einzulegen und dadurch das Urteil einer neuerlichen Überprüfung in der Berufungsinstanz zuzuführen.[679] Das Ziel der Berufung durch den Ehebandverteidiger ist die Überprüfung des ergangenen Urteils in der

677 Lüdicke: Die Reform des kirchlichen Ehenichtigkeitsprozesses, S. 175.
678 Vgl. Rehak: Das Recht und die Pflicht des Ehebandverteidigers, S. 3.
679 Vgl. Zumbült: Änderungen im Ehenichtigkeitsverfahren, S. 105.

nächsthöheren Instanz. Das neue Urteil muss hierbei nicht zwangsläufig negativ ausfallen, aber zumindest sollten die durch die Berufung angezeigten Mängel darin behoben sein.[680] Damit stellt sich der Ehebandverteidiger direkt gegen das eigene Gericht, indem er dessen Urteil einer Überprüfung durch ein fremdes Gericht unterziehen lässt. Klaus Lüdicke stellt dazu fest: „Diese Verantwortung verändert das Gewicht der Bandverteidigung grundlegend“[681]. Gegen die Entscheidung des Ehebandverteidigers, Berufung einzulegen, haben die am Prozess beteiligten Parteien keine Möglichkeit, vorzugehen.[682]

Der Ehebandverteidiger kann durchaus als letzte verbliebene Prüfinstanz bezeichnet werden, denn dass sowohl die klagende als auch die nichtklagende Partei in aller Regel kein Interesse daran haben, gegen ein affirmatives Urteil Berufung einzulegen, scheint offensichtlich zu sein. Die Frage, die es zu diskutieren gilt, lautet daher, ob der Ehebandverteidiger mit dieser Verantwortung und Amtsfülle umzugehen bereit ist oder ob ihm „eine zu große Last und Verantwortlichkeit aufgebürdet wird“[683]. Denn anders ausgedrückt entscheidet sich der Ehebandverteidiger, indem er keine Berufung gegen ein affirmatives Urteil der ersten Instanz einlegt, quasi faktisch für die Bestätigung des ergangenen Urteils und nimmt die Aufgabe wahr, die bis zum Inkrafttreten des M. P. *Mitis Iudex Dominus Iesus* von einem Kollegium aus drei Richtern ausgeführt wurde. Auch für ihn gilt, dass die Berufung begründet sein muss und ein „vage[s] Gefühl“[684] nicht ausreichend ist. Dennoch muss sich der Ehebandverteidiger „im Gewissen frei fühlen, Berufung einzulegen, sofern vernünftige Gründe vorliegen“[685]. Aus rechtsdogmatischer Sicht liegt der Fokus der Ansprachen der Päpste vor der Römischen Rota in den letzten Jahrzehnten hinsichtlich der Thematik der Ehebandverteidiger darauf, dass diese für den Schutz der Ehe einzutreten haben, indem sie an der Wahrheitsfindung während des Ehenichtigkeitsverfahrens mitwirken und ihnen daher von Amts wegen ein hoher Stellenwert zukommt.[686] Dieser Stellenwert drückt sich allerdings in keinem besonderen Schutz aus, weder kirchenrechtlich, arbeitsrechtlich noch auf andere Weise.

---

680 Vgl. Müller: Die Berufung im kanonischen Prozessrecht, S. 148.

681 Lüdicke: Die Reform des kirchlichen Ehenichtigkeitsprozesses, S. 173.

682 Vgl. Killermann, Stefan (2010–2011): Die außerordentliche Weiterverfolgung einer Ehenichtigkeitsklage. In: DPM, 17/18. Lang: Frankfurt, S. 165–198, hier: S. 170.

683 Dordett: Kirchliche Ehegerichte in der Krise, S. 75.

684 Müller: Die Berufung im kanonischen Prozessrecht, S. 157.

685 Schöch: Synopse der Veränderungen, S. 348.

686 Vgl. Stockmann: Die Rechtsstellung des Ehebandverteidigers, S. 500.

Die Bischöfe der Vereinigten Staaten von Amerika haben im Anschluss an das Zweite Vatikanische Konzil und noch vor der Promulgation des M. P. *Causas Matrimoniales* die unter dem Namen *American Procedural Norms*[687] bekannt gewordenen Regelungen ausgearbeitet, um die Dauer von Ehenichtigkeitsverfahren wesentlich zu verringern.[688] Sie traten offiziell am 01.07.1970 in Kraft.[689] Das Verhältnis des allgemeinen kanonischen Prozessrechts zu diesen Sondernormen war dahingehend geregelt, dass abweichende Sonderbestimmung den Vorrang haben sollten.[690] Der Verfahrenslauf sollte „mündlich, unmittelbar und weitgehend formfrei"[691] durchgeführt werden. Besonderes Augenmerk im Kontext der vorliegenden Arbeit liegt auf der enthaltenen Norm 23. Diese sah in § 2 vor, dass auf die pflichtmäßige Berufung des Ehebandverteidigers verzichtet werden könne, wenn dies offensichtlich nicht notwendig zu sein scheint nach der Meinung von Ehebandverteidiger und Ordinarius sowie dieses Vorgehen von der Bischofskonferenz toleriert und akzeptiert wird.[692] Dabei ist erwähnenswert, dass in den *American Procedural Norms* teilweise von der Pflichtberufung nicht nur in Einzelfällen, sondern in der Praxis ganz allgemein dispensiert worden ist.[693] Von der Möglichkeit, auf eine zweite Instanz bei einem affirmativen

687 National Conference of Catholic Bishops (1970): American Procedural Norms. In: Guth, Hans-Jürgen (1993): Ehescheidung oder Ehenichtigkeit? Das Eheprozessrecht der römisch-katholischen Kirche in den USA seit dem Zweiten Vatikanischen Konzil [= Freiburger Veröffentlichungen aus dem Gebiete von Kirche und Staat, 38]. Universitätsverlag: Freiburg/Schweiz, S. 241–251.

688 Ihr eigentlicher Titel lautet „Procedural Norms for the Processing of Formal Marriage Cases", vgl. z. B. Pototschnig, Franz (1978): Entwicklungstendenzen im kanonischen Ehe- und Eheprozeßrecht. In: ÖAKR, 29. Herder: Wien, S. 52–81, hier: S. 65.

689 Vgl. Killermann: Die Rota Romana, S. 304, 306.

690 Vgl. Puza, Richard (1986): Katholisches Kirchenrecht. Müller Juristischer Verlag: Heidelberg, S. 291.

691 Ebd., S. 292.

692 Vgl. Norm 23 § 2: „In casibus exceptionalibus, in quibus iudicio vinculi Defensoris et Ordinarii, appellatio a sententia affmnativa sit aperte superflua, Ordinarius poterit ipse postulare ab Episcopali Conferentia, ut in istis casibus individualibus vinculi Defensor exoneretur ab obligatione appellandi ita ut sententia prioris instantiae statim possit exsecutioni mandari." Übersetzung: „In those exceptional cases where in the judgment of the defender of the bond and bis Ordinary an appeal against an affirmative decision would clearly be superfluous, the Ordinary may himself request of the Episcopal Conference that in these individual cases the defender of the bond be dispensed from the obligation to appeal so that the sentence of the first instance may be executed immediately." APN, S. 251.

693 Vgl. Lüdicke: Zum Berufungssystem im kirchlichen Ehenichtigkeitsprozeß, S. 521.

Urteil verzichten zu können, wurde im Rahmen des Dispenswesens so häufig Gebrauch gemacht, dass die „Ausnahme zur Regel“[694] geworden ist. Zusätzlich gab es laut Franz Pototschnig eine wohl inoffizielle Anweisung der Bischofskonferenz, nach der der Ehebandverteidiger nachdrücklich daran erinnert wurde, dass er nicht unnötigerweise Berufung einlegen solle (sic!). Auch wurde klargestellt, dass zwar grundsätzlich beim Verzicht auf eine Berufung nach einem erstinstanzlichen affirmativen Urteil in jedem Einzelfall sowohl der Ehebandverteidiger, als auch der Ordinarius übereinstimmen mussten, dies aber praktisch so gelöst wurde, dass der Ordinarius durch eine gute Wahl der Ehebandverteidiger auf eine eigene Mitwirkung verzichten könne (sic!).[695] Damit wurden die rechtlich fixierten sehr restriktiven Einschränkungen, nach denen ein einziges affirmatives Urteil bei Ehenichtigkeitsverfahren vollstreckbar werden konnte, ausgehebelt. „Faktisch werden Ehen aufgelöst.“[696] Wegen dieser ausufernden Gerichtspraxis sah sich Papst Paul VI. genötigt darauf hinzuweisen, dass die Dispens von der Pflichtberufung nur dann gewährt werden solle, wenn tatsächlich eine *gravis necessitas* vorläge.[697] Insgesamt waren die *American Procedural Norms* bis zum Inkrafttreten des CIC/83 gültig, wenngleich sie nur *ad experimentum* für drei Jahre gelten sollten. In der Folge drängten die amerikanischen Bischöfe darauf, dass das System der doppelten Urteilskonformität bei Ehenichtigkeitsverfahren universalkirchlich abgeschafft wird.[698] Wie die Promulgation des CIC/83 zeigte, konnten sie sich damit nicht durchsetzen, was sicherlich auch an den zahlreichen negativen Erfahrungen lag, die von Seiten des Apostolischen Stuhls gemacht wurden. So zeigt bereits ein Blick in die kirchlichen Statistiken, dass die amerikanischen Kirchengerichte im Jahr 1968 lediglich 442 Ehen für nichtig erklärt hatten, im Jahr 1974 – also nur sechs Jahre später – waren es bereits 9.293 Ehen (sic!), was etwa dem 21-fachen entspricht.[699]

Im Zusammenhang mit der neuen, wesentlich verantwortungsvolleren Bedeutung, die die Ehebandverteidiger seit dem M. P. *Mitis Iudex Dominus Iesus* innehaben, stellt Martin Zumbült eine bemerkenswerte These auf, die als Leitlinie

---

694 Killermann: Die Rota Romana, S. 307.

695 Vgl. Pototschnig: Entwicklungstendenzen im kanonischen Ehe- und Eheprozeßrecht, S. 69.

696 Puza: Katholisches Kirchenrecht, S. 291.

697 Vgl. Pototschnig: Entwicklungstendenzen im kanonischen Ehe- und Eheprozeßrecht, S. 70.

698 Vgl. Montini, G. Paolo (2009): L'appello in una causa di nullità matrimoniale. In: Quaderni di Diritto Ecclesiale, 22(3). Ancora: Milano, S. 318–334, hier: S. 318.

699 Vgl. Puza: Katholisches Kirchenrecht, S. 293.

für die Funktion der Ehebandverteidiger nach Bekanntgabe des Urteils dienen kann. Er äußert die Einschätzung, dass es vor der Fällung eines Votums nach c. 1608 § 1 zwangsläufig notwendig ist, dass die erkennenden Richter die moralische Gewissheit erlangt haben. Im Gegensatz dazu ist diese beim Ehebandverteidiger keine Voraussetzung, wenn er Berufung einlegen möchte, denn diesem reicht es auch, wenn er vernünftige Zweifel benennen kann und wenn er sich nach c. 1628 von dem Urteil beschwert fühlt.[700] Während es vor dem Inkrafttreten des M. P. *Mitis Iudex Dominus Iesus* insbesondere das Berufungsgericht der verpflichtenden zweiten Instanz oder bereits die Römische Rota als dritte Instanz war, die die erkennenden Richter bei der Formulierung ihres Urteils vor Augen, vielleicht sogar zu fürchten hatten, so ist diese Funktion nach Inkrafttreten des M. P. *Mitis Iudex Dominus Iesus* auf die Person bzw. das Amt des Ehebandverteidigers übergegangen, was in der Folge dazu führen sollte, dass den Animadversiones eine größere Gewichtung und Wertschätzung entgegengebracht wird.[701] Diese werden zumindest an der Römischen Rota stark berücksichtigt und die Argumente des Ehebandverteidigers werden für das Urteil herangezogen.[702] Im Umkehrschluss darf es aber auch nicht zu einer rechtswidrigen Praxis führen, in der ein Ehebandverteidiger in Ablehnung der Revisionen durch das M. P. *Mitis Iudex Dominus Iesus* bei jedem Urteil grundsätzlich Berufung einlegt, unabhängig von der Frage, ob diese gerechtfertigt ist oder nicht, und dadurch die Rechtslage vor Inkrafttreten des M. P. *Mitis Iudex Dominus Iesus* im Hinblick auf die zweite Pflichtinstanz *de facto* wiederherstellen möchte. Matthias Pulte attestiert der kirchlichen Rechtspflege im Bereich der DBK im Vergleich zur weltkirchlichen Situation, dass diese sich „auf einem hohen Niveau“[703] befinde, sodass diese Befürchtung für diesen Bereich nur theoretischer Natur bleiben sollte.

Gegen den Wegfall der zweiten Pflichtinstanz in Ehenichtigkeitsverfahren stellt sich deutlich und mit Nachdruck Roch Pagé. Er äußert die nachvollziehbare und teilweise auch schon durch die Praxis gedeckte Befürchtung, dass der Ehebandverteidiger zu einer *persona non grata* werden kann, weil er sich durch das Einlegen der Berufung gegen sein eigenes Gericht stellt, dessen Urteil anzweifelt und von dritter Stelle – in diesem Fall dem Berufungsgericht, also im Regelfall dem Metropolitangericht oder dem Diözesangericht eines anderen

700 Vgl. Zumbült: Änderungen im Ehenichtigkeitsverfahren, S. 106.
701 Ebd., S. 107.
702 Vgl. Schöch: Bestätigung durch Dekret, S. 104.
703 Pulte, Matthias (2010–2011): Trifft der Strukturwandel in den deutschen Diözesen auch die kirchliche Gerichtsbarkeit? In: DPM, 17/18. Lang: Frankfurt, S. 223–239, hier: S. 223.

Bistums – überprüfen lässt. Ein negatives Urteil in der Berufungsinstanz führt schnell zu dem oberflächlichen Verdacht, dass das Gericht, dessen Urteil überprüft und sogar revidiert wurde, scheinbar nicht richtig gearbeitet hat. Da der Name des am Verfahren beteiligten Ehebandverteidigers sowohl dem Gericht, als auch der klagenden und nichtklagenden Partei bekannt ist, hat dieser auch den vermeintlichen Mehraufwand eines Verfahrens der zweiten Instanz persönlich zu verantworten. Dies ist schwierig, da insbesondere die beteiligten Parteien in der Regel ein großes persönliches Interesse daran haben, dass ein Verfahren möglichst schnell und affirmativ abgeschlossen wird.[704] Besonders schwierig könnte die Situation werden, weil es konkret die Person des Ehebandverteidigers ist, der eine mögliche neue Eheschließung durch seine Zweifel und das Einlegen der Berufung zumindest zeitlich irritiert, wenn nicht gar durch ein provoziertes negatives Urteil in zweiter oder dritter Instanz unmöglich macht. Die Möglichkeit, sich auf eine gesetzliche Pflicht berufen zu können wie vor dem Inkrafttreten des CIC/83 oder eine automatisierte Übersendung des Urteils von Amts wegen wie vor Inkrafttreten des M. P. *Mitis Iudex Dominus Iesus* ist nicht mehr gegeben.

704 Vgl. Pagé: Reflections of a Judicial Vicar, S. 65.

4. Ergebnisse der Untersuchung und Diskussion

Bisher wurden Ehen als kanonische Prozesssachen behandelt und eine theologische und kanonistische Grundlegung des Rechtsmittels der Berufung bei Ehenichtigkeitsverfahren vorgenommen. Es ist einerseits deutlich geworden, welchen Stellenwert die Berufung bei Ehenichtigkeitsverfahren einnimmt, andererseits konnte aber auch aufgezeigt werden, dass durch den Wegfall der doppelten Urteilskonformität in Folge des M. P. *Mitis Iudex Dominus Iesus* ein in den Bereich der Praxis fallendes Desiderat entstanden ist, welches sich in der Person des Ehebandverteidigers manifestiert. Seine neue Bedeutung in der Überprüfung eines affirmativen Urteils der ersten Instanz und das bewusste Einlegen der Berufung, um im Zweifel zu verhindern, dass ein möglicherweise falsches Urteil vollstreckbar wird, ist mehr als deutlich geworden. Neben der Betrachtung dieser theoretischen Komponente scheint es notwendig zu sein, auch einen Blick auf die Berufungspraxis der kirchlichen Gerichte in Deutschland bei Eheverfahren zu werfen. Dazu werden im Folgenden nicht nur statistische Überlegungen vorgenommen und Analysen durchgeführt, sondern es wird auch der Versuch unternommen, die Beweggründe der Ehebandverteidiger zum Einlegen oder Nichteinlegen der Berufung bei erstinstanzlichen affirmativen Urteilen greifbarer und verständlicher zu machen.

4.1 Entwicklung der Verfahrensstatistiken

Das M. P. *Mitis Iudex Dominus Iesus* trat am 08.12.2015 in Kraft. Damit können für einen knappen Monat des genannten Jahres keine verlässlichen Aussagen getroffen werden, da die in diesem Monat durch Urteil entschiedenen Ehenichtigkeitsverfahren bereits die Novellierung des Eheprozessrechts berücksichtigen mussten. Dennoch scheint eine Aufteilung der im Folgenden dargestellten Statistiken und Diagramme in Monate oder noch granularere Einheiten nicht sinnvoll zu sein. Die Betrachtung der statistischen Entwicklung der Berufungszahlen erfolgt neben dem Jahr 2015 auch für drei Jahre vor und drei Jahre nach dem Inkrafttreten des M. P. *Mitis Iudex Dominus Iesus*. Die Gerichtsjahre 2012 bis einschließlich 2017 werden berücksichtigt. Die der vorliegenden Arbeit zugrundeliegenden Daten wurden dankenswerterweise vom Erzbischöflichen Offizialat Köln als zentrale Stelle für kirchlich-gerichtliche Statistiken in Deutschland,[705]

705 Zu den kirchlichen Gerichten in Deutschland oder im Bereich der DBK gehören im Untersuchungszeitraum 2012 bis 2017 in alphabetischer Reihenfolge folgende

nach Genehmigung der Weitergabe der Daten durch jedes einzelne kirchliche Gericht, dem Autor der vorliegenden Arbeit zur Verfügung gestellt.[706] Für die Betrachtungen der Statistiken auf Ebene der Gesamtkirche wurde das *Annuarium Statisticum Ecclesiae*, das von offizieller kirchlicher Seite herausgegeben wird, für die genannten Zeiträume genutzt.[707] Da dieses statistische Jahrbuch zwei Jahre nach der behandelten Zeitspanne erscheint, konnten in der vorliegenden Arbeit für das Jahr 2018 keine statistischen Daten zugrunde gelegt werden. Dieser Umstand marginalisiert sich allerdings dahingehend, dass diese Daten nicht unbedingt für den Kern der Arbeit eine entscheidende Bedeutung haben, sondern lediglich für einen Vergleich zu den Statistiken der kirchlichen Gerichte im Bereich der DBK herangezogen werden. Die exzerpierten und dargestellten Daten stellen eine Auswahl des Autors der vorliegenden Arbeit dar, deren Betrachtung im Kontext der Frage nach Berufung, Berufungspraxis und Auswirkungen des Wegfalls der doppelten Urteilskonformität sinnvoll erscheint und erheben nicht den Anspruch der Vollständigkeit. Sinn und Zweck dieses Kapitels ist es nicht, durch statistische Analysen definitive Aussagen oder als sicher eintretend einzustufende Vorhersagen zu treffen – dies ist schon auf Grund der Natur von Ehenichtigkeitsverfahren nicht möglich. Vielmehr sollen einzelne Trends aufgezeigt werden, die es ermöglichen sollen, einen differenzierteren und

Diözesan- und Interdiözesangerichte: Bischöfliches Offizialat Aachen, Bischöfliches Konsistorium Augsburg, Erzbischöfliches Offizialat Bamberg, Erzbischöfliches Konsistorium Berlin, Bischöfliches Offizialat Eichstätt, Interdiözesanes Offizialat Erfurt mit Dresden, Görlitz sowie Magdeburg, Erzbischöfliches Offizialat Freiburg, Bischöfliches Offizialat Fulda, Bischöfliches Offizialat Hildesheim, Erzbischöfliches Offizialat Köln mit Essen, Bischöfliches Offizialat Limburg, Bischöfliches Offizialat Mainz, Erzbischöfliches Konsistorium München-Freising, Bischöfliches Offizialat Münster, Interdiözesanes Offizialat Osnabrück mit Hamburg sowie Schwerin, Erzbischöfliches Offizialat Paderborn, Bischöfliches Konsistorium Passau, Bischöfliches Konsistorium Regensburg, Bischöfliches Offizialat Rottenburg-Stuttgart, Bischöfliches Offizialat Speyer, Bischöfliches Offizialat Trier und Bischöfliches Offizialat Würzburg. Hierbei werden die Bezeichnungen Konsistorium und Offizialat synonym verwendet; diese bezeichnen jeweils das kirchliche Gericht.

706 Vgl. Erzbischöfliches Offizialat Köln (2018): Übersichten der Gerichtsjahre 2012–2017 über die Zahl der Verfahren bei kirchlichen Ehegerichten im Bereich der Deutschen Bischofskonferenz. Eigenverlag: Köln.

707 Vgl. Secretaria Status Rationarium Generale Ecclesiae (2013–2019): Annuarium Statisticum Ecclesiae 2011–2017 – Statistical Yearbook of the Church – Annuaire Statistique de l'Eglise. Libreria Editrice Vaticana: Città del Vaticano.

reflektierteren Blick auf den Wegfall der zweiten Pflichtinstanz durch das M. P. *Mitis Iudex Dominus Iesus* zu werfen. Der Entwicklung der neuen oder anhängigen Verfahren sowie der Berufungszahlen in der dritten und vierten Instanz wird an dieser Stelle keine Bedeutung beigemessen, da es sich um quantitativ sehr wenige Fälle handelt, die es nicht erlauben, aussagekräftige Beobachtungen und eingeschränkt generalisierbare Trends abzulesen.[708]

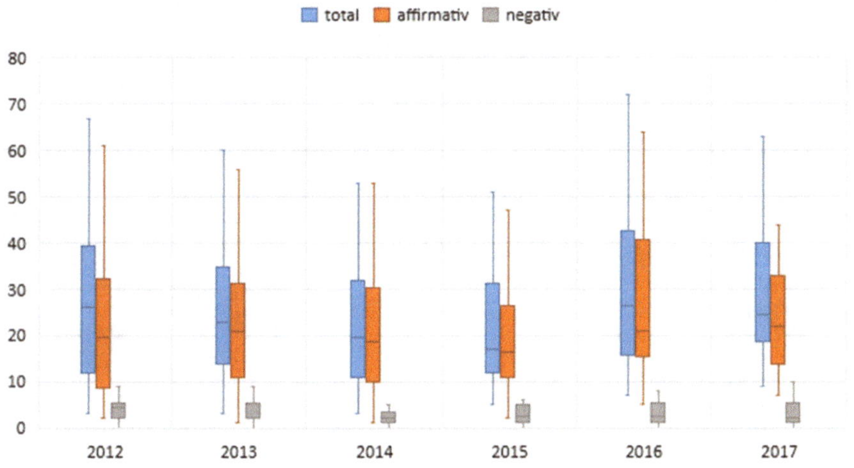

Abb. 1: Verteilung erstinstanzlicher Urteile aller deutschen Kirchengerichte[709]

Die Aufteilung der gefällten Urteile in erster Instanz bei den 22 kirchlichen Gerichten in Deutschland unter alleiniger Berücksichtigung von Ehenichtigkeitsverfahren wird in Abb. 1 dargestellt. Die gewählte grafische Darstellungsart in Form von Box-Plots berücksichtigt die statistischen Angaben und damit die Tätigkeit jedes einzelnen Kirchengerichts im Bereich der DBK.[710] Das bedeutet,

708 In den Jahren 2012 bis 2017 sind in der ersten Instanz 4.021 Verfahren hinzugekommen, in der zweiten Instanz 2.157, in der dritten Instanz 109 und in der vierten Instanz insgesamt lediglich zwei Verfahren.

709 Für die Quelle der Daten in diesem und allen folgenden Diagrammen vgl. Fnn. 706, 707.

710 Zum vertiefenden Verständnis von Box-Plots, auch Box-and-Whisker-Plots genannt, sei an dieser Stelle, weil sie zu den allgemein eher selten benutzten Diagrammarten gehören, als Einstiegslektüre auf folgendes Springer-Lehrbuch und die dortigen Literaturverweise hingewiesen: Bortz, Jürgen; Döring, Nicola (2006): Forschungsmethoden

dass die farbigen Boxen als Interquartilsabstand jeweils die Hälfte der mittleren Ergebnisse berücksichtigen. Um die Übersichtlichkeit des Diagramms zu gewährleisten, wurde auf die Anzeige von so genannten Ausreißerpunkten – deren Betrachtung sicherlich auch interessant wäre – verzichtet. Die Intention bei der Darstellung von Abb. 1 ist es, einen Überblick über die Tätigkeit der kirchlichen Gerichte in Deutschland in erster Instanz zu ermöglichen und insbesondere die Verteilung der gefällten Urteile zu berücksichtigen. Es wird deutlich, dass sich die Anzahl an Urteilen in den Jahren 2012 bis 2017 pro Gericht deutlich unterscheiden. Um dies beispielhaft zu verdeutlichen, sei an dieser Stelle auf folgende Diskrepanz hingewiesen: So wurden z. B. 2016, dem Jahr mit der größten Anzahl an Urteilen im Untersuchungszeitraum, als maximaler Wert im Offizialat Rottenburg-Stuttgart 72 Ehenichtigkeitsverfahren durch Fällung eines Urteils entschieden, als minimaler Wert im Offizialat Speyer lediglich sieben. Gründe hierfür sind insbesondere die unterschiedliche Anzahl an Katholiken innerhalb der einzelnen Bistümer und Erzbistümer im Bereich der DBK. Dies

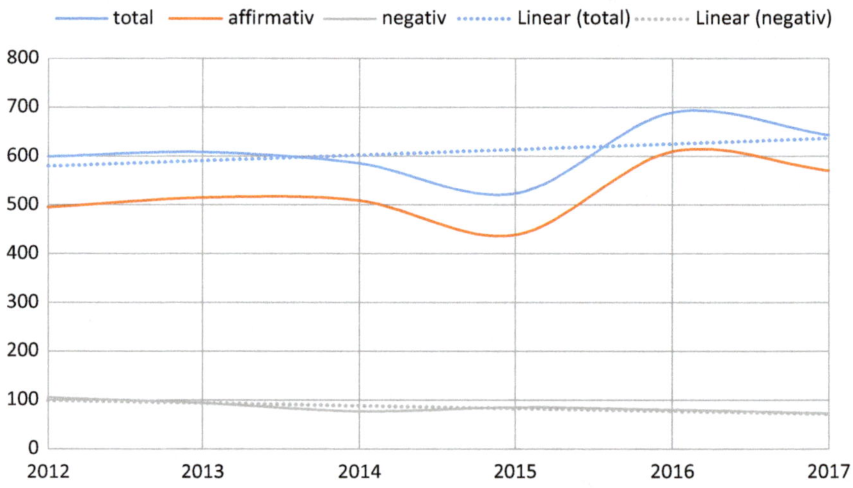

Abb. 2: Entwicklung der Gesamtanzahl an Urteilen der ersten Instanz[711]

und Evaluation für Human- und Sozialwissenschaftler. Vierte Auflage. Springer Medizin Verlag: Heidelberg, S. 374–375.

711 Wenn in den dargestellten Diagrammen eine Trendlinie angezeigt wird, so ist der lineare Trend gemeint, der in Form einer gestrichelten Linie in seiner Bezugsfarbe eingezeichnet ist.

kann allerdings unter Verweis auf die in Kapitel 2.3 beschriebenen Zuständigkeitsregelungen nicht der einzige Grund sein. Des Weiteren haben in diesem Bereich auch das flächendeckende Angebot an Beratungsgesprächen, die bereits einen quasi obligatorischen Charakter haben, sowie die regional verschiedene Bekanntheit von Ehenichtigkeitsverfahren und der Wille, ein Ehenichtigkeitsverfahren anzustoßen und durchzuhalten.

Die Entwicklung der Gesamtzahl an Urteilen in der ersten Instanz bei kirchlichen Gerichten im Bereich der DBK für Ehenichtigkeitsverfahren, aufgeteilt in affirmative und negative Ausgänge, wird in Abb. 2 dargestellt. Interessant ist der leichte Knick bei den im Jahr 2015 ergangenen Urteilen, sowie der große Zuwachs im Jahr 2016 und darüber hinaus. Dies lässt sich wohl fast ausschließlich durch das M. P. *Mitis Iudex Dominus Iesus* erklären: In Kenntnis einer der folgenreichsten Auswirkungen der Novellierung des Eheprozessrechts spätestens ab September 2015, die auch die vorliegende Arbeit stark prägt, dem Wegfall der doppelten Urteilskonformität und damit der Übersendung eines affirmativen Urteils der ersten Instanz an eine zweite Pflichtinstanz, wird es zu einer bewussten Zurückhaltung oder Verschleppung von Urteilen gekommen sein. Diese Vorgehensweise kann *per se* nicht als negativ bezeichnet werden, liegt sie doch insbesondere zumindest im Interesse der klagenden Partei und spiegelt deutlich eine durchaus wünschenswerte Prozessökonomie wider. Auch sind die in c. 1453 genannten Höchstgrenzen für die Verfahrensdauer eher als Richtwerte zu verstehen, die sowieso häufig nicht eingehalten werden können. Der Passus, dass „alle Verfahren möglichst bald zu Ende geführt werden", ist nicht strafbewehrt.

Die angedeutete Vermutung würde nicht nur den Abfall der ergangenen Urteile im Jahr 2015 erklären, sondern auch den sprunghaften Anstieg im Jahr 2016 sowie die wieder abfallende Tendenz im Jahr 2017. Aus Abb. 2 lässt sich eine zweite interessante Beobachtung ablesen: Die Anzahl der jährlichen negativen Urteile in der ersten Instanz bleibt prozentual nahezu identisch, bei leicht abfallender Tendenz. Das führt dazu, dass die Kurve der Gesamtzahl an Urteilen im Vergleich zur Kurve, die als Teilmenge davon die affirmativen Urteile darstellt, nahezu parallel verläuft. Selbst der angesprochene Knick im Jahr 2015, der Sprung im Jahr 2016 und die Abflachung auf hohem Niveau im Jahr 2017 wird identisch abgebildet. Insgesamt lässt sich feststellen, dass die linearen Trendlinien deutlich machen, dass die Anzahl der Urteile stetig steigt, wohingegen die Anzahl der negativen Urteile eine leicht sinkende Tendenz aufweist. Deutlich wird, dass über den Betrachtungszeitraum gesehen im Jahr 2016 so viele Urteile in Ehenichtigkeitsverfahren der ersten Instanz ergangen sind, wie während des Untersuchungszeitraums sonst nie – und das unter plausibler Korrelation des Anteils der negativ ausgefallenen Urteile.

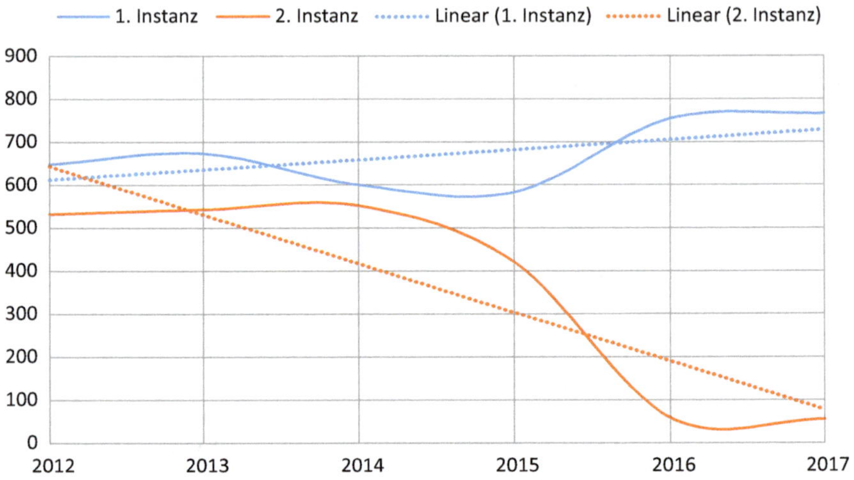

Abb. 3: Neu hinzugekommene Ehenichtigkeitsverfahren nach Instanzen

Nachdem die Fragestellung bereits mehrfach implizit angeklungen ist, wird die Anzahl der neu hinzugekommenen Ehenichtigkeitsverfahren in der ersten und zweiten Instanz aufgeteilt nach Jahren in Abb. 3 dargestellt. Es wird deutlich, dass die Anzahl in den Jahren 2012 bis einschließlich 2014 relativ stabil geblieben ist, wohingegen es zu einem Abfall zumindest im Bereich der zweiten Instanz bereits im Jahr 2015 kommt. Dies untermauert auch die zu Abb. 2 aufgestellte und erläuterte Hypothese zur bewussten oder unbewussten Verschleppung von Urteilsfällungen in der ersten Instanz vor dem Hintergrund des zwar veröffentlichten, aber noch nicht in Kraft getretenen neuen Eheprozessrechts. Die in Abb. 3 dargestellten Daten verdeutlichen allerdings zwei weitere positive Aspekte, die direkt auf das M. P. *Mitis Iudex Dominus Iesus* zurückgeführt werden können: So ist die Zahl der neu hinzugekommenen Ehenichtigkeitsverfahren im Jahr 2016 deutlich angestiegen. Dies lässt sich auf die mediale Präsenz der Änderungen am CIC/83 durch Papst Franziskus zurückführen, die – wie bereits angeklungen ist – nicht immer korrekt auf die Änderung des formalen Prozessrechts rekurrierte, sondern nie stattgefundene Änderungen am materiellen Eherecht proklamiert haben. Anders ausgedrückt, konnte durch die mediale Berichterstattung für kanonistisch unbedarfte Beobachter leicht der Eindruck entstehen, dass die Nichtigerklärung einer bestehenden kirchlichen Ehe seit dem M. P. *Mitis Iudex Dominus Iesus* leichter möglich sein soll.

Der Wegfall der doppelten Urteilskonformität – hier ist ein übereinstimmendes affirmatives Urteil gemeint, damit einer neuen kirchlichen Eheschließung nicht das Hindernis des bestehenden Ehebandes[712] entgegensteht – wird in Abb. 3 durch den massiven Einbruch der Verfahren in der zweiten Instanz offensichtlich: Hierunter fallen nur noch Eheverfahren, bei denen Berufung eingelegt worden ist, unabhängig davon, ob diese negativ oder affirmativ ausgegangen sind – sei es durch den Ehebandverteidiger ausschließlich bei affirmativen Urteilen oder eine der Parteien, in aller Regel bei negativen Urteilen. Interessant ist die beginnende quantitative Auseinanderbewegung der Kurven der neu hinzugekommenen Ehenichtigkeitsverfahren in der ersten und zweiten Instanz schon im Jahr 2015, was vermutlich dem Inkrafttreten des M. P. *Mitis Iudex Dominus Iesus* Anfang Dezember geschuldet ist, sodass bereits alle ab dem 08.12.2015 ergangenen Urteile nicht mehr von Amts wegen an das Berufungsgericht übermittelt werden mussten.

Eine interessante Einzelbetrachtung in diesem Zusammenhang stellt das Offizialat Würzburg dar. Obwohl in den Jahren 2012 bis 2017 insgesamt 154 Urteile in der ersten Instanz gefällt worden sind, vermelden die kirchlichen Statistiken kein einziges negatives Urteil. Da sich dieser Umstand nicht auf einen eindeutigen und naheliegenden Grund subsummieren lässt, ergab eine Anfrage beim zuständigen Offizial,[713] dass in Fällen, in denen kein kanonischer Nichtigkeitsgrund ersichtlich ist, die Interessenten deutlich auf diesen Umstand hingewiesen werden. Auch werden die beteiligten Parteien informiert, sollte sich der Klagegrund nicht beweisen lassen, was wohl regelmäßig zu einem Verzicht auf die anhängige Klage führt, weil ein möglicherweise neues Verfahren erneut in erster Instanz geführt werden könnte.[714] Hieraus ergibt sich die angesprochene Eigenart keiner negativen Urteile über einen Zeitraum von mindestens sieben Jahren. Dieser kurz skizzierte Umstand soll verdeutlichen, dass statistische Daten verschiedene Interpretationen ermöglichen, die nicht immer mit der Wirklichkeit übereinstimmen.

---

712 Vgl. c. 1085 § 1.

713 Diese Informationen wurden dem Email-Verkehr des Autors der vorliegenden Arbeit mit dem Würzburger Offizial, Domkapitular Dr. Stefan Rambacher, am 19.06.2018 entnommen.

714 Das dies keine generelle, auf alle genannten Konstellationen anwendbare Aussage ist, zeigt z. B. das skizzierte Fallbeispiel in: Castell, Ernst Freiherr von (2006): Bis zum bittern Ende? Über die Unmöglichkeit, offenkundig aussichtslose Annullierungsverfahren von Amts wegen einzustellen. In: DPM, 13. Lang: Frankfurt, S. 107–117.

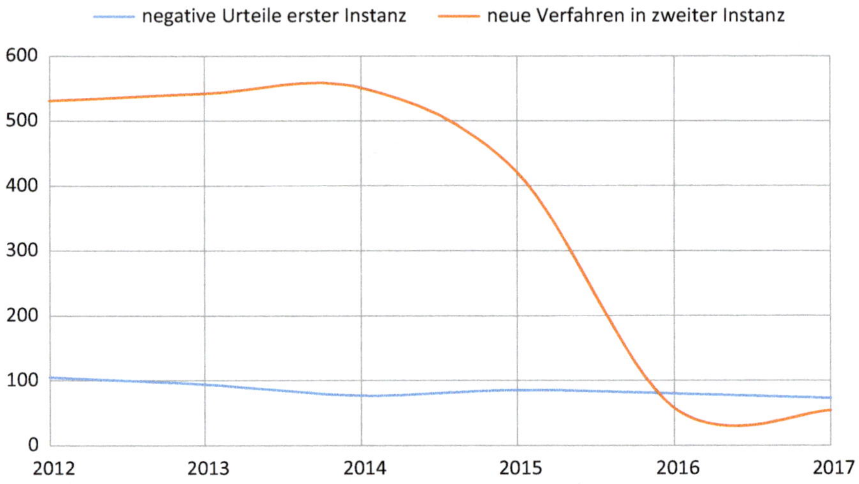

Abb. 4: Negative Urteile erster Instanz und neue Verfahren zweiter Instanz

Die in dem Diagramm in Abb. 4 dargestellten Daten stellen eine Gegenüberstellung der neu hinzugekommenen Verfahren in der zweiten Instanz mit den im selben Jahr ergangenen negativen Urteilen der ersten Instanz dar. Durch die Notwendigkeit der Übersendung von affirmativen Urteilen der ersten Instanz an die Berufungsinstanz kommt es zu der dargestellten hohen Diskrepanz in den Jahren 2012 bis 2015. Dennoch wird bereits im Jahr 2015 ein deutlicher Rückgang der zweitinstanzlichen Neuverfahren deutlich. Mögliche Gründe hierfür wurden bereits genannt: Die Geltung der Novellierung ab Anfang Dezember sowie das mögliche Zurückhalten der Urteilsverkündigung. Ab 2016 lässt sich ein bisher anhaltender Trend feststellen, dass gegen nahezu jedes negative erstinstanzliche Urteil das Rechtsmittel der Berufung eingelegt wird. Lediglich bei einem in absoluten Zahlen kleinen, aber dennoch relativ konstantem Anteil an Fällen endet das Verfahren mit negativem Urteil erster Instanz.[715] Vermutlich konnte durch den Urteilstext oder ein beratendes Gespräch verdeutlicht werden, dass es sich um aussichtslose Fälle handelt oder die Durchführung eines ordentlichen Ehenichtigkeitsverfahrens in der zweiten Instanz wurde aus zeitlichen und finanziellen Gründen nicht mehr gewünscht.

715 Relativ betrachtet handelte es sich im Jahr 2016 um genau 27,5 % und 2017 etwa 26 % der negativen Fälle in erster Instanz, bei denen keine Berufung eingelegt worden ist.

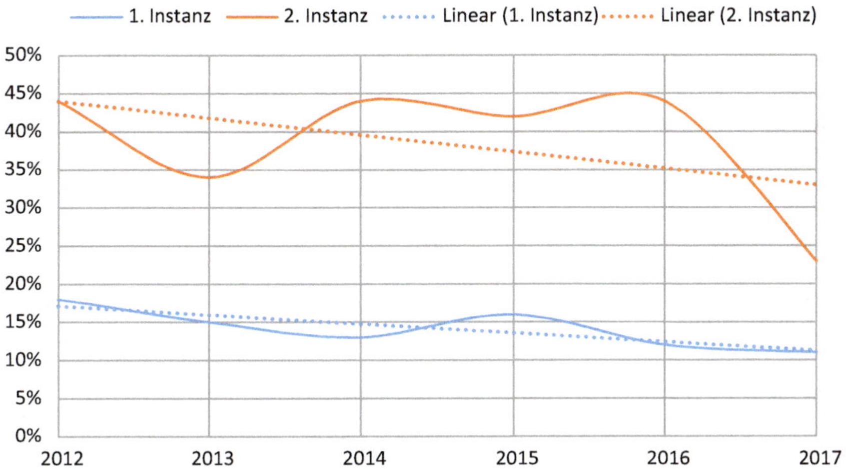

Abb. 5: Prozentualer Anteil negativer Urteile aller deutschen Kirchengerichte

Abb. 5 stellt den prozentualen Anteil negativer Urteile nach Instanzen aufgeteilt dar. Während der Anteil negativer Urteile in der ersten Instanz relativ beständig im Bereich um etwa 15 % liegt, kommt es unter Berücksichtigung ausschließlich der zweiten Instanz zu deutlichen Bewegungen. Während zwischen den Jahren 2012 bis einschließlich 2016 der Anteil stets zwischen etwa 35 % und etwas unter 45 % pendelte, kam es 2017 zu einem drastischen Einbruch auf etwa 23 %. Deutlich wird im Umkehrschluss auch, dass ein sehr hoher Prozentsatz an Urteilen in der ersten Instanz affirmativ ausgeht, also die Nichtigkeit einer Ehe feststellt. Dies liegt nicht an einem möglicherweise vorliegenden Laxismus, sondern das System der flächendeckenden Beratungsgespräche im Vorfeld einer Klageerhebung ist im Bereich der DBK so gut ausgebaut, dass offensichtlich aussichtslose Fälle bereits im Vorfeld aussortiert werden können und *de facto* aussortiert werden. Zusätzlich gibt es in Deutschland viele an den einzelnen Gerichten zugelassene kirchliche Anwälte, die bei Aussichtslosigkeit einer Klage auf diesen Umstand hinweisen können. Insgesamt lässt sich festhalten, dass der lineare Trend bei negativen Urteilen sowohl in der ersten als auch in der zweiten Instanz abnehmend ist. Ohne die deutliche prozentuale Abnahme der negativen Urteile in der zweiten Instanz aus dem Jahr 2017 wäre der Gesamttrend über den dargestellten Zeitraum von sieben Jahren insgesamt positiv, d. h. leicht steigend.

Um besser einschätzen zu können, inwieweit die Daten der kirchlichen Gerichte im Bereich der DBK mit denen der Gesamtkirche kongruent verlaufen

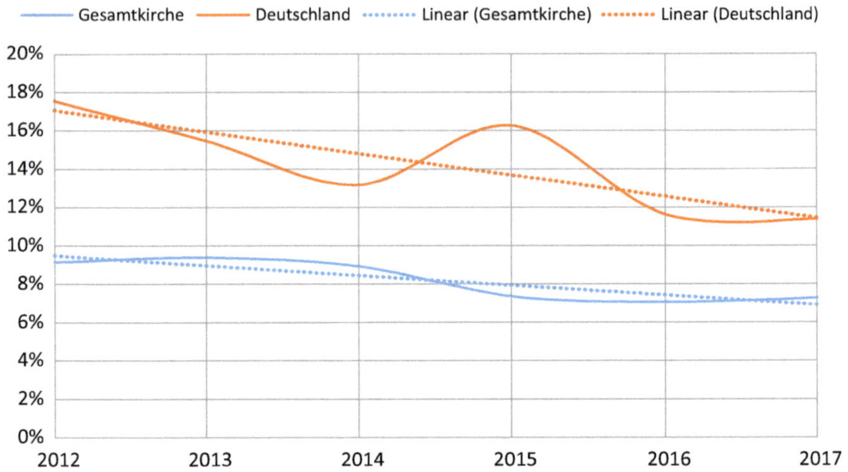

Abb. 6: Anteil negativer Urteile in erster Instanz im weltweiten Vergleich

und zu vergleichen sind, findet sich in Abb. 6 der prozentuale Anteil an negativen Urteilen in der ersten Instanz sowohl weltweit, als auch auf Deutschland bezogen dargestellt. Dabei wurden ausschließlich ordentliche Ehenichtigkeitsverfahren herangezogen, die mit einem Urteil geendet haben, nicht hingegen Bestätigungsdekrete. Der sprunghafte Anstieg an negativen Urteilen im Bereich der DBK im Jahr 2015 wird weltkirchlich betrachtet nicht abgebildet. Es handelt sich also um eine partikulare Eigenart oder besser gesagt um einen statistischen Ausreißer, der durch die große Anzahl an Vergleichswerten weltweit egalisiert wird. In den Jahren 2016 und 2017 haben sich die Werte zwischen dem Bereich der DBK und der weltkirchlichen Betrachtung auf einem vergleichbaren Niveau eingependelt und verlaufen parallel. Ziemlich eindeutig ist, dass die linearen Trendlinien sowohl im Bereich der Kirchengerichte sowohl in Deutschland als auch weltweit negativ sind, also die Anzahl der negativen Urteile in der ersten Instanz Im Betrachtungszeitraum von 2012 bis 2017 kontinuierlich abnehmen. Dennoch lässt sich ab dem Jahr 2016 ein minimaler Anstieg feststellen, den es über die nächsten Jahre zu beobachten gilt, denn mit dem Wegfall der zweiten Pflichtinstanz können die Gerichte eher geneigt sein, bei schwierigen und unklaren Fällen in erster Instanz ein negatives Urteil zu sprechen.

In Abb. 7 findet sich der prozentuale Anteil an negativen Urteilen in der zweiten Instanz sowohl weltweit als auch auf Deutschland bezogen dargestellt. Markant fällt auf, dass sich die große Diskrepanz in den Jahren 2012 bis 2015 von

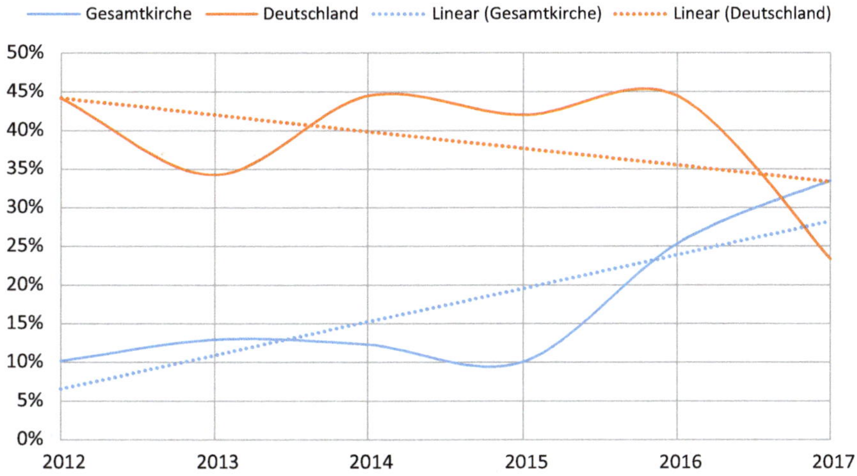

Abb. 7: Anteil negativer Urteile in zweiter Instanz im weltweiten Vergleich

teilweise über 30 % Abweichung sich ab 2016 nicht nur anfanghaft marginalisiert, sondern im Jahr 2017 sogar ins Gegenteil verkehrt: Erstmals wurden im gesamten Betrachtungszeitraum von 2012 bis 2017 weltkirchlich betrachtet prozentual mehr negative Urteile in zweiter Instanz gefällt als im Bereich der DBK. Woher die Verdoppelung der relativen Zahl an negativen Urteilen im Jahr 2016 bei weltkirchlicher Betrachtung resultiert, lässt sich nur erahnen. Ein Verdacht besteht tatsächlich hinsichtlich der Einlegung der Berufung durch Ehebandverteidiger nach affirmativen Urteilen der ersten Instanz – diese Fälle könnten bei ernsten Bedenken, die vorliegen müssen, bevor in aller Regel von dem Rechtsmittel Gebrauch gemacht wird, dazu führen, dass diese tatsächlich auch in der zweiten Instanz negativ ausgehen. Des Weiteren scheint es plausibel zu sein, dass die Neuordnung des Eheprozessrechts dazu genutzt wurde, sich verstärkt mit der Materie auch im gerichtspraktischen Alltag auseinanderzusetzen. Auch die Tendenz, nach Wegfall der zweiten Pflichtinstanz häufiger negative Urteile zu fällen, um diese einer erneuten Überprüfung zu unterziehen, ist denkbar. Besonders deutlich wird der gegenseitige Verlauf der beiden Kurven bei Hinzuziehung der eingezeichneten linearen Trendlinien.

Die beiden vorangegangenen Diagramme in Abb. 6 und Abb. 7 werden in der oben dargestellten Abb. 8 für den Bereich der DBK wieder aufgegriffen. So findet sich der prozentuale Anteil der negativen Urteile der ersten und zweiten Instanz der Jahre 2012 bis 2017 und als separate Kurve dargestellt die negativen

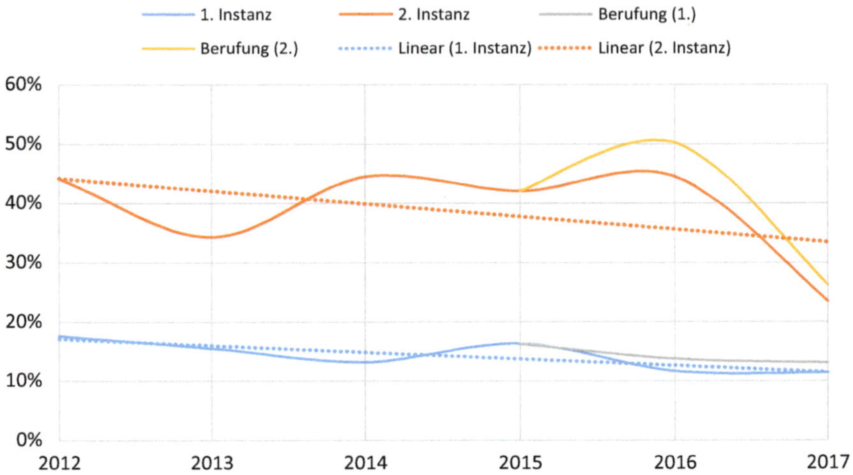

Abb. 8: Negative Urteile und Berufungen des Ehebandverteidigers

Urteile einschließlich der durch die Ehebandverteidiger eingelegten Berufungen ab dem Jahr 2016. Eine entscheidende statistische Größe, um die Effektivität und die Wahrnehmung ihrer neuen Bedeutung durch die Ehebandverteidiger zumindest ansatzweise taxieren zu können, ist der in Abb. 8 dargestellte prozentuale Anteil der Berufung durch den Ehebandverteidiger im Verhältnis zu affirmativen Urteilen in der ersten und zweiten Instanz ab dem Jahr 2016. Deutlich wird, dass das Rechtsmittel der Berufung durch die Ehebandverteidiger nur äußert selten eingesetzt wird, nämlich 2016 in erster Instanz in etwa 2,1 % und in zweiter Instanz in etwa 5,7 % aller affirmativen Urteile. Im Jahr 2017 hat sich dieser Wert sogar erneut verringert und liegt bei 1,8 % und 2,8 %. Insgesamt lässt sich feststellen, dass der lineare Trend, der bei einer Betrachtung von einem Zeitraum von nur drei Jahren nicht wirklich aussagekräftig sein kann, negativ ist, d. h. die relative Anzahl an Berufungen durch die Ehebandverteidiger nimmt weiter ab, obwohl sie sich auf einem ohnehin schon niedrigen Niveau befindet.

Neben der Betrachtung der statistischen Angaben aller kirchlichen Gerichte im Bereich der DBK als Gesamtsumme, werden in Abb. 9 die einzelnen Kirchengerichte hinsichtlich der Berufung durch den Ehebandverteidiger nach einem affirmativen Urteil in der ersten Instanz in den Jahren 2016 bis 2017 separat betrachtet. Die sieben genannten Bistümer und Erzbistümer – Köln ist einschließlich Essen zu verstehen, zu Osnabrück gehört Hamburg – sind die einzigen Gerichte, bei denen im gesamten Untersuchungszeitraum vom Rechtsmittel

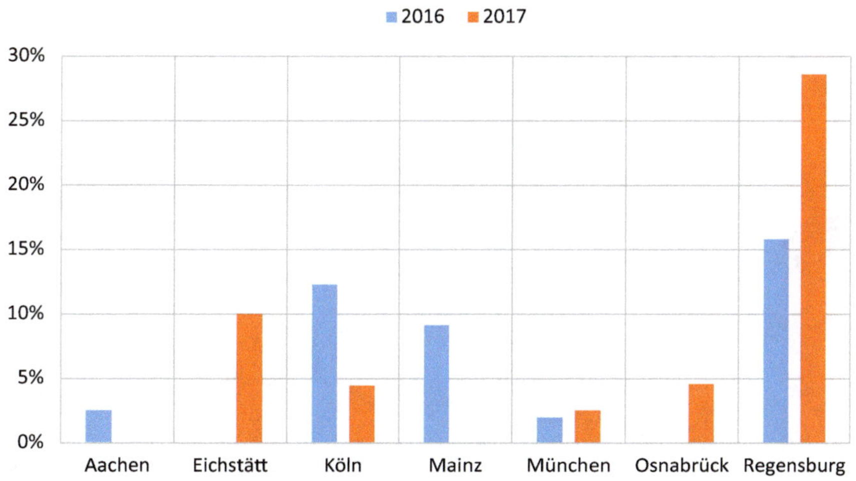

Abb. 9: Verhältnis der Berufung durch den Ehebandverteidiger nach Gerichtsort

der Berufung durch den Ehebandverteidiger Gebrauch gemacht wurde. Allein dieser Umstand ist bereits eine Erwähnung wert, gerade weil er nicht zwangsläufig aus dem Diagramm in Abb. 9 hervorgeht. In sieben Bistümern wurden nur in einem der in Frage kommenden zwei Jahre durch den Ehebandverteidiger Berufung eingelegt. Lediglich in drei Bistümern – namentlich Köln mit Essen, München und Regensburg – wurde jeweils in allen zwei Jahren Berufung eingelegt. Es existieren zwei grundsätzliche Erklärungsmöglichkeiten für diesen Umstand: Möglicherweise ist die Qualität der Urteile so hoch, dass in jedem Einzelfall von einer Berufung abgesehen werden konnte. Es könnte aber auch sein, dass die Ehebandverteidiger – aus welchen Gründen auch immer – ihrer Aufgabe der Urteilsüberprüfung und Berufungseinlegung nicht im erwarteten Maße nachkommen.

Bei der Betrachtung der statistischen Auswertungen sticht das Konsistorium Regensburg positiv hervor. Daher wird dieses hier explizit in absoluten Zahlen und einzeln dargestellt. In Abb. 10 finden sich die dazugehörigen, während des Untersuchungszeitraums in den Jahren 2012 bis 2017 ergangenen Urteile, sowohl insgesamt als auch in affirmative und negative Urteilstenore aufgeteilt. Zusätzlich wird ab dem Jahr 2016 auch der Verlauf der Berufungen durch den Ehebandverteidiger angezeigt. Obwohl die Anzahl der affirmativen Urteile ab dem Spitzenjahr 2016 abnimmt, steigt die Zahl der Berufungen durch den Ehebandverteidiger. Es lässt sich auch deutlich erkennen, dass die Berufungen nicht

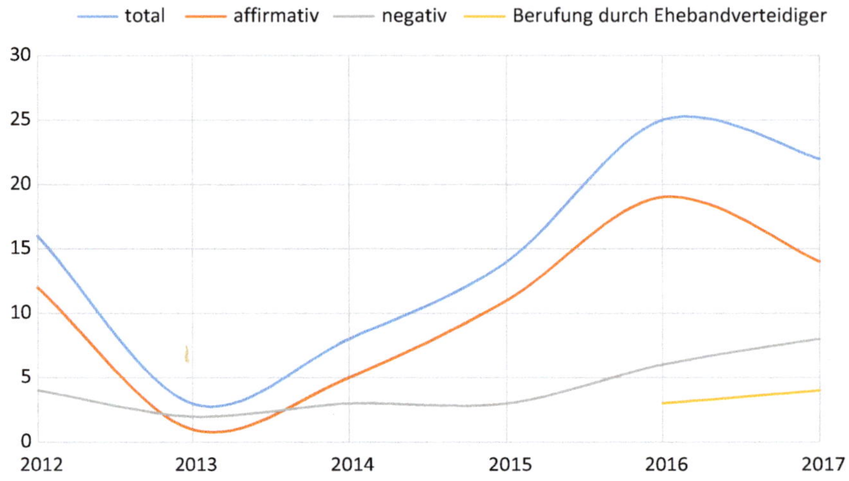

Abb. 10: Blick auf die Verfahrensstatistik des Konsistoriums Regensburg

einfach konsequent gegen jedes affirmative Urteil eingelegt werden, was den Änderungen des M. P. *Mitis Iudex Dominus Iesus* zuwiderlaufen würde, aber dennoch nach persönlicher Aussage von Nikolaus Schöch von der Apostolischen Signatur vereinzelt vorkommt.[716] Für das letzte analysierte Jahr 2017 gilt: Von 22 gefällten Urteilen waren 14 affirmativ, acht negativ und der Ehebandverteidiger legte in vier Fällen Berufung ein. Damit entspricht der Anteil an Urteilen, die in der Gerichtsstatistik des Konsistoriums Regensburg schon in der ersten Instanz im Jahr 2017 vollstreckbar wurden, etwa 45 %. Ohne die Aussage jemals verifizieren zu können, sei an dieser Stelle hypothetisch gesagt, dass die Entwicklung der Statistik des Konsistoriums Regensburg sicherlich dem entsprach, was Papst Franziskus bei der Promulgation als *mens legislatoris* und *mens legis* vor Augen hatte: Der Ehebandverteidiger legt Berufung ein, wenn er von der Nichtigkeit einer Ehe nicht überzeugt ist und sichert so die hohe Qualität der kirchlichen Rechtsprechung, auch und insbesondere nach Wegfall der doppelten Urteilskonformität. Dennoch laufen die Ehenichtigkeitsverfahren zügiger ab, da in unproblematischen Fällen das erste affirmative Urteil vollstreckbar werden kann.

716 Das Gespräch mit Pater Nikolaus Schöch, aus dem die Aussage inhaltlich entnommen wurde, fand im Rahmen des Seminars „Struktur und Arbeitsweise der Römischen Kurie" am 01.03.2018 in den Räumlichkeiten der Apostolischen Signatur statt.

4.2 Rückmeldungen der Ehebandverteidiger

Um die Beweggründe der Ehebandverteidiger, warum sie in der Praxis Berufung einlegen würden und warum nicht, besser beurteilen und verstehen zu können, wurde im Rahmen der vorliegenden Arbeit eine qualitative Datenerhebung durchgeführt. Hierbei handelt es sich um keine empirisch-soziologische Untersuchung mit den daraus resultierenden Ansprüchen. Vielmehr werden einzelne Beobachtungen dargestellt und Schlüsse daraus gezogen. Dabei wird nicht der Anspruch erhoben, zwingende Schlussfolgerungen zu ziehen oder Gesetzmäßigkeiten aufzuzeigen. Zentral ist die Ermittlung der praktischen Konsequenzen für die Ehebandverteidiger, die sich aus dem Inkrafttreten des M. P. *Mitis Iudex Dominus Iesus* ergeben haben und wie diese in die Berufungspraxis einfließen. Das Vorgehen und Ziel dieser Datenerhebung wird im Folgenden dargestellt.

Für die Befragung der Ehebandverteidiger wurde im Vorfeld ein Fragebogen bestehend aus zwölf Fragen rund um die Thematik Berufung, Berufungspraxis und Auswirkungen des Wegfalls der doppelten Urteilskonformität erarbeitet.[717] Zusätzlich wurde abgefragt, in welchem Anstellungsverhältnis sich der Ehebandverteidiger zu dem Gericht befindet, in dem er tätig ist, also ob er haupt- oder nebenamtlich wirkt. Angeschrieben wurden alle Ehebandverteidiger an den kirchlichen Diözesan- und Interdiözesangerichten im Bereich der DBK.[718] Bei 32 Ehebandverteidigern konnten die persönlichen Kontaktdaten leicht herausgefunden werden. In manchen Gerichten werden diese allerdings nicht öffentlich zugänglich gemacht. In diesem Fall wurden die betreffenden zehn Offizialate mit der Bitte angeschrieben, den Fragebogen an die eigenen Ehebandverteidiger weiterzuleiten.[719] Ob und wie dies geschehen ist, lässt sich mangels vollumfänglicher Rückmeldungen zu diesem Planungsschritt nicht sicher sagen. Lediglich die Gerichte in München, Passau, Tier und Würzburg haben zurückgemeldet, dass ihre Ehebandverteidiger wunschgemäß informiert worden sind. Letztlich kann man davon ausgehen, dass wohl etwa 50 Ehebandverteidiger erreicht werden konnten. Um die Anonymität der Teilnehmer an der Umfrage zu gewährleisten und auf diese Weise sowohl die Motivation für eine etwaige Teilnahme zu erhöhen, als auch im Hinblick auf eine möglichst ehrliche und der jeweiligen Situation entsprechende Rückmeldung zu bekommen, wurde auf eine Online-Befragung mit Anonymisierung der Nutzerdaten zurückgegriffen.

---

717 Der Fragebogen findet sich auf S. 205 der vorliegenden Arbeit.

718 Vgl. Fn. 705.

719 Konkret handelte es sich hierbei um die kirchlichen Gerichte in Aachen, Berlin, Erfurt, München, Osnabrück, Paderborn, Passau, Regensburg, Trier und Würzburg.

Abb. 11: Chronologischer Verlauf der Rückmeldungen auf die Umfrage

19.06.2018	**20.06.2018**	**21.06.2018**	**22.06.2018**	**26.06.2018**	**28.06.2018**	**29.06.2018**	**02.07.2018**	**03.07.2018**	**04.07.2018**	**10.07.2018**	**19.07.2018**	**11.09.2018**
6	5	3	3	1	1	1	1	1	1	1	1	1

Die Umfrage wurde am 19.06.2018 freigeschaltet und am selben Tag wurden die Ehebandverteidiger bzw. Offizialate angeschrieben und unter kurzer Beschreibung des Prozederes gebeten, an der Umfrage teilzunehmen. Als Plattform wurde Google-Formulare genutzt, welches von der Firma Google Inc. kostenlos zur Verfügung gestellt wird.[720] Eine Teilnahme war bis einschließlich zum 31.12.2018 möglich, die letzten Antworten gingen allerdings bereits am 11.09.2018 ein. Nach diesem Ausschlussdatum wurde die Umfrage geschlossen und die Ergebnisse automatisiert generiert und zusammengestellt. Insgesamt haben in diesem Zeitraum von einem Monat 26 Ehebandverteidiger an der Umfrage teilgenommen, was einer Quote von etwa 50 % entspricht. Von ihnen sind dreizehn haupt- und dreizehn nebenamtlich am Gericht tätig. Ihre Verteilung auf die kirchlichen Gerichte und ein geografischer Schlüssel lassen sich wegen der angesprochenen Anonymität der Teilnehmer nicht ermitteln.[721] Auf dieser Basis konnte die Auswertung der Daten erfolgen. Im Folgenden werden die wesentlichen Erkenntnisse der Auswertung dargestellt. Der Fragebogen zielte darauf ab, folgende sechs ausgewählte Teilbereiche der Berufungspraxis der Ehebandverteidiger und ihres Kontextes nach Inkrafttreten des M. P. *Mitis Iudex Dominus Iesus* möglichst vollumfänglich zu eruieren: Fragen über Veränderungen der Situation des Ehebandverteidigers und der Atmosphäre am Gericht, Auswirkungen auf die Berufungspraxis und den Ehebandverteidiger, die Problematik von möglichen bestehende Unfreiheiten, der pastorale Charakter von Ehenichtigkeitsverfahren, die Einschätzung und persönliche (Amts-) Meinung

720 Die so erstellte Umfrage ist werbefrei, auf unterschiedlichen Endgeräten ausfüllbar und gewährleistet mit hoher Wahrscheinlichkeit, dass die Seite in internen Netzwerken nicht gesperrt ist. Weitere Informationen finden sich unter der Adresse https://docs.google.com/forms im Internet.

721 Dieser Umstand wäre zwar sehr interessant gewesen und hätte weitere Beobachtungen ermöglicht, letztlich war aber ausschlaggebend, dass die Teilnahme einer möglichst großen Anzahl an Ehebandverteidigern nur dann erreicht werden kann, wenn diese wirklich anonym teilnehmen können.

über den Wegfall der zweiten Pflichtinstanz sowie als Sammelsurium eine allgemeine Auffangfrage.

Über eine möglicherweise geänderte Bedeutung des Ehebandverteidigers nach Inkrafttreten des M. P. *Mitis Iudex Dominus Iesus* sind die Aussagen der Teilnehmer an der Umfrage eindeutig. So sehen die Ehebandverteidiger durchaus einen Bedeutungszuwachs bei ihrer Tätigkeit,[722] eine klare Aufwertung des Amtes[723] und eine signifikant größere Verantwortung,[724] die ihnen nach dem Wegfall der zweiten Pflichtinstanz zugekommen ist. Sie haben nun die Möglichkeit – mit den Worten eines Ehebandverteidigers salopp ausgedrückt – dem Gericht „ordentlich in die Suppe [zu] spucken"[725]. Damit einhergehend findet auch eine Veränderung ihrer Stellung im Gericht statt.[726] Dies hat allerdings nicht nur positive Auswirkungen für das Amt des Ehebandverteidigers,[727] denn es führt in der Folge auch zu einer „ungeheure[n] Last [...] [und] ist eine Gewissensbelastung"[728]. Damit sollte aber auch die praktizierte Gerichtshierarchie obsolet werden, nach der die erste Tätigkeit im Gericht die des Ehebandverteidigers war, der teilweise nur belächelt wurde,[729] da er nicht viel falsch machen konnte – das Urteil wurde schließlich grundsätzlich durch die Berufungsinstanz kontrolliert. Auch im Verlauf des Ehenichtigkeitsverfahren wurde ihre Rolle und Funktion mitunter deutlich aufgewertet.[730] Ein Teilnehmer an der Umfrage sprach explizit davon, dass ihm am Gericht sowohl vor, als auch nach dem Inkrafttreten des M. P. *Mitis Iudex Dominus Iesus* dieselbe Wertschätzung entgegengebracht wird.[731] Weitere bezeichneten die Atmosphäre sogar als „kooperativ und gut"[732] oder „[k]ollegial, entspannt, wie immer"[733]. Manche Ehebandverteidiger stellen aber auch keine oder nur marginale Veränderungen ihrer Stellung oder der Atmosphäre ihnen gegenüber innerhalb des Gerichts fest,[734] sind sich aber

722 Vgl. A-02, J-02, Z-02.
723 Vgl. B-02, K-03, P-02.
724 Vgl. C-02, K-02, W-02.
725 Z-02.
726 Vgl. D-02.
727 Vgl. A-04.
728 W-02.
729 Vgl. W-04.
730 Vgl. D-11.
731 Vgl. K-04.
732 P-04.
733 Q-04.
734 Vgl. F-02, F-04, G-04, H-02, I-04, J-04, L-02, L-04, M-02, M-04, N-04, R-04, S-04, V-02, O-04.

dennoch ihrer größeren Verantwortung hinsichtlich der genauen Prüfung des Urteils bei affirmativem Urteilstenor bewusst.[735] Dies gilt besonders dann, wenn „Urteil und Votum des Bandverteidigers nicht übereinstimmen“[736]. Alle Ehebandverteidiger sind sich ihrer Verantwortung bewusst und wollen dieser auch gerecht werden.[737] Es drängt sich der Eindruck auf, dass sich alle amtlicherseits an einem Ehenichtigkeitsverfahren beteiligte Personen seit dem Inkrafttreten des M. P. *Mitis Iudex Dominus Iesus* auch mehr bewusst sind, dass sie miteinander dafür Verantwortung tragen, ein gerechtes und wahrheitsgemäßes Urteil zu fällen.[738] Das „kollegiale Miteinander ist grundsätzlich unverändert gut“[739]. Auch die Sorge insbesondere des beteiligten Richterkollegiums, dass der Ehebandverteidiger Berufung einlegen könnte, scheint nach Auffassung eines Teilnehmers an der Umfrage aktuell größer zu sein als vorher.[740] Ein Ehebandverteidiger hat zurückgemeldet, dass er versucht, möglichst an der Vernehmung der Parteien teilzunehmen, um einen besseren Augenschein zu bekommen, als dieser durch das reine Studium der Akten möglich wäre – dies sei schwierig durchzuhalten und der jeweilige Untersuchungsrichter fühle sich durch die Anwesenheit des Ehebandverteidigers kontrolliert.[741]

Interessant ist in diesem Zusammenhang die Aussage von einem der befragten Ehebandverteidiger, der offen zugibt, dass er seit Inkrafttreten des M. P. *Mitis Iudex Dominus Iesus* sorgfältiger arbeitet, die Animadversiones exakter formuliert und auch darauf hinweist, wenn seiner Meinung nach nur ein unzureichendes Beweismaterial vorlag.[742] Auch dies kann eine der Auswirkungen des Wegfalls der zweiten Pflichtinstanz sein, die sehr zu begrüßen wäre. In einem Fall wurde allerdings auch dediziert eine negative Atmosphäre gegenüber dem Ehebandverteidiger genannt, zusammen mit „verbalen Titulierungen“[743] negativer Art. Von anderer Seite wurde geäußert, dass die Atmosphäre gegenüber dem Ehebandverteidiger sowieso „naturgemäß skeptisch“[744] sei, zwar

---

735 Vgl. F-06.
736 I-02.
737 Vgl. z. B. Q-02, S-02.
738 Vgl. Q-12, U-04.
739 B-04.
740 Vgl. Y-04.
741 Vgl. W-02.
742 Vgl. U-02, U-08.
743 G-05.
744 V-04.

insbesondere – aber eben nicht ausschließlich, d. h. auch das Gericht ist darin eingeschlossen – auf der Seite der klagenden Partei.[745] Zusätzlich kommt es zu einer verbalen Marginalisierung des Amts des Ehebandverteidigers, insbesondere durch die hierarchische Unterordnung unter das Amt des Richters und dem damit implizit vermittelten Gefühl einer nur sekundären Wichtigkeit.[746] Auch wurden eine „schlechte Stimmung und lautstarkes Geschimpfe"[747] zurückgemeldet, sollte der Ehebandverteidiger tatsächlich Berufung einlegen. Ein weiterer Ehebandverteidiger gab an, dass der größte Unterschied im Vergleich zur Rechtslage vor dem Inkrafttreten des M. P. *Mitis Iudex Dominus Iesus* darin liege, dass der Ehebandverteidiger davor „nicht unbedingt tätig sein musste"[748].

Was die Erstellung und Würdigung der Animadversiones der Ehebandverteidiger betrifft, bevor das Richterkollegium sein Urteil verfasst, so lässt sich feststellen, dass es überwiegend zu einer stärkeren Auseinandersetzung mit deren Argumenten kommt.[749] Dies kann nur das Abfassen des Urteils betreffen, da alleine das Richterkollegium weiß, welche Voten die einzelnen Richter geschrieben haben und diese auch nicht für die Ehebandverteidiger einsehbar sind. Die Auseinandersetzung mit den Anmerkungen des Ehebandverteidigers kann auch in eines der Extreme verfallen, wenn diese „im Ton und in der Sache etwas schärfer und auch etwas umfangreicher zurückgewiesen"[750] werden, wie ein Ehebandverteidiger angegeben hat. Ein anderer sieht dieselbe Tendenz des Richterkollegiums, die Urteile „‚berufungsresistenter' zu formulieren"[751]. Eine deutlichere Berücksichtigung ihrer Stellungnahmen ist teilweise der Fall und es wird von Seiten des Richterkollegiums versucht, bei Abweichung von der Auffassung und den Argumenten der Ehebandverteidiger dieses Vorgehen explizit zu begründen.[752] Die Würdigungen erfolgen in einigen Fällen auch ausführlicher,[753] sicherlich um eine gewisse Zufriedenstellung des Ehebandverteidigers zu erreichen und diesem zu signalisieren, dass seine Anmerkungen bei der Urteilsfällung sehr wohl herangezogen und berücksichtigt worden sind. Dadurch ist aber auch ein erhöhtes Maß an Einfluss der Ehebandverteidiger auf die Urteilsbegründung

745 Vgl. V-04.
746 Vgl. D-04.
747 Vgl. W-03.
748 H-04.
749 Vgl. A-09, K-09, U-09, V-09, Z-09.
750 B-09.
751 K-02.
752 Vgl. G-09.
753 Vgl. T-09.

und Urteilsfällung gegeben,[754] denn um Argumente zurückweisen zu können, muss man sich zumindest rudimentär damit beschäftigt haben. Dies deckt sich damit, dass die Animadversiones seit dem M. P. *Mitis Iudex Dominus Iesus* zumindest regelmäßig im Urteil gewürdigt werden, was allerdings nicht generell so ist, da Ehebandverteidiger im Verlauf der Umfrage auch die Rückmeldung gegeben haben, dass ihre Animadversiones noch nie (sic!) im Urteilstext zitiert worden sind, geschweige denn eine inhaltliche Auseinandersetzung mit ihnen stattgefunden habe.[755] Diese Aussage ist leider kein Einzelfall, da auch von einem anderen Teilnehmer der Befragung geäußert wurde, dass seine Anmerkungen „überhaupt nicht gewürdigt" werden und er „in der Regel als lästig und unnötig empfunden"[756] oder als „störend" und „hindernd"[757] wahrgenommen werde.

Viele Ehebandverteidiger stellen allerdings auch keinerlei Veränderungen fest, was die Erstellung ihrer Animadversiones oder deren Gewichtung bei der Urteilsfällung betrifft.[758] Wichtig ist wohl, dass ganz allgemein die Tendenz angenommen werden kann, dass sich der „dialektische Prozess der Wahrheitsfindung"[759] bereits jetzt leicht präzisiert hat. So erlebt ein Teilnehmer der Umfrage „einen kollegialen Stil, welcher dem Bestreben dient, die Prozessfrage gerecht zu beurteilen"[760]. Ein anderer Ehebandverteidiger äußerte die Vermutung, dass womöglich bei der Urteilssitzung und der damit einhergehenden Besprechung durch das Richterkollegium die Animadversiones verstärkt in den Blick kommen,[761] womöglich auch im Hinblick auf eine mögliche Berufung durch den Ehebandverteidiger und der damit einhergehenden Kontrolle des Urteils durch die nächsthöhere Instanz. Erwähnenswert ist, dass gerade für die Ehebandverteidiger an Metropolitangerichten oder allgemein an Berufungsgerichten viel Arbeit weggefallen ist, da seit dem Inkrafttreten des M. P. *Mitis Iudex Dominus Iesus* wesentlich weniger Stellungnahmen zu erstinstanzlichen Urteilen zu verfassen sind.[762] Dennoch „soll der Ehebandverteidiger immer eine Berufung einlegen können, wann auch immer er dies als erforderlich erachtet"[763], wie ein Teilnehmer prägnant zurückmeldete.

754 Vgl. C-04.
755 Vgl. F-09.
756 N-09.
757 Y-04.
758 Vgl. C-09, I-09, J-09, L-09, P-09, Q-09, S-09, V-09, X-09, Y-09.
759 K-02.
760 X-04.
761 Vgl. M-09.
762 Vgl. W-10.
763 H-12.

Welche Auswirkungen haben die festgestellten Beobachtungen nun in Bezug auf die Berufungspraxis der Ehebandverteidiger? Dieser Frage wird im Folgenden nachgegangen. Grundsätzlich lässt sich konstatieren, dass die meisten Ehebandverteidiger willens sind, im Zweifelsfall gegen ein affirmatives Urteil der ersten Instanz Berufung einzulegen[764] – auch wenn dies in der Praxis bisher nicht häufig der Fall war, wie bereits in Kapitel 4.1 veranschaulicht werden konnte. Dies wird in vielen Fällen auch in der Tatsache begründet liegen, dass die Kirchengerichte im Bereich der DBK eine große Sorgfalt walten lassen.[765] Grundsätzlich betrachtet – so der Eindruck eines Teilnehmers an der Umfrage – wird nun häufiger Berufung durch den Ehebandverteidiger eingelegt.[766] Ein anderer sieht hingegen keinen Unterschied in der Berufungspraxis.[767] Auch die Überprüfung eines affirmativen Urteils der ersten Instanz erfolgt nun „genauer und kritischer"[768]. Ein Ehebandverteidiger hat zurückgemeldet, dass er „jetzt eher geneigt [ist], Berufung einzulegen"[769]. Dies lässt sich für die generelle Situation attestieren.[770] Allerdings müssen nachvollziehbarer Weise bestimmte Kriterien gegeben sein, damit das Rechtsmittel der Berufung eingesetzt wird. Dass diese nicht immer mit den Vorgaben des Gesetzgebers im CIC/83 in Übereinstimmung zu bringen sind, liegt in der Natur der Sache. Diese aber dennoch besser greifbar und taxierbar zu machen, wird im Folgenden versucht.

Konkret zurückgemeldet wurde von den Ehebandverteidigern, dass es sich als Grundlage und Voraussetzung, um Berufung einzulegen, darum handeln kann, dass ein Urteil in einem wesentlichen Kernpunkt der Streitfrage materiellrechtlich nicht nachvollzogen werden kann[771] oder „gravierende Beweismängel"[772] gar nicht im Urteil gewürdigt werden.[773] Zusätzlich wird das Rechtsmittel der Berufung auch verstärkt in Betracht gezogen, wenn es sich um die falschen Prozessfragen handelt oder das Verteidigungsrecht im Lauf des Verfahrens eingeschränkt worden ist.[774] Dasselbe gilt für den Fall, dass der Ehebandverteidiger

764 Vgl. A-02.
765 Vgl. A-06.
766 Vgl. Y-02.
767 Vgl. J-06.
768 T-02.
769 C-06.
770 Vgl. Y-06.
771 Vgl. A-05, Y-05.
772 P-05.
773 Vgl. K-05.
774 Vgl. W-04.

die Glaubwürdigkeit der Zeugen sowie den Wahrheitsgehalt ihrer Aussagen anzweifelt.[775] Dies gilt natürlich in besonderer Weise durch die Hochstufung der Beweiskraft der Partei- und Zeugenaussagen, die sich im neuen c. 1678 § 1 wiederfindet.[776] Auch eine ausreichende Würdigung der eigenen Animadversiones durch das Richterkollegium wird erwartet, da auch diese Stellungnahmen der Ehebandverteidiger dazu beitragen, die moralische Gewissheit beim Richterkollegium entweder positiv oder negativ zu beeinflussen und den Fall aus Sicht des Ehebandes darzulegen.[777] Ein Ehebandverteidiger hat explizit angegeben, dass das Richterkollegium zwar ein affirmatives Urteil fällen kann, wenn ihm die Begründung gegen seine Einwände zu schwach erscheinen, würde er aber Berufung einlegen.[778] Selbstverständlich ist bei den Ehebandverteidigern auch immer die Möglichkeit eines „krassen Fehlurteil[s]“[779] im Erwägungsspielraum vorgesehen oder Mängel im Urteil oder Prozesslauf.[780] Wichtig scheint auch zu sein, dass sich das Urteil nur innerhalb des Spielraums der freien richterlichen Beweiswürdigung bewegen sollte und nicht der Eindruck entsteht, dass keine ausreichende Grundlage vorliegt, um eine Ehe für nichtig erklären zu können – ansonsten wäre die Berufung durch den Ehebandverteidiger ein gerechtfertigtes Mittel.[781] Ebenso wird dies für ungerechte Urteile gesehen,[782] wobei in diesem Fall sogar von einem Pflichtbewusstsein zur Einlegung des Rechtsmittels der Berufung gesprochen wurde.[783] Ein Ehebandverteidiger schreibt vom Vorliegen gravierender Mängel, die auch – trotz Hinweis darauf – im Prozesslauf nicht behoben worden sind oder deren Begründung als nicht stichhaltig und nicht ausreichend erscheint.[784]

Weitere Rückmeldungen fußen auf dem materiellen Eherecht: So müssen für die jeweils geltend zu machenden Nichtigkeitsgründe die zugehörigen Tatbestandsmerkmale erfüllt sein. Liegen diese nach Meinung des Ehebandverteidigers nicht vor oder werden keine überzeugenden Argumente für diese angeführt, so wäre dies für einen Teilnehmer der Umfrage ein Grund, Berufung einzulegen.[785] Dasselbe gilt, wenn Zweifel darüber bestehen, ob sich eine

775 Vgl. Z-05.
776 Vgl. R-10, Z-10.
777 Vgl. B-05, D-05.
778 Vgl. U-12.
779 N-05.
780 Vgl. V-05, Y-05.
781 Vgl. C-05.
782 Vgl. R-05.
783 Vgl. D-05.
784 Vgl. W-05.
785 Vgl. E-05, H-05.

Fallkonstellation überhaupt unter dem gewählten Klagegrund subsumieren ließe.[786] Ein Ehebandverteidiger meldete zurück, dass er das Rechtsmittel der Berufung nutzt, wenn er feststellt, dass das Richterkollegium „schwimmt", nur nach Maßgaben „politischer Correctness" vorgeht oder nach dem Prinzip „Augen zu und durch"[787] – dies begründet er damit, dass in diesen Einzelfällen nach erfolgter Prüfung wohl keine moralische Gewissheit gegeben sein könne.[788] Zusammenfassend lässt sich sagen, dass sowohl schwerwiegende, als auch sachlich fundierte Gründe vorliegen müssten, damit von den Ehebandverteidigern erwogen wird, Berufung gegen ein Urteil einzulegen oder dieses grundsätzlich als falsch wahrgenommen wird.[789] Ein Ehebandverteidiger hat angegeben, dass er, nachdem das Urteil ergangen ist, sich sowohl das Urteil, als auch seine Animadversiones genau durchliest und anschließend entscheidet, ob er Berufung einlegt.[790]

Ein Ehebandverteidiger meldete zurück, dass für ihn die Möglichkeit der Berufung gegen ein affirmatives Urteil dann in Frage kommt, wenn seine in den Animadversiones angeführten Argumente keinerlei Berücksichtigung im Urteil fanden, also entweder nicht erwähnt oder nicht nachvollziehbar widerlegt worden sind.[791] Das Novum liegt allerdings in seiner Einschränkung, dass er darauf verzichtet, wenn bekannt ist, dass diese Berufung durch den Ehebandverteidiger der Berufungsinstanz zurückgenommen werden würde.[792] Er äußerte indirekt, dass er dadurch seinen guten Ruf schützen möchte, indem er kein Rechtsmittel einlegt, welches sowieso keine Wirkung entfalten könnte, sehr wohl aber seine Stellung am Gericht schwächt oder – drastischer ausgedrückt – ihn der Lächerlichkeit preisgeben würde, denn der angesprochene Ehebandverteidiger ist hauptamtlich tätig.[793] In diesem Zusammenhang berichtet er von der Praxis, dass dem Ehebandverteidiger am Berufungsgericht die Möglichkeit eingeräumt wird, die aus der ersten Instanz erwachsene Berufung zurückzunehmen, was nach Meinung des Teilnehmers an der Umfrage wohl bereits mehrfach und jeweils ohne Begründung stattgefunden habe.[794] Diese Vorgehensweise löst auch bei einem anderen Teilnehmer an der

786 Vgl. L-05, Z-06.
787 K-05.
788 Vgl. K-05.
789 Vgl. I-06, S-05.
790 Vgl. Z-04.
791 Vgl. G-05, X-05.
792 Vgl. G-05.
793 Vgl. G-01.
794 Vgl. G-02.

Umfrage Unbehagen aus und er kommt zu dem Schluss, dass dem Ehebandverteidiger „die Rechtsmittel fehlen, um die Rolle effektiv auszuüben“[795].

Besonderer Stellenwert kommt der Tatsache zu, dass die Ehebandverteidiger seit dem Inkrafttreten des M. P. *Mitis Iudex Dominus Iesus* bei affirmativen Urteilen der ersten Instanz die letzte Prüfinstanz sind, bevor das Urteil vollstreckbar wird. Dadurch wird von diesen auch Berufung eingelegt, wenn begründete Zweifel am Urteil bestehen.[796] Eine besonders gewissenhafte Ausübung des Amts des Ehebandverteidigers wird auch in den Fällen gesehen, in welchen nur ein oder zwei der drei Richter über den notwendigen akademischen Grad im kanonischen Recht verfügen.[797] Das Rechtsmittel der Berufung wird vermehrt als Möglichkeit in der ersten Instanz akzeptiert und eine grundlegende Prüfung des Urteils erfolgt nun standardmäßig, denn nur eindeutige Fälle bedürfen keiner weiteren Kontrolle in der Berufungsinstanz.[798] Im Zeitraum vor dem Wegfall der doppelten Urteilskonformität bei Ehenichtigkeitsverfahren bestätigte sich durch die Rückmeldungen im Rahmen der durchgeführten Umfrage der Verdacht, dass die Ehebandverteidiger in den meisten Fällen keinen Bedarf sahen, Berufung einzulegen, da das Urteil und die Akten sowieso dem Berufungsgericht vorgelegt worden sind, einschließlich der ursprünglichen Animadversiones.[799] Ein Ehebandverteidiger hat geäußert, dass er in seiner 15-jährigen Amtsausübung lediglich einmal Berufung eingelegt hat und zwar vor dem Inkrafttreten des M. P. *Mitis Iudex Dominus Iesus*.[800] Interessant ist auch die Rückmeldung eines anderen Ehebandverteidigers, der explizit nur dann Berufung einlegen würde, wenn er selbst „von der Gültigkeit der Ehe fest überzeugt wäre“[801]. Daraus lässt sich schließen, dass es zumindest diesem Ehebandverteidiger tatsächlich um die Sache geht und er auch ein pastorales Anliegen verfolgt und sich durch Unterlassen dem Urteil des Richterkollegiums anschließt. Allein die Formulierung einer Antwort der Umfrage mit „[i]ch habe bislang noch keine Berufung einlegen müssen“[802] impliziert, dass die grundlegende Möglichkeit des Rechtsmittels gesehen und im Zweifel auch genutzt werden wird.

795 W-09.
796 Vgl. B-06.
797 Vgl. W-12.
798 Vgl. K-06.
799 Vgl. B-06, C-06, D-06, G-06, H-06, L-06, W-06.
800 Vgl. X-06.
801 E-05.
802 P-06.

Einen Unterschied zwischen der ersten und zweiten Instanz machen die meisten der befragten Ehebandverteidiger nicht.[803] Sie würden also Berufung unabhängig davon einlegen, ob es sich um ein affirmatives Urteil in der ersten, zweiten, dritten oder einer höheren Instanz handelt, sofern diese Verfahren an einem deutschen Kirchengericht anhängig gemacht werden würden. Nur einige wenige äußern, dass sie zurückhaltender vorgehen würden, wenn es sich um ein Ehenichtigkeitsverfahren in höherer Instanz handelt.[804] Einige Rückmeldungen betonen wiederum, dass sich die Berufungspraxis durch das M. P. *Mitis Iudex Dominus Iesus* bei den Ehebandverteidigern nicht geändert habe und davor wie danach nach den Regelungen des geltenden Kodex vorgegangen werde.[805] Bei anderen wurde bis jetzt noch nie Berufung eingelegt,[806] was durch die statistischen Analysen in Kapitel 4.1 bereits zu erwarten war. Dennoch gilt es, eine mögliche „Scheu bei vielen Ehebandverteidigern“[807] zu thematisieren. So würde auf eine Berufung verzichtet und das Urteil akzeptiert werden, wenn diese Fälle gut begründet werden können,[808] auch ohne materiellrechtliche Grundlage. Andererseits darf es auch nicht darauf hinauslaufen, dass das „berühmt berüchtigte ‚Haar in der Suppe‘ “[809] gesucht wird, um möglichst bei jedem Ehenichtigkeitsverfahren Berufung einlegen zu können. Ein Ehebandverteidiger gab an, dass er, falls er selbst keine moralische Gewissheit *ex actis et probatis* gewinnen kann, gegen ein affirmatives Urteil Berufung einlegen würde, allerdings nur dann, wenn er nicht einen anderen Klagegrund sieht, nach dem er die Nichtigkeit der Ehe für gegeben hält.[810] Ein anderer versucht in seinen Animadversiones deutlich darauf hinzuweisen, wenn seiner Meinung nach ein affirmatives Urteil nicht gerechtfertigt wäre.[811] Wichtig bleibt festzuhalten, dass das Rechtsmittel der Berufung durch die Ehebandverteidiger „mit Augenmaß“ eingesetzt wird und explizit auch in diesem Zusammenhang „Machtspiele“[812] vermieden werden. Es kann beim Rechtsmittel der Berufung nicht darum gehen, persönliche

---

803 Vgl. A-05, C-05, H-05, J-05, O-05, U-05, W-05, Y-05.
804 Vgl. B-05.
805 Vgl. J-02, Q-05, Q-06, S-06.
806 Vgl. R-06.
807 K-02.
808 Vgl. I-05.
809 K-12.
810 Vgl. T-05.
811 Vgl. U-06.
812 A-12.

Ressentiments durch eine Trotzreaktion zu befriedigen.[813] Auch sind die Ehenichtigkeitsverfahren und insbesondere die Animadversiones und der Urteilstext kein Ort, um die korrekte Verwendung möglichst vieler kanonistischer Fachtermini einem größeren Publikum zu präsentieren und dadurch zu versuchen, Kompetenz darzustellen.[814]

Die dritte untersuchte und im Folgenden dargestellte Thematik bezieht sich auf mögliche Unfreiheiten oder auch Freiheiten, denen sich die Ehebandverteidiger nach dem Inkrafttreten des M. P. *Mitis Iudex Dominus Iesus* im gerichtlichen Alltag ausgesetzt sehen. Dass diese Thematik nicht nur theoretischer Natur ist, zeigt die Rückmeldung eines Teilnehmers an der Umfrage, der darauf Wert gelegt hat, dass er nicht nur hauptamtlich tätig ist, sondern gleichzeitig auch verbeamtet ist.[815] Auch ein anderer Ehebandverteidiger äußert den Verdacht, dass ihm seine Stellung als Ordensmann im Hinblick auf die Freiheit zur Nutzung des Rechtsmittels der Berufung zu Gute kommt.[816] Wie zu Beginn dieses Kapitels bereits dargestellt wurde, haben an der Umfrage insgesamt zwölf neben- und vierzehn hauptamtliche Ehebandverteidiger teilgenommen. Gerade als Ehebandverteidiger tätige Priester können in aller Regel freier entscheiden als Laien oder Diakone, deren Lebensunterhalt in vielen Fällen wegen ihrer hauptamtlichen Tätigkeit von dieser Aufgabe abhängt.[817] Interessant scheint in diesem Zusammenhang zu sein, inwiefern die Beschäftigungsart am kirchlichen Gericht einen Unterschied hinsichtlich möglicher Freiheiten und Unfreiheiten bei der Amtsausübung ausmacht. Auf die Frage, ob es in irgendeiner Weise von Seiten des Bischofs oder des Gerichts – gemeint ist hier insbesondere der Offizial als Gerichtsherr – Weisungen, Anweisungen, Stellungnahmen oder Andeutungen hinsichtlich des Einlegens der Berufung gibt, antwortete das Gros der Teilnehmer grundsätzlich mit nein.[818] Vier Teilnehmer unterstützen ihre Aussage durch das Setzen eines Ausrufezeichens hinter ihre Antwort.[819]

Hinsichtlich möglicher Repressalien, die ja sowohl von der Seite des Gerichts, als auch von Seiten der klagenden oder nichtklagenden Partei auftreten können – der dem Fall zugewiesene Ehebandverteidiger ist in aller Regel mit Namen

---

813 Vgl. I-05.
814 Vgl. E-08.
815 Vgl. C-03.
816 Vgl. O-07.
817 Vgl. E-12.
818 Vgl. C-03, G-03, H-03, I-03, J-03, K-03, L-03, M-03, O-03, Q-03, R-03, S-03, T-03, U-03, V-03, W-03, X-03, Y-03, Z-03.
819 Vgl. A-03, B-03, F-03, P-03.

und Kontaktdaten ersichtlich – herrscht die einhellige Meinung vor, dass keine zu befürchten seien.[820] Wenn doch, wird eher von allgemeiner Kritik an den eigenen Entscheidungen ausgegangen und nicht von tatsächlichen Repressalien im eigentlichen Sinn.[821] So wird „gelegentlich Unmut bei den Richtern"[822] laut. Eine Rückmeldung bezeichnete die Befürchtung von Repressalien als „eher nicht" und sieht Auswirkungen von Seiten des Gerichts tendenziell wegen der Verlängerung und Verkomplizierung des Verfahrens.[823] Dennoch wird ein besserer auch arbeitsrechtlicher Schutz der Ehebandverteidiger gefordert, z. B. durch generelle Verbeamtung,[824] obwohl Ehebandverteidiger im Grundsatz nur ihrem Gewissen verpflichtet sind.[825] Dies wird dadurch unterstützt, dass ein anderer Ehebandverteidiger zurückgemeldet hat, dass es wohl von Seiten des Gerichts Ärger geben könnte, während die klagende oder nichtklagende Partei eher verständnislos reagieren würden,[826] wohingegen ein Kollege konkret von Unverständnis, Ärger oder Wut spricht.[827] Mehrfach vorgekommen sind nach der Rückmeldung eines Teilnehmers an der Umfrage „bitterböse Briefe"[828] von Seiten der klagenden Partei. Dies wird auch von anderer Seite bestätigt: So wird von einer feindlichen und aggressiven Gesinnung mancher Parteien nach Lektüre der Animadversiones berichtet. Auch die Androhung des Kirchenaustritts und ähnliche Maßnahmen von der klagenden Partei für den Fall eines negativen Urteils, aber ebenso von der nichtklagenden Partei bei affirmativem Ausgang, kommen vor.[829]

Ein hauptamtlicher Ehebandverteidiger machte explizit die Angabe, dass er sich zwar keinen Repressalien ausgesetzt sieht, der Offizial aber sehr wohl seine Entscheidungen hinsichtlich des Rechtsmittels der Berufung subtil und implizit mit entsprechenden negativ konnotierten Anmerkungen versieht.[830] Ein anderer Offizial scheint dies ganz anders zu handhaben: So wurde von einem anderen Teilnehmer der Umfrage, der nebenamtlich tätig ist, angegeben, dass er explizit

820 Vgl. A-07, B-07, C-07, D-07, E-07, F-07, G-07, H-07, I-07, J-07, K-07, L-07, P-07, Q-07, R-07, S-07, T-07, U-07, V-07, W-07, X-07, Z-07.
821 Vgl. C-07.
822 T-04.
823 Vgl. M-07.
824 Vgl. D-07.
825 Vgl. H-03, Z-03.
826 Vgl. N-07.
827 Vgl. P-07.
828 W-07.
829 Vgl. Z-07.
830 Vgl. D-03.

von Seiten des Offizials darauf hingewiesen wurde, dass er in seiner Entscheidung völlig frei sei und auch nicht mit den angesprochenen Kommentaren zu rechnen habe, falls er Berufung einlegt.[831] Von einem hauptamtlichen Teilnehmer der Umfrage gab es die Rückmeldung, dass der Offizial grundsätzlich hinter seinen Ehebandverteidigern steht, auch wenn diese Berufung einlegen, was dazu führt, dass diese bereits im Vorfeld mit dem Offizial reden und ihm erklären, warum sie dies tun.[832] Ein nebenamtlicher Ehebandverteidiger gibt explizit an, dass er Berufung einlegen kann, ohne eine Ablehnung oder Streit innerhalb des Gerichts befürchten zu müssen.[833]

Ein nebenamtlicher Kollege wurde wegen seiner Wortwahl in der ersten Instanz „gemaßregelt“[834], geht aber nicht davon aus, dass er im Falle einer Berufung mit Repressalien zu rechnen hätte. Ein anderer nebenamtlich tätiger Ehebandverteidiger äußerte das vage Gefühl, dass Berufungen nicht so gerne gesehen werden.[835] Nur in einem Fall wurde zurückgemeldet, dass von Seiten des Gerichts Andeutungen gemacht wurden, dass Berufungen vollkommen unterwünscht seien.[836] Dieser bezieht sich explizit auf das Abhängigkeitsverhältnis, welches für ihn als hauptamtlicher Ehebandverteidiger vorliegt, wenn er gegen ein Urteil seines eigenen Gerichts und damit auch in gewisser Weise gegen seinen Arbeitgeber durch das Rechtsmittel der Berufung vorgehen würde.[837] Aber auch der Unmut des Richterkollegiums und insbesondere des zuständigen Untersuchungsrichters nach Einlegung der Berufung durch den Ehebandverteidiger wird deutlich.[838] Ein hauptamtlicher Ehebandverteidiger hat angegeben, dass er zwar nicht von Seiten des Bischofs, aber sehr wohl von Seiten des Gerichts Repressalien nicht ausschließen könne. Diese würden sich wohl dahingehend manifestieren, dass er in bestimmten Fällen nicht mehr als Ehebandverteidiger eingesetzt oder auch ganz von der Aufgabe entbunden werden würde, falls er zu oft vom Rechtsmittel der Berufung Gebrauch machen würde.[839]

Der vierte untersuchte Aspekt, der im Folgenden dargestellt wird, betraf den pastoralen Charakter der Ehenichtigkeitsverfahren. Hierbei lag der Fokus der

831 Vgl. E-03.
832 Vgl. W-03.
833 Vgl. I-12.
834 F-07.
835 Vgl. M-12.
836 Vgl. N-03.
837 Vgl. N-12.
838 Vgl. W-07.
839 Vgl. Y-07.

Fragen darauf, ob dieser grundsätzlich von den Ehebandverteidigern wahrgenommen wird oder die pastorale Seite möglicherweise gar keinen Platz im Lauf der prozessualen Handlungen hat. Darauf aufbauend wurde eruiert, inwiefern sich ein vorliegender pastoraler Aspekt auf die konkrete Tätigkeit als Ehebandverteidiger innerhalb des Verfahrens auswirkt. Grundsätzlich lässt sich festhalten: Der Sendungsauftrag der Kirche wird auch in der Tätigkeit der Ehebandverteidiger anerkannt und wahrgenommen.[840] So sind die Ehenichtigkeitsverfahren auch unter einem pastoralen Gesichtspunkt zu führen, ohne einen Widerspruch zwischen Recht und Pastoral – den es bekanntlich nicht gibt, denn die Ehenichtigkeitsverfahren sind pastoral und juristisch zugleich[841] – herbeiführen zu wollen.[842] Als Konsequenz daraus ist das Recht immer im Geist des Gesetzgebers anzuwenden und auszulegen.[843] Teilweise wird sogar das ganze Verfahren als pastoraler Dienst verstanden, weil die Kirche dadurch nicht nur Hilfsbereitschaft signalisiert, sondern auch eine Hilfestellung für ein christlich geführtes Leben anbietet.[844] So wird von einem Ehebandverteidiger der ganze Prozess mit dem Blick eines Seelsorgers wahrgenommen,[845] ein anderer sieht deren primären Zweck grundsätzlich pastoral motiviert.[846] Letztlich geht es in einem Ehenichtigkeitsverfahren nach Meinung eines Ehebandverteidigers auch darum, „den Parteien unter Wahrung der Rechtsordnung einen Weg in die Zukunft zu ermöglichen“[847]. Aber auch das Aufzeigen einer „tiefere[n] Bedeutung der Ehe ist sicherlich als pastoraler Aspekt zu bezeichnen“[848], wie es ein anderer Teilnehmer an der Umfrage formuliert. Dabei kommt es immer wieder zu schwierigen Situationen und Gewissenskonflikten, „wenn man den Menschen pastoral eigentlich helfen möchte und Mitleid mit ihrer Situation hat. Man weiß, dass man Hoffnungen zerstört, durch die Berufung Verletzungen hervorruft“[849]. Auch bei den schriftlichen Formulierungen, z. B. im Rahmen der Animadversiones, sei es notwendig, Fingerspitzengefühl zu beweisen, da es ansonsten dazu führen könnte, dass alte Wunden und Verletzungen der Parteien wieder hervortreten.[850]

840 Vgl. A-08.
841 Vgl. H-08.
842 Vgl. B-08.
843 Vgl. Q-08.
844 Vgl. E-08.
845 Vgl. S-08.
846 Vgl. W-08.
847 T-08.
848 O-08.
849 W-07.
850 Vgl. Y-08.

Das Offizialat und dessen Mitarbeiter stehen „an der Schnittstelle zwischen Lehre, Recht und Pastoral. Das kann und darf nicht voneinander getrennt werden“[851]. Gelingen kann dies aber nur, wenn von allen Beteiligten die notwendige Ehrlichkeit entgegengebracht wird.[852] Dadurch kann ein wichtiger Beitrag zur „Aufarbeitung der Ehegeschichte und Klärung“[853] geleistet werden und möglicherweise offene Fragen und Problematiken geklärt werden.[854] Ein Ehebandverteidiger sieht die Möglichkeit der Nichtigerklärung einer Ehe als „Teil einer (Not-) Lösung der Wiederverheiratetenproblematik“ sowie als „Chance für [die] Parteien, ihre Ehegeschichte aufzuarbeiten“[855]. Ein anderer gab an, dass sich der pastorale Aspekt nicht auf die eigene Amtsausübung auswirken dürfe.[856] Einem weiteren Teilnehmer der Umfrage war es wichtig festzuhalten, dass eine Ehe, bei der alles auf die Nichtigkeit hinweist, nicht allein wegen des Fehlens von Indizien mit einem negativen Urteil entschieden werden darf.[857] Dies schreibt auch ein anderer Kollege, der es vermeiden möchte, dass um jeden Preis versucht wird, an der Gültigkeit der Ehe festzuhalten, auch wenn keine Argumente und Beweise dafürsprächen.[858] Ein anderer würde im Interesse der Parteien ein affirmatives Urteil akzeptieren, wenn es nicht offensichtlich falsch oder ungerecht sei.[859] Eine auch durch die Verkürzung der Verfahrensdauer implizierte leichtere Zugänglichkeit von Ehenichtigkeitsverfahren wird durchaus als positive Konsequenz wahrgenommen.[860] Das Ehenichtigkeitsverfahren ist nach der Meinung eines Teilnehmers der Umfrage pastoral, „weil es zur Klärung des Personenstandes und des geistlichen Wohls und letztlich der seelsorgerlichen Betreuung des Einzelnen dient“[861]. Dadurch kommt es am Ende des Verfahrens nicht nur zu einer größeren Erkenntnis der Wahrheit,[862] sondern auch zu mehr Selbsterkenntnis bei den Parteien.[863] Das Recht und die Pastoral müssen in einem gesunden

851 K-08.
852 Vgl. K-08.
853 N-08.
854 Vgl. Y-08.
855 C-08.
856 Vgl. P-08.
857 Vgl. E-08.
858 Vgl. I-08.
859 Vgl. R-08.
860 Vgl. C-11.
861 H-08.
862 Vgl. D-08.
863 Vgl. K-08.

Verhältnis und Miteinander stehen, um wirklich den Menschen helfen zu können.[864] „Fingerspitzengefühl“[865] ist hierbei gefordert. Ein großer Fokus liegt auf den Beratungsgesprächen im Vorfeld der Klageerhebung, die „selbst schon eine Art Seelsorge“[866] seien. Ein Ehebandverteidiger stellte fest, dass die pastoralen Auswirkungen eines Ehenichtigkeitsverfahrens sehr stark von der Person des Vernehmungsrichters abhängen.[867] Auch zwei andere Teilnehmer der Umfrage sehen den pastoralen Aspekt vor allem im Beratungsgespräch, bei den Vernehmungen und in der Art und Weise, wie das Gericht den Kontakt zwischen sich und den Parteien pflegt, lokalisiert.[868] Es fällt auf, dass die Animadversiones vermehrt so formuliert werden, dass sie auch für die Parteien, also in aller Regel kanonistische Laien, besser lesbar und nachvollziehbar sind.[869] Ein Ehebandverteidiger hat sehr bildlich zurückgemeldet, dass die Parteien ein Recht darauf haben, dass ihnen „nach dem Vorbild des guten Hirten“[870] begegnet werde. Andere wiederum sehen keinen pastoralen Bezug.[871]

Die fünfte untersuchte Dimension bei der Durchführung der Umfrage war die persönliche Meinung der teilgenommenen Ehebandverteidiger zum Wegfall der zweiten Pflichtinstanz durch das M. P. *Mitis Iudex Dominus Iesus* von Papst Franziskus. Durch die Novellierung des Eheprozessrechts wurden zwar viele Vereinfachungen und Erleichterungen vorgenommen, aber insbesondere das Amt des Ehebandverteidigers hat eine große Bürde übertragen bekommen. Daher scheint es wichtig zu sein, hierbei die subjektive Meinung der betroffenen Personen zumindest ansatzweise in Erfahrung zu bringen.

Ein Teilnehmer gab an, dass es sich bei der Reform um eine „kluge Entscheidung des Papstes“[872] handle. Ein weiterer „begrüßt diese Entscheidung“[873], ein anderer nennt sie „vernünftig“[874] oder „durchweg zu begrüßen und positiv zu

864 Vgl. I-08.

865 N-08.

866 K-08.

867 Vgl. M-08. Die Angabe lautet zwar „Untersuchungsrichter“, hierbei wird es sich wohl um ein Versehen handeln. Mit hoher Wahrscheinlichkeit ist hier der Vernehmungsrichter gemeint, möglicherweise in Personalunion.

868 Vgl. V-08, Z-08.

869 Vgl. J-08, O-08.

870 B-08.

871 Vgl. F-08.

872 D-11.

873 F-11.

874 M-11.

beurteilen“[875]. Mit dem Wegfall der doppelten Urteilskonformität ist nach Meinung eines anderen Ehebandverteidigers zwar eine sinnvolle Kontrolleinrichtung weggefallen, was sich aber zumindest im Bereich der deutschen Kirchengerichte nicht negativ auf die Qualität der Rechtsprechung auswirken dürfte.[876] Auch ein weiterer Teilnehmer merkte an, dass die fachliche Kompetenz an den kirchlichen Gerichten in Deutschland hoch genug sei, um auf eine standardmäßige Überprüfung der Urteile verzichten zu können.[877] Positiv angemerkt wurde, dass die Revision des Eheprozessrechts nichts an der inhaltlichen und materiellrechtlichen Vorgehensweise geändert habe, sondern sich allein auf formale Aspekte des Verfahrens beziehe.[878] Es herrscht eine Freude für die klagende Partei vor, deren Verfahren durch den Wegfall der zweiten Pflichtinstanz nun wesentlich kürzer dauern.[879] Teilweise wurde die lange Verfahrensdauer auch als „pastoral oft einfach nicht mehr vertretbar“[880] charakterisiert. Die in vielen Fällen unnötige Mehrarbeit durch Dekretbestätigungen und ordentliche Verfahren in der zweiten Instanz seien nun nach geltender Rechtslage obsolet geworden.[881] Dennoch hatte sich das Prinzip der *duplex sententia conformis* in der Praxis bewährt, obwohl – wie durchaus kritisch von einem Ehebandverteidiger angemerkt worden ist – eine Vielzahl der Fälle einfach per Dekret bestätigt worden sei.[882] In den Rückmeldungen wurde auch davon gesprochen, dass der Wegfall der Notwendigkeit zweier gleichlautender Urteile bei Ehenichtigkeitsverfahren schon lange überfällig war.[883] Zudem wird der Wegfall auch als Fortschritt bezeichnet, da dadurch die Autorität des Gerichts und insbesondere der Richter in der ersten Instanz eine Aufwertung erfahren hat.[884]

Dennoch herrscht eine gewisse Ambivalenz vor, ob die positiven Auswirkungen durch das Inkrafttreten des M. P. *Mitis Iudex Dominus Iesus* deren mögliche negative Implikationen überwiegen.[885] So meldete ein Ehebandverteidiger zurück, dass der Wegfall „prinzipiell in Ordnung“[886] sei. Die Beschleunigung der

875 J-11.
876 Vgl. A-11, X-11.
877 Vgl. V-11.
878 Vgl. T-11.
879 Vgl. B-11, D-11, S-11.
880 K-11.
881 Vgl. T-11.
882 Vgl. C-11.
883 Vgl. L-11.
884 Vgl. R-11.
885 Vgl. B-11, G-11.
886 U-11.

Verfahrensdauer wird grundsätzlich begrüßt, wohingegen die Einschränkung der Rechtssicherheit durch den Wegfall der zweiten Pflichtinstanz auch kritisch bewertet wird.[887] Es ist ein Instrument zur Qualitätssicherung erstinstanzlicher Urteile weggefallen.[888] So schreibt ein Ehebandverteidiger, dass der Wegfall der doppelten Urteilskonformität bei Ehenichtigkeitsverfahren „der größte Fehler in einer fehlerhaften und unzureichenden Reform des Eheprozessrechts“[889] sei. Dabei lässt er offen, ob ihm die Reform zu weit oder nicht weit genug geht. Ein anderer Kollege stellt fest, dass die „gewollte Beschleunigung von Eheverfahren zulasten der Rechtssicherheit und Rechtsgunst des beklagten Ehebandes“[890] gehe. Ein dritter Ehebandverteidiger setzt den Fokus auf die nachlassende Sorgfalt der Gerichte, wenn keine Kontrolle mehr stattfindet und charakterisiert die Änderung des Eheprozessrechts als „sehr schädlich“[891]. Diese Problematik sei seiner Meinung nach auch bereits der Römischen Kurie bekannt.[892] Die Erfahrung zeige, so ein Teilnehmer an der Umfrage, dass Willkür und Unkenntnis herrschen, wenn eine automatische Überprüfung des Urteils nicht mehr stattfindet und im Extremfall gar eine Scheidungsmentalität vorherrschen könne.[893] So wird die Überprüfung eines Urteils für den Fall, dass ein Gericht nicht sauber arbeitet, durchaus als wünschenswert spezifiziert, der Wegfall der Kontrolle einhergehend mit der Abschaffung der doppelten Urteilskonformität wird aber auch durch einen anderen Ehebandverteidiger als negativ empfunden.[894]

In den Rückmeldungen wurde angegeben, dass das Vorliegen einer verpflichtenden Kontrollinstanz zu einer objektiveren Fallbetrachtung beigetragen habe.[895] Nach dem Wegfall muss sich dies nun bei den Ehebandverteidigern durch eine „veränderte, selbstbewusstere Berufsauffassung“[896] ausdrücken, die diese Funktion der Kontrolle des Urteils kompensieren können sollte. Ein gründlicheres Vorgehen aller Prozessbeteiligten ist in den Fällen zu beobachten, in denen Anwälte in das Ehenichtigkeitsverfahren involviert seien.[897] Andererseits

887 Vgl. H-11.
888 Vgl. Y-11.
889 E-11.
890 Vgl. G-11.
891 N-11.
892 Vgl. N-12.
893 Vgl. W-11.
894 Vgl. O-11, Z-11.
895 Vgl. B-11.
896 K-03.
897 Vgl. W-12.

wird auch die Rechtsprechung erleichtert, indem sich die Diözesanrichter nun mehr Gedanken über ihre eigene Kompetenz machen und diese profiliert in den Vordergrund stellen können und weniger die Prüfung in der zweiten Instanz befürchten.[898] Es wurde von einem Ehebandverteidiger auch durchaus kritisch angemerkt, dass das Amt nicht zu einem „Durchwinker"[899] *ad absurdum* geführt werden darf, da dies zu einer gefährlichen Schieflage führen könnte, erst recht wenn – so schreibt er – über Monate hinweg gar keine Berufung eingelegt wird.[900] Zusätzlich ist auch durch den Wegfall der zweiten Pflichtinstanz die erste Instanz mehr in die Pflicht genommen.[901] Grundsätzlich sei es aber für die Rechtskultur nicht förderlich, da sich eben nicht alle Gerichte an die Eheprozessordnung zu halten scheinen.[902]

Um keine wesentlichen Informationen im Verlauf der Umfrage zu verlieren und den teilnehmenden Ehebandverteidigern die Möglichkeit zu eröffnen, auch Dinge mitzuteilen, die so nicht explizit abgefragt wurden, war die letzte Frage des Fragebogens als eine Art Auffang-Frage formuliert, die lediglich auf die allgemeinen Themen Berufung und Berufungspraxis begrenzt war. Dieses Sammelsurium an weiteren Beobachtungen wird im Folgenden kompakt dargestellt.

Durch das in der Urlaubszeit platzierte Promulgations- und Veröffentlichungsdatum haben einige der Teilnehmer an der Umfrage im Urlaub von der Revision des Eheprozessrechts gehört.[903] Viele der Ehebandverteidiger, die an der Umfrage teilgenommen haben, haben aus dem Internet oder allgemein aus den Medien von der Promulgation des M. P. *Mitis Iudex Dominus Iesus* erfahren.[904] Nur drei gaben an, dass sie durch das Offizialat erstinformiert worden sind.[905] Neben dem Selbststudium, das so gut wie jeder Ehebandverteidiger betrieben hat, wurde auch ein angebotener Studientag mit Markus Graulich[906] besucht und positiv hervorgehoben.[907] Ein Ehebandverteidiger war gerade im Studium des

898 Vgl. I-11.
899 K-03.
900 Vgl. K-03.
901 Vgl. Q-11.
902 Vgl. W-11.
903 Vgl. A-10, C-10.
904 Vgl. B-10, C-10, D-10, E-10, H-10, K-10, M-10, Q-10, W-10, Y-10.
905 Vgl. F-10, S-10, X-10.
906 Der Salesianerpater Dr. iur. can. habil. Markus Graulich ist Untersekretär des Päpstlichen Rates für die Gesetzestexte und war davor Professor für Grundfragen und Geschichte des Kirchenrechts an der Päpstlichen Universität der Salesianer in Rom.
907 Vgl. B-10.

kanonischen Rechts, als er von der Änderung des Eheprozessrechts erfuhr.[908] Auch verschiedene Kommentierungen zum damals neuen Motu Proprio von den unterschiedlichen päpstlichen Universitäten in Rom wurden herangezogen.[909] Wichtig war auch zumindest acht der 26 teilgenommenen Ehebandverteidiger – sie haben dies explizit in ihrer Rückmeldung angegeben – der fachliche Austausch über die Änderungen am Eheprozessrecht sowie Absprachen mit den Kollegen innerhalb und auch außerhalb des Gerichts.[910] Fehlentscheidungen, das liegt schon in der Natur der Sache auch von Ehenichtigkeitsverfahren, können nie ausgeschlossen werden, auch wenn diese durch die Rechtsmittel, wie z. B. das Berufungsrecht des Ehebandverteidigers, minimiert werden sollen.[911]

Ein einziger der an der Umfrage teilgenommenen Ehebandverteidiger äußerte, dass es aus seiner Sicht wichtig sei, vor jeder Entscheidung und erst Recht vor dem möglichen Einlegen der Berufung den Heiligen Geist anzurufen.[912] Als Wunsch angemerkt wurde eine größere Vernetzung der Ehebandverteidiger im deutschen Sprachraum, deren Manifestation z. B. in einer regelmäßig stattfindenden Ehebandverteidigerkonferenz – sicherlich in Analogie zur Offizialenkonferenz gedacht – liegen könnte.[913] Auch im Studium scheint das Thema der Berufung und Instanzen laut der Rückmeldung eines Ehebandverteidigers, der in Rom studiert hat, einen zu geringen Stellenwert einzunehmen, was die Praxisrelevanz nicht adäquat widerspiegeln würde.[914] Ein Ehebandverteidiger spricht eine Änderung im formalen Ablauf des Ehenichtigkeitsverfahrens an: So gibt es seit Inkrafttreten des M. P. *Mitis Iudex Dominus Iesus* und der damit einhergehenden Änderung der Formulare nun für ihn die Möglichkeit, eine Stellungnahme zur Klageschrift abzugeben oder explizit auf eine Stellungnahme zu verzichten.[915] Es wurde auch ein großes Problem beim Umgang mit psychologischen Gutachten offenkundig: Bei diesen ist es für psychologische Laien nicht immer möglich zu beurteilen, ob sie wissenschaftlichen Standards entsprächen. Nur wird dieser Umstand häufig nicht zugegeben und die Gutachten würden regulär herangezogen und Einwände von Seiten des im genannten

908 Vgl. O-10.
909 Vgl. E-10.
910 Vgl. I-10, J-10, K-10, T-10, U-10, V-10, Y-10, Z-10.
911 Vgl. A-12.
912 Vgl. K-12.
913 Vgl. D-12.
914 Vgl. F-12.
915 Vgl. U-10.

Fall psychologisch geschulten Ehebandverteidigers verworfen.[916] Auch wurde auf den Umstand hingewiesen, dass es keine Rechtsmittel gegen Verfahrensfehler gibt.

Es gilt, wie bei allem kirchlichen Tun, auch bei Ehenichtigkeitsverfahren den Menschen gerecht zu werden, die sich mit einem tiefen Bedürfnis an die kirchliche Gerichtsbarkeit wenden, denn das scheint „überhaupt das Wichtigste zu sein"[917]. In der Folge sollte auch letztlich eine „Berufung um der Berufung willen"[918] nicht aufkommen können.

4.3 Kurzwürdigung ausgewählter Aspekte

„Die kirchliche Rechtsordnung steht immer unter dem Anspruch, Gerechtigkeit zu verwirklichen."[919] – Nachdem viele Daten und Beobachtungen gesammelt und festgehalten wurden, werden diese nun in einem letzten Schritt analysiert und kritisch mit der aktuell geltenden Rechtslage abgeglichen. Durch die in den Kapiteln 4.1 und 4.2 durchgeführten Untersuchungen und Erhebungen sind mehrere Aspekte aufgefallen, die hinsichtlich der Fragestellung der vorliegenden Arbeit besonders aussagekräftig sind. Im Kern geht es um die Frage, inwiefern die hohe Qualität der kirchlichen Rechtsprechung, insbesondere in Bezug auf die Durchführung von Ehenichtigkeitsverfahren, nach dem Wegfall der doppelten Urteilskonformität durch das M. P. *Mitis Iudex Dominus Iesus* aufrechterhalten werden kann und – sollte diese Frage nicht bejaht werden können – wo Desiderate identifiziert und benannt werden können. Denn letztlich verfolgt die Kirche und mit ihr ihr universaler Gesetzgeber „die Intention, die Unauflöslichkeit der Ehe besser zu schützen"[920].

Im Verlauf der Umfrage wurde von zwei Ehebandverteidigern über die Erfahrung aus der Praxis berichtet, dass ihre eingelegten Berufungen gegen affirmative Urteile der ersten Instanz von den Ehebandverteidigern in der zweiten Instanz meist ohne Begründung zurückgenommen worden sind.[921] Diese Vorgehensweise scheint an die nachkonziliare Gesetzgebung durch das M. P. *Causas Matrimoniales* angelehnt zu sein. Dort heißt es in Nr. IX § 2: „Der Ehebandverteidiger der dritten Instanz kann, nach Anhören des Gerichtsvorsitzenden,

---

916 Vgl. W-09.
917 K-12.
918 U-12.
919 Althaus: Die Rezeption des Codex Iuris Canonici von 1983, S. 396.
920 Arroba Conde: Die Rezeption von Dignitas Connubii, S. 32, Anm. 3.
921 Vgl. G-02, W-09.

von der Beschwerde zurücktreten; in diesem Fall erklärt das Gericht den Rechtsstreit für beendet". Hierbei handelte es sich um die Beschwerde des Ehebandverteidigers der zweiten Instanz gegen ein Dekret, welches ein affirmatives Urteil der ersten Instanz bestätigen sollte.[922] Diese Regelung hatte keine Entsprechung im CIC/83 und durch den Wegfall der Dekretbestätigung mit dem M. P. *Mitis Iudex Dominus Iesus* auch nicht im geltenden Recht. Aktuell regelt c. 1680 § 2, dass nach Einlegung der Berufung, Ablauf der Berufungsfristen und Übersendung der Akten ein Richterkollegium zu bilden und ein Ehebandverteidiger zu bestellen ist. Eine Dekretbestätigung wäre nur noch möglich, wenn die Berufung „offenkundig nur der Verzögerung zu dienen scheint", was bei einer begründeten Berufung durch einen Ehebandverteidiger nie der Fall sein dürfte.[923] Weiter legt c. 1680 § 3 fest: „Wenn die Berufung zugelassen ist, ist in sinngemäßer Anwendung des Verfahrens der ersten Instanz vorzugehen". Dieser Befund muss nun mit den allgemeinprozessrechtlichen Regelungen des c. 1636 § 2 abgeglichen werden, der da lautet: „Ist die Berufung vom Bandverteidiger oder vom Kirchenanwalt eingelegt worden, so kann darauf, falls das Gesetz nichts anderes vorsieht, vom Bandverteidiger oder vom Kirchenanwalt des Berufungsgerichtes verzichtet werden". Klaus Lüdicke argumentiert hierzu, dass bis zum Zeitpunkt der Zulassung des Berufungsverfahrens noch kein eigentliches Verfahren in der Berufungsinstanz anhängig ist, was bedeutet, dass bis zur Zulassung lediglich der Ehebandverteidiger der ersten Instanz seine eigene Berufung zurücknehmen kann.[924] Die Vorgaben des c. 1524 § 3 sind nach der wissenschaftlichen Auffassung von Craig A. Cox auch bei der Rücknahme der Berufung des Ehebandverteidigers einzuhalten.[925] Der genannte Kanon regelt für die Gültigkeit eines Verzichts, dass dieser vom Richter zugelassen werden muss.[926] Auch ein Blick auf die Instruktion *Dignitas Connubii* zeigt, dass der besagte c. 1636 nur an einer Stelle, nämlich in Art. 287 DC referenziert wird: „Der Berufungskläger kann auf seine Berufung [...] verzichten". Damit ermöglichen die aktuell in Kraft befindlichen Kanones nach Auffassung des Autors der vorliegenden Arbeit keine Rücknahme der Berufung durch den Ehebandverteidiger der zweiten Instanz. Dennoch wäre auch im Hinblick auf eine stärkere Stellung des Ehebandverteidigers nach dem Inkrafttreten des M. P. *Mitis Iudex Dominus Iesus* eine offizielle

922 Vgl. Nr. IX § 1 CM.
923 Vgl. kritisch dazu Rehak: Das Recht und die Pflicht des Ehebandverteidigers, S. 19.
924 Vgl. Lüdicke: MKCIC (26.), c. 1636, Rn. 4.
925 Vgl. Cox: The Contentious Trial, S. 1737.
926 Vgl. c. 1524 § 3 iVm c. 1525.

Klarstellung z. B. in Form einer authentischen Interpretation sinnvoll und hilfreich, nach der c. 1636 § 2 keine Anwendung bei Ehenichtigkeitsverfahren findet. Es kann nicht in der Natur der Ehenichtigkeitsverfahren liegen – und das ist der Maßstab für die Übernahme der allgemeinprozessrechtlichen Normen –, dass eine amtliche Berufung durch einen anderen Ehebandverteidiger sogar ohne Angabe von Gründen wieder zurückgenommen werden kann.

Ein weiterer Aspekt, der bei der Analyse der Rückmeldungen durch die Ehebandverteidiger augenscheinlich geworden ist, liegt im Bereich eines gewünschten und notwendigen besseren Schutzes der Ehebandverteidiger in ihrem Amt. So wurde von einem Teilnehmer die grundsätzliche Verbeamtung der Ehebandverteidiger vorgeschlagen. Allerdings würde dies zwar eine finanzielle und beihilfeorientierte Sicherheit für die Amtsinhaber bieten, dennoch könnte bei Missfallen eine Versetzung angestrebt werden oder der Ehebandverteidiger bekommt keine Fälle mehr zugewiesen. Hierbei handelt es sich allerdings um eine rein deutsche Lösung, da in anderen Ländern die Anstellung kirchlicher Mitarbeiter und Amtsträger in beamtenähnlichen Verhältnissen weder vorgesehen noch finanzierbar ist. Der CIC hat unzweifelhaft einen weltweiten kirchlichen Anspruch, sodass die Verbeamtung von Ehebandverteidigern zwar für Deutschland eine mögliche Option wäre, diese aber keine universelle Abhilfe der dargelegten Problematiken bieten könnte. Darum sollte auch ein kirchenrechtlicher Schutz verstärkt ins Auge gefasst werden. Diese Prämissen sollen im Folgenden durch einen Vorschlag zur Novellierung von c. 1679 berücksichtigt werden. Denn es gilt der Grundsatz: „Die kirchliche Autorität muss Vorsorge treffen, dass die subjektiven Rechte bestmöglich geschützt und ggf. auch verteidigt werden können“[927]. Unter inhaltlichen Gesichtspunkten geht der aktuell gültige c. 1679 auf die Vorgängernormen in c. 1684* § 1[928], Nr. X § 3 CM[929]

927 Althaus: Die Rezeption des Codex Iuris Canonici von 1983, S. 399.

928 „Nachdem das Urteil, das die Nichtigkeit einer Ehe zum ersten Mal festgestellt hat, in der Berufungsinstanz entweder durch Dekret oder durch ein zweites Urteil bestätigt worden ist, haben die Parteien, deren Ehe für ungültig erklärt worden ist, das Recht zu einer neuen Eheschließung, sobald das Dekret oder das zweite Urteil ihnen bekanntgegeben worden ist, ausgenommen im Fall eines Verbotes, das dem Urteil oder dem Dekret beigefügt oder vom Ortsordinarius erlassen worden ist.“

929 „Nach Überprüfung des Urteils und der Stellungnahmen des Ehebandverteidigers und der Parteien und ihrer Anwälte – sofern diese angefordert und gegeben wurden – erlässt das Richterkollegium ein Dekret, mit dem er entweder die erstinstanzliche Entscheidung bestätigt, oder den Prozess zu einem ordentlichen Verfahren in zweiter Instanz zulässt. Im ersten Fall haben, wenn keine Beschwerde eingelegt wird,

und can. 1987[930] zurück. Die im Detail behandelte Änderung durch das M. P. *Mitis Iudex Dominus Iesus* novellierte die Regelungen durch c. 1679 folgendermaßen: „Das Urteil, das die Nichtigkeit einer Ehe erstmals festgestellt hat, ist nach Ablauf der in den cc. 1630–1633 festgelegten Fristen vollstreckbar." Damit ist die bis *dato* notwendige doppelte Urteilskonformität bei Ehenichtigkeitsverfahren entfallen. Ausgehend von diesen rechtlichen Normierungen, der doppelten Urteilskonformität und Vollstreckbarkeit des affirmativen Urteils der ersten Instanz lautet der Vorschlag des Autors der vorliegenden Arbeit zur Novellierung von c. 1679 folgendermaßen: *„Das Urteil, das die Nichtigkeit einer Ehe erstmals festgestellt hat, ist nach Ablauf der in den cc. 1630–1633 festgelegten Fristen vollstreckbar, wenn nicht der zuständige Ehebandverteidiger des zum Zwecke der Urteilsüberprüfung zugewiesenen Diözesangerichts gleicher Muttersprache, welches nicht das Berufungsgericht sein kann, Berufung gegen das Urteil einlegt. Die Berufungsklage ist an das in cc. 1438 und 1439 erwähnte Gericht zu richten, unbeschadet der Regelungen in c. 1444."* Die genauere Regelung, welches Gericht für die Urteilsüberprüfung zuständig ist, welcher Ehebandverteidiger innerhalb dieses Gerichts und wer diese Zuordnung vornimmt und ob die Forderung der gleichen Muttersprache sinnvoll und umsetzungswert ist, könnte im Rahmen einer revidierten Eheprozessordnung festgelegt werden. Faktisch wird die Apostolische Signatur auf Vorschlag des jeweiligen Diözesanbischofs ein „Überprüfungsgericht" festlegen, so wie dies bereits für die Bestimmung eines dauerhaften Berufungsgerichts vorgesehen ist. Dasselbe betrifft Problematiken, die in der Praxis auftreten könnten, wie z. B. was bei Untätigwerden des Ehebandverteidigers für Maßnahmen getroffen werden sollen und welche Fristen es zur Überprüfung gibt.

Eine offensichtlichere und schneller umsetzbare Lösung bestünde darin, dass die Funktion des „Überprüfungsgerichts" vom Berufungsgericht wahrgenommen werden würde, dass also ein Ehebandverteidiger des Berufungsgerichts entscheidet, ob Berufung gegen das Urteil eingelegt wird. Damit wäre der notwendige organisatorische Aufwand sowohl auf Seiten der kirchlichen Gerichte als auch bei der Apostolischen Signatur wesentlich verringert. Allerdings gilt es

---

die Eheleute, bei denen kein anderes Hindernis vorliegt, das Recht, nach Ablauf von zehn Tagen seit der Verkündigung des Dekretes, eine neue Ehe einzugehen."

Hinweis: Der Text wurde an die neue deutsche Rechtschreibung angepasst.

930 Eigene Übersetzung: „Nach dem zweiten Urteil, das die Nichtigkeit der Ehe bestätigt hat, wenn der Bandverteidiger in der Berufungsinstanz aufgrund seines Gewissens nicht glaubt, Berufung einzulegen, haben die Gatten das Recht, wenn zehn Tage nach der Bekanntgabe des Urteils vergangen sind, eine neue Ehe einzugehen." Vgl. Fn. 486.

zu bedenken, dass der Vorschlag des Autors der vorliegenden Arbeit äquivalent zum Berufungsgericht eine dauerhafte Bestimmung des „Überprüfungsgerichts" vorsieht, sodass es sich um einen in aller Regel einmaligen verwaltungstechnischen Akt der Zuweisung handelt. Gegen eine Übernahme der Funktion der Überprüfung des Urteils durch das Berufungsgericht spricht auch die Gefahr möglicher wie auch immer gearteter Abhängigkeiten, die innerhalb einer Metropolie oder innerhalb des vorhandenen Verhältnisses zwischen Gericht und Berufungsgericht vorherrschen können, erst recht, sollte diese Zuordnung beidseitig bestehen, also das Diözesangericht wiederum das Berufungsgericht des eigenen Gerichts zweiter Instanz sein. Man könnte sich in einem im Sinne der Wahrheitsfindung schlimmsten Fall gegenseitig verständigen, dem jeweils anderen Gericht möglichst wenig Mehrbelastung zumuten zu wollen, d. h. möglichst selten Berufung einzulegen. Die Zielsetzung des Vorschlags liegt darin, dass das „Überprüfungsgericht" in möglichst keinem Zusammenhang zu dem Gericht steht, dessen Urteile überprüft werden sollen und dadurch der Ehebandverteidiger möglichst frei agieren kann, unabhängig davon, ob er Berufung einzulegen gedenkt oder nicht. Damit will der Vorschlag des Autors der vorliegenden Arbeit mit der vorgeschlagenen Novellierung von c. 1679 der „unaufhebbare[n] Spannung zwischen dem Interesse an der Wahrheit einer Entscheidung und der Rechtssicherheit, die für die Betroffenen geschaffen werden soll"[931], begegnen. Die Frage der weltweiten Umsetzbarkeit des Vorschlags stellt sich als schwierig heraus, denn nicht in jedem Land ist die kirchliche Gerichtsbarkeit so gut ausgestattet und ausgebaut wie z. B. in Deutschland, Europa oder den Vereinigten Staaten von Amerika. Dadurch entstünde eine zusätzliche Belastung für die einzelnen Gerichte, der im Einzelfall durch mögliche Dispensen begegnet werden könnte.

Da die aktuelle Instruktion *Dignitas Connubii* nach der Promulgation des M. P. *Mitis Iudex Dominus Iesus* noch nicht angepasst worden ist, würde sich deren ausstehende Revision auch anbieten, um einen Kriterienkatalog als mögliche Voraussetzung für das Einlegen der Berufung durch die Ehebandverteidiger zu integrieren. Dieser würde in zweierlei Hinsicht hilfreich sein: Auf der einen Seite hätten die Ehebandverteidiger ein Instrument an der Hand, um objektiv abschätzen und taxieren zu können, ob sie Berufung gegen ein affirmatives Urteil einlegen sollten oder nicht und andererseits ist es auch für die Richter am kirchlichen Gericht transparent, wann sie mit dem Rechtsmittel der Berufung gegen ihr Urteil zu rechnen haben. Der angesprochene Kriterienkatalog kann

931 Lüdicke: Zum Berufungssystem im kirchlichen Ehenichtigkeitsprozeß, S. 509.

sicherlich keinen taxativen Charakter haben, sondern soll demonstrativ eine Vielzahl von Gründen aufzeigen, die das Einlegen der Berufung wahrscheinlich machen. Dadurch wäre es unter Umständen auch möglich, dass es zu einer gerechteren Rechtsprechung kommen würde, weil sich die Ehebandverteidiger im Zweifel hinter dem Kriterienkatalog „verstecken" könnten und die Richter sicherlich darauf bedacht sein würden zu prüfen, ob die im Katalog genannten Kriterien vorliegen und unklare Merkmale spätestens im Urteilstext geklärt werden würden. Für nebenamtliche Ehebandverteidiger, die nur eine geringe Zahl an Fällen bearbeiten, oder Berufseinsteiger wäre dies eine gute Möglichkeit, vorhandene Unsicherheiten oder Fragen materiell füllen zu können. Mit einem Kriterienkatalog, der zum Einlegen der Berufung mehr oder weniger verpflichtet, hätten die Ehebandverteidiger erneut ein Rechtfertigungsinstrument in der Hand, so wie sie dies bereits bis zum Inkrafttreten des CIC/83 mit ihrer rechtlichen fixierten Verpflichtung zum Einlegen der Berufung hatten, aber mit einer dynamischen Komponente, die darin begründet liegt, dass sie einzelfallabhängig entscheiden müssten, ob das Vorliegen von Kriterien ausreichend ist, um vom Rechtsmittel der Berufung Gebrauch zu machen. Auf jeden Fall könnte dadurch die von den Ehebandverteidigern teilweise an den Gerichten vorherrschende angespannte, wenn nicht gar feindselige Atmosphäre ihnen gegenüber deutlich abgeschwächt werden.

Eines sollte in dieser Kurzwürdigung ausgewählter Aspekte der Rückmeldungen der Ehebandverteidiger deutlich geworden sein: Abhängig vom jeweiligen Einzelfall kann es durchaus sinnvoll sein, insbesondere der klagenden Partei zu ersparen, ein Ehenichtigkeitsverfahren in die zweite, dritte oder noch höhere Instanz führen zu müssen.[932] Aber darüber nachzudenken, ob Papst Benedikt XIV. in der heutigen Zeit das Institut des Ehebandverteidigers oder die doppelte Urteilskonformität bei Ehenichtigkeitsverfahren eingeführt hätte, wäre rein spekulativ und anachronistisch. Auch lässt sich die heutige Situation – zumindest für die kirchengerichtliche Situation in Deutschland – nicht mit den eheprozessrechtlichen Missständen im Königreich Polen des 18. Jahrhunderts vergleichen. Letztlich bleibt nur die Möglichkeit, die Auffassung des Kölner Offizials Dr. Günter Assenmacher aufzugreifen und zu bestätigen, der der Novellierung des Eheprozessrechts durch das M. P. *Mitis Iudex Dominus Iesus* attestiert, dass sie einen „merklichen Verlust für die Qualität der Rechtsprechung"[933] nach sich ziehen

932 Vgl. Beal: What is an Appellate Court to do, S. 369.
933 Katholische Nachrichtenagentur (2016): Bedenken. In: Kirche – Gesellschaft – Kompakt. Meldung pl/62 von KNA/ast.

wird. Dies deckt sich auch mit den Rückmeldungen der Ehebandverteidiger bei der durchgeführten Umfrage: Einerseits wird ein Verlust in der Qualität der Rechtsprechung prognostiziert und festgestellt, auf der anderen Seite fehlen den Ehebandverteidigern die Mittel, um gegen diese drohende Diskrepanz effektiv und faktisch vorgehen zu können.

5. Zusammenfassung, Fazit und Würdigung

In der vorliegenden Arbeit wurden hinsichtlich des Rechtsmittels der Berufung sowohl Probleme rechtstheoretischer Natur als auch in der Gerichtspraxis erörtert und aufgezeigt. Festzuhalten bleibt an dieser Stelle: Bei der Fragen nach der doppelten Urteilskonformität und der Berufung handelt es sich um keine Quisquilien. Die Durchführung eines Ehenichtigkeitsverfahrens in zwei Instanzen scheint aber nur dann angebracht und angemessen zu sein, wenn begründete Zweifel an der Nichtigkeit der Ehe bestehen, die es rechtfertigen, das erste ergangene affirmative Urteil überprüfen zu lassen. Wo seit dem M. P. *Causas Matrimoniales* die Möglichkeit der Dekretbestätigung am Berufungsgericht und damit ein Kollegium aus drei Richtern diese Prüffunktion wahrgenommen hatte, ist mit dem M. P. *Mitis Iudex Dominus Iesus* eine klaffende Lücke und damit ein Desiderat entstanden, welches es kanonistisch zu schließen gilt. Der Ehebandverteidiger wird sich nur selten genug profilieren können und wollen, um die angesprochene Prüffunktion als personalisiertes Amt wahrzunehmen. Dennoch lässt sich festhalten, dass der Gesetzgeber im Ehebandverteidiger die letzte Prüfinstanz vor der Vollstreckbarkeit eines affirmativen Urteils der ersten Instanz sieht.

Mit dem M. P. *Mitis Iudex Dominus Iesus* hat Papst Franziskus im Jahr 2015 unerwartet, aber nicht völlig überraschend das Eheprozessrecht der lateinischen Kirche revidiert. Auch wenn das Schreiben Mängel handwerklicher Art beinhaltet, so wird doch der Wunsch des Gesetzgebers deutlich, die Ehenichtigkeitsverfahren zu vereinfachen und zeitlich zu verkürzen, um nicht allein allen verheirateten Christgläubigen die Möglichkeit zu eröffnen, bei begründeten Zweifeln ein Verfahren ohne schlechtes Gewissen anzustrengen und eine größere Sicherheit über das Bestehen oder Nichtbestehen ihrer Ehe zu erhalten. Es ist eine Erkenntnis der vorliegenden Arbeit, dass die Ehe als Rechtssache vor Gericht beibehalten wurde und es keine Bestrebungen seitens des Gesetzgebers gibt, die Nichtigerklärung von Ehen zukünftig auf dem Verwaltungsweg zu ermöglichen. Die durch das M. P. *Mitis Iudex Dominus Iesus* eingeführten Änderungen, von denen die entscheidenden im Hinblick auf den Kontext der Berufungsthematik im Folgenden in der gebotenen Kürze nochmals dargestellt werden, haben Auswirkungen auf Eheprozesse. Das materielle Eherecht hingegen wurde nicht geändert, was die Meinungen derer konterkariert, die in dem Motu Proprio die Einführung einer Art „katholischen Scheidung" vermutet oder gesehen haben und es nach wie vor tun.

Eine zentrale Grundlinie zieht sich durch die Regelung der Berufung seit der Apostolischen Konstitution *Dei Miseratione* und dem CIC/17. Grundsätzlich haben beide Parteien, der Ehebandverteidiger und der Kirchenanwalt, falls er am Prozess beteiligt war, das Recht, Berufung einzulegen. Eine wesentliche Änderung, die auch große Auswirkungen auf den prozessualen Alltag hat, liegt im Wegfall der doppelten Urteilskonformität. Das Vorliegen zweier gleichlautender Urteile war Voraussetzung, damit ein Urteil, das auf Nichtigkeit der Ehe lautete, vollstreckbar wurde und beide Parteien das Recht hatten, eine neue Ehe zu schließen. Während der Ehebandverteidiger verpflichtet wurde, gegen ein Urteil, das die Nichtigkeit der Ehe erklärte, pflichtmäßig Berufung einzulegen und darauf vom Richter nachdrücklich hingewiesen werden musste, erfolgte mit dem CIC/83 die Weiterleitung solcher Urteile von Amts wegen an das Berufungsgericht. Durch das M. P. *Mitis Iudex Dominus Iesus* wurde die doppelte Urteilskonformität abgeschafft. Damit wird ein Urteil nach Verkündigung und Ablauf der Berufungsfrist vollstreckbar und die Parteien müssen nicht mehr abwarten, bis die Berufungsinstanz übereinstimmend die Nichtigkeit der Ehe festgestellt hat. Dadurch wird mittelbar der Ehebandverteidiger aufgewertet, der nun in der Praxis die Funktion der Überprüfung des Urteils übernehmen muss. Er befindet sich im Spannungsfeld zwischen dem eigenen Gericht, gegen das er im Falle der Einlegung der Berufung vorgeht, und den Parteien, denen er die erneute Eheschließung zumindest zeitlich verzögert. Dadurch besteht die Gefahr, dass er zu einer *persona non grata* wird und sich im Zweifel genau überlegen wird, ob er Berufung einlegt – allerdings möglicherweise aus den falschen Motiven. Es entsteht eine Belastung, die sich unweigerlich auf den Ehebandverteidiger auswirkt und ihn tendenziell vom Einlegen der Berufung absehen lässt.

Die Rückmeldungen, welche die 26 Ehebandverteidiger, die an der ihm Rahmen der vorliegenden Arbeit durchgeführten Umfrage teilgenommen haben, sowie die statistischen Daten, die von allen kirchlichen Gerichten in Deutschland in den Jahren 2012 bis 2017 berücksichtigt werden konnten, boten die Gelegenheit, ein ambivalentes Bild auf die Berufungsthematik und Berufungspraxis zu werfen.

Die kirchlichen Gerichte in Deutschland haben eine unterschiedlich hohe Arbeitsbelastung als Folge einer großen Diskrepanz der jährlich durch Urteil entschiedenen Ehenichtigkeitsverfahren. Dies liegt an den unterschiedlichen Größen der Erzbistümer und Bistümer sowie deren Tätigkeit als Gerichte der zweiten oder dritten Instanz. Die Entwicklung der Fallzahlen in den Jahren 2012 bis 2017 zeigt einen leichten, aber deutlichen linearen Trend nach oben, der von einem durch das M. P. *Mitis Iudex Dominus Iesus* verursachten Knick im Jahr 2015 unbeeindruckt fortläuft. Durch den Wegfall der zweiten Pflichtinstanz und damit der doppelten Urteilskonformität vor Vollstreckbarwerdung eines affirmativen Urteils, sind die Anzahl der Ehenichtigkeitsverfahren, die in zweiter Instanz behandelt wurden, deutlich zurückgegangen. Sind im Jahr 2012 noch 531 Eheverfahren in zweiter Instanz neu hinzugekommen, so waren es 2017 nur noch 54 neue Eheprozesse im Bereich der DBK. Interessant ist ein Vergleich zwischen den negativen Urteilen und den daraus resultierenden neuen Verfahren in der zweiten Instanz nach dem Wegfall der *duplex sententia conformis*: Es wird deutlich weniger Berufung gegen ein negatives Urteil der ersten Instanz eingelegt, insbesondere dann, wenn man die Anzahl an Berufungen durch den Ehebandverteidiger bei affirmativem Ausgang noch aus der Zahl der neuen Verfahren in zweiter Instanz subtrahiert. Es scheint also in manchen Fällen kein Interesse an der Berufungsinstanz zu geben, sei es, weil der Fall aussichtslos erscheint oder eine Weiterführung aus anderen Gründen nicht gewünscht wird. Vor dem Hintergrund, dass bis zum Inkrafttreten des M. P. *Mitis Iudex Dominus Iesus* eine zweite Instanz verpflichtend war, ist diese Tatsache ein Kuriosum. Im Vergleich mit der Weltkirche lässt sich feststellen, dass der Anteil negativer Urteile in der ersten Instanz im Bereich der DBK deutlich über dem weltkirchlichen Wert liegt und in den Jahren 2012 bis 2017 sogar teils doppelt so hoch war. Interessanter ist ein Blick auf den Anteil negativer Urteile in der zweiten Instanz: Hier wird ein ganz neuer Trend durch die Reform des Eheprozessrechts sichtbar. War der Anteil negativer Urteile der zweiten Instanz im Bereich der DBK in den Jahren 2012 bis einschließlich 2015 noch etwa viermal so hoch wie im Vergleich zur Weltkirche, so ist ab 2016 ein deutlicher Bruch festzustellen, denn der Faktor hat sich plötzlich halbiert. Noch deutlicher wurde es im Jahr 2017. Erstmals gab es bei relativer Betrachtung mehr negative Urteile zweiter Instanz weltweit, als im Bereich der DBK. Im Hinblick auf den Ehebandverteidiger und dessen Funktion, die Urteile zu prüfen und Berufung einzulegen, lässt sich die Vermutung anstellen, dass dies noch nicht ausreichend geschieht. Wurden in den Jahren 2012 bis 2015 in der zweiten Instanz noch zwischen 20 und 30 negative Urteile ausgesprochen – diese Werte lassen sich grob als Richtwerte heranziehen, um in etwa beurteilen zu können, in wie vielen Fällen der Ehebandverteidiger Berufung einlegen müsste – so legten die Ehebandverteidiger im Bereich der DBK im Zeitraum von 2016 bis 2017 lediglich zwischen zehn und 15 Berufungen ein – Tendenz sinkend. Auch verteilt sich die Anzahl an Berufungen durch den Ehebandverteidiger sehr ungleich auf einige wenige Gerichte in Deutschland. Hervorzuheben ist das Konsistorium Regensburg, in welchem die Arbeitsbedingungen für die Ehebandverteidigers scheinbar nahezu idealtypisch umgesetzt wurden, was aber dennoch keinen Rückschluss auf einen verantwortungsbewussten Umgang mit dem Rechtsmittel der Berufung ermöglicht: Seit dem Inkrafttreten des M. P. *Mitis Iudex Dominus Iesus* ist nicht nur die Anzahl der affirmativen Urteile zurückgegangen, sondern auch die Anzahl der Berufungen durch den Ehebandverteidiger liegt auf einem verantwortungsvollen Niveau.

Auch im Hinblick auf die im Rahmen der vorliegenden Arbeit durchgeführte Umfrage unter Ehebandverteidigern im Bereich der DBK lassen sich einige Beobachtungen und Auffälligkeiten skizzieren. Erfreulicherweise haben 26 Ehebandverteidiger daran teilgenommen und ermöglichen es mit ihren Rückmeldungen zwar nicht ein repräsentatives Ergebnis aufzuzeigen, dennoch spiegelt sich darin eine große Diversität wider. Deutlich wurde, dass die neue und noch wichtigere Verantwortung, die seit dem Inkrafttreten des M. P. *Mitis Iudex Dominus Iesus* auf den Ehebandverteidigern lastet, ihnen bewusst ist. Ihre Stellung ist wesentlich wichtiger geworden, da ihre Entscheidung, Berufung gegen ein Urteil bei Ehenichtigkeitsverfahren einzulegen, nun weitaus größere Konsequenzen hat: Die Vollstreckbarkeit des Urteils wird gehemmt, d. h. die Parteien und hierbei insbesondere die klagende Partei kann keine neue Ehe schließen. Zugleich stellt sich der Ehebandverteidiger offensichtlich gegen das Gericht, an dem er selbst beschäftigt und tätig ist. Damit wird deutlich, dass die bisher häufig vorkommende Laufbahn an kirchlichen Gerichten, die mit dem Amt des Ehebandverteidigers begann, nun endgültig obsolet werden sollte, denn nicht eine unerfahrene, sondern eine besonders erfahrene Person sollte dieses Amt innehaben und proaktiv wahrnehmen. Ein positiver Nebenaspekt liegt darin, dass sich nun wohl alle amtlich an einem Eheverfahren beteiligten Personen umso mehr bewusst sind, dass sie gemeinsam dafür Sorge tragen und verantwortlich sind, ein gerechtes und wahrheitsgemäßes Urteil zu fällen. So meldete ein Ehebandverteidiger zurück, dass er erst seit der aktuellen Novellierung des Eheprozessrechts die Urteile prüft und überlegt, ob er Berufung einlegen soll. Allgemein lässt sich feststellen, dass die Formulierung der Animadversiones nun deutlich detaillierter erfolgt und wesentliche Aspekte der Verteidigung besonders hervorgehoben werden, um dem Richterkollegium klarzumachen, wo es möglicherweise Probleme gibt, die die Nichtigerklärung behindern könnten. Andererseits scheint es zumindest in den Urteilstexten, wenn nicht sogar innerhalb der Voten oder bei den Diskussionen während der Urteilssitzung, zu einer stärkeren Auseinandersetzung mit den Animadversiones zu kommen. Dies liegt einerseits in einer gewissen Würdigung der Ehebandverteidiger, andererseits wird aber auch versucht, durch eine inhaltlich-argumentative Auseinandersetzung das Einlegen der Berufung durch den Ehebandverteidiger bereits im Vorfeld zu verhindern. Einige Rückmeldungen legen aber auch nahe, dass die Stellungnahmen sowohl im Ton als auch in der Sache stärker abgelehnt und umfangreicher zurückgewiesen werden. Eine Tendenz liegt dahingehend vor, dass die Urteile nun „berufungsresistenter" formuliert werden. Es ist deutlich geworden, dass vor dem Inkrafttreten des M. P. *Mitis Iudex Dominus Iesus* die Animadversiones nach der Rückmeldung von vielen Ehebandverteidigern im Urteil weder gewürdigt noch jemals zitiert worden wären. Diese – wertneutral gemeinte – Ignoranz scheint nun endgültig überwunden zu sein.

Die konkreten Auswirkungen auf die Berufungspraxis der Ehebandverteidiger seit der jüngsten Reform des Eheprozessrechts wurden im Rahmen der Umfrage abgefragt. So lässt sich generell feststellen, dass die teilgenommenen Ehebandverteidiger grundsätzlich willens sind, Berufung gegen affirmative Urteile in der ersten Instanz einzulegen, wenn gewisse Voraussetzungen gegeben sind. Diese Kriterien stimmen nicht exakt mit den Vorgaben des Gesetzgebers überein, da dieser auch keinen taxativen Kriterienkatalog kennt, sondern die Entscheidung für oder gegen eine Berufung in die Verantwortung des jeweiligen Ehebandverteidigers legt. So ist es für viele von ihnen notwendige und hinreichende Voraussetzung, dass ein Urteil in einem wesentlichen Punkt nicht nachvollzogen werden kann oder gravierende Beweismängel vorliegen. Dasselbe gilt, wenn eine falsche Streitfrage behandelt wurde oder das Verteidigungsrecht einer Partei oder des Ehebandverteidigers eingeschränkt worden ist. Weil auch die Animadversiones dazu beitragen sollen, die moralische Gewissheit der Richter positiv oder negativ zu beeinflussen, wird von Seiten der Ehebandverteidiger eine ausreichende Würdigung ihrer Anmerkungen erwartet. Durch die mit dem Inkrafttreten des M. P. *Mitis Iudex Dominus Iesus* einhergehende Aufwertung der Partei- und Zeugenaussagen gemäß c. 1678 § 1 wird deren Glaubwürdigkeit von Seiten der Ehebandverteidiger genauer in die Überlegungen miteinbezogen. Auch das Überschreiten der freien richterlichen Beweiswürdigung würde bei einigen der Teilnehmer an der Umfrage zum Einlegen der Berufung führen. Zusätzlich wird das materielle Eherecht als Maßstab gesehen: So müssen die Tatbestandsmerkmale für den gewählten Klagegrund nachgewiesen werden und für den Fall, dass der Eindruck entsteht, die Richter würden mit ihrer Begründung „schwimmen", würde Berufung eingelegt werden. Einige Ehebandverteidiger sind auch besonders aufmerksam, wenn nicht alle drei dem Kollegium zugewiesenen Richter über dem notwendigen akademischen Grad verfügen. Ein Unterschied in der Instanz wird bei den Ehebandverteidigern hinsichtlich der Berufungspraxis nicht gemacht. Sollte *ex actis et probatis* keine moralische Gewissheit für das Vorliegen einer nichtigen Ehe erlangt werden können, das Urteil aber dennoch affirmativ ausfallen, so wäre dies ein weiterer Grund, Berufung einzulegen.

Was Unfreiheiten und Freiheiten betrifft, denen sich die Ehebandverteidiger nach dem Inkrafttreten des M. P. *Mitis Iudex Dominus Iesus* ausgesetzt sehen, haben die Rückmeldungen ein ambivalentes Bild ergeben. So ist es erfreulich, dass von Seiten der Offiziale in ihrer Funktion als Gerichtsherren keinerlei Weisungen hinsichtlich der Nutzung des Rechtsmittels der Berufung erteilt wurden. Das Gros der Teilnehmer gab auch an, dass es keine sonstigen Andeutungen oder subtile Hinweise gab. Während ein Offizial gegenüber seinen Ehebandverteidigern klargestellt hat, dass diese absolute Freiheit und Rückendeckung genießen, wurde in einem anderen Fall nach Einlegen der Berufung subtil darauf hingewiesen, dass dies unerwünscht sei. Dennoch scheint es viel Streit und auch Aggressionen zu geben, wenn ein Ehebandverteidiger sich dazu entscheidet, Berufung gegen ein affirmatives Urteil der ersten Instanz einzulegen. Viele der beteiligten Richter fühlen sich dadurch persönlich oder im Hinblick auf ihre Kompetenzen als Richter angegriffen. Während von Seiten der klagenden Partei mit keinen Repressalien im eigentlichen Sinn gerechnet wird, scheint es aber häufig der Fall zu sein, dass diese Parteien den Ehebandverteidigern nach Lektüre der Animadversiones „bitterböse" Briefe schreiben. Ein hauptamtlicher Ehebandverteidiger gab an, dass er sehr wohl um seinen Arbeitsplatz fürchtet, falls er vom Rechtsmittel der Berufung zu oft Gebrauch mache.

Fast durchgängig wird von den Ehebandverteidigern ein pastoraler Aspekt bei Eheverfahren gesehen, der allerdings ausdrücklich nicht in die populäre, aber falsche Unterscheidung zwischen Recht und Pastoral führen darf. Teilweise wird sogar das ganze Ehenichtigkeitsverfahren als pastoraler Dienst verstanden, weil die Kirche dadurch nicht nur Hilfsbereitschaft signalisiert, sondern eine Hilfestellung für ein christlich geführtes Leben anbietet. Auch kann durch das Verfahren die Ehegeschichte aufgearbeitet und möglicherweise noch offene Fragen geklärt werden. Was der pastorale Aspekt in der konkreten Amtsausübung des Ehebandverteidigers bewirkt, drückt ein Teilnehmer an der Umfrage folgendermaßen aus: Eine Ehe, bei der alles auf die Nichtigkeit hinweist, darf nicht allein wegen des Fehlens von Indizien mit einem negativen Urteil entschieden werden. Ein anderer Ehebandverteidiger würde im Interesse der Parteien ein affirmatives Urteil akzeptieren, wenn es nicht offensichtlich falsch oder ungerecht ist. Das Recht und die Pastoral müssen in einem gesunden Verhältnis und Miteinander stehen, um wirklich den Menschen gerecht werden zu können. Andere an der Umfrage teilgenommene Ehebandverteidiger sehen wiederum keinen pastoralen Bezug.

Während nahezu alle Teilnehmer an der Umfrage die Verkürzung der Verfahrensdauer positiv hervorheben, wird der Verlust an Qualität in der Rechtsprechung durchaus kritisch angemerkt und hinterfragt. Mit dem Wegfall der doppelten Urteilskonformität ist nach Meinung eines Ehebandverteidigers zwar eine sinnvolle Kontrolleinrichtung weggefallen, dies dürfte sich aber zumindest im Bereich der deutschen Kirchengerichte nicht negativ auf die Qualität der Rechtsprechung auswirken. In vielen Fällen unnötige Mehrarbeit in Form von Dekretbestätigungen und ordentlichen Verfahren in der zweiten Instanz seien nun nach geltender Rechtslage obsolet geworden. Zudem wird der Wegfall auch als Fortschritt bezeichnet, da dadurch die Autorität des Gerichts und insbesondere der Richter in der ersten Instanz eine Aufwertung erfahren hat. Von einer generellen Zufriedenheit im Hinblick auf die Novellierung des Eheprozessrechts kann aber keine Rede sein.

Obwohl das M. P. *Mitis Iudex Dominus Iesus* bereits seit über drei Jahren in Kraft ist, konnte im Rahmen der vorliegenden Arbeit eine kritische Kurzwürdigung vorgenommen werden. So ist die Möglichkeit einer Rücknahme der Berufung des Ehebandverteidigers der ersten Instanz durch den Ehebandverteidiger der zweiten Instanz nach c. 1636 § 2 im Hinblick auf Ehenichtigkeitsverfahren dringend zu überprüfen und zu hinterfragen. Es kann nicht sein, dass eine bewusste amtlich eingelegte Berufung als ordentliches Rechtsmittel zur Anfechtung des Urteils ohne Begründung wirkungslos werden kann. Es konnte aufgezeigt werden, dass diese Möglichkeit weder eindeutig auf die Natur von Ehenichtigkeitsverfahren zurückgeführt werden kann und demnach auch nicht auf diese angewendet werden darf. Eine offizielle Klarstellung z. B. in Form einer authentischen Interpretation wäre sinnvoll und würde den Ehebandverteidigern ein wirkungsvolles Instrumentarium an die Hand geben, um die Qualität der Rechtsprechung zu sichern. Ein weiterer Aspekt, der bei der Analyse der Rückmeldungen durch die Ehebandverteidiger augenscheinlich geworden ist, liegt im Bereich eines gewünschten und notwendigen besseren Schutzes der Ehebandverteidiger in ihrem Amt. Um diesen zu gewährleisten, lautet der Vorschlag des Autors der vorliegenden Arbeit zur Novellierung von c. 1679 folgendermaßen: „*Das Urteil, das die Nichtigkeit einer Ehe erstmals festgestellt hat, ist nach Ablauf der in den cc. 1630–1633 festgelegten Fristen vollstreckbar, wenn nicht der zuständige Ehebandverteidiger des zum Zwecke der Urteilsüberprüfung zugewiesenen Diözesangerichts gleicher Muttersprache, welches nicht das Berufungsgericht sein kann, Berufung gegen das Urteil einlegt. Die Berufungsklage ist an das in cc. 1438 und 1439 erwähnte Gericht zu richten, unbeschadet der Regelungen in c. 1444.*“ Jedes kirchliche Gericht würde also zusätzlich zum Berufungsgericht ein „Überprüfungsgericht“ zugewiesen bekommen. Ein dort ansässiger Ehebandverteidiger müsste entscheiden, ob er Berufung einlegt, die vor dem ordentlichen Berufungsgericht anhängig gemacht werden würde. Durch diese Novellierung sähe sich der am Verfahren beteiligte Ehebandverteidiger nicht in der prekären Situation wieder, gegen sein eigenes Gericht vorgehen zu müssen. Auch die Aufnahme eines Kriterienkatalogs als mögliche Voraussetzung für das

Einlegen der Berufung durch die Ehebandverteidiger wäre in einer notwendigen Revision der Instruktion *Dignitas Connubii* denkbar und wünschenswert. Diese würde in zweierlei Hinsicht hilfreich sein: Auf der einen Seite hätten die Ehebandverteidiger ein Instrument an der Hand, um objektiv abschätzen und taxieren zu können, ob sie Berufung gegen ein affirmatives Urteil einlegen sollten und andererseits ist es auch für die Richter am kirchlichen Gericht transparent, ob sie mit dem Rechtsmittel der Berufung gegen ihr Urteil zu rechnen haben. Der angesprochene Kriterienkatalog kann sicherlich keinen taxativen Charakter haben, sondern soll demonstrativ eine Vielzahl von Gründen aufzeigen, die das Einlegen der Berufung rechtfertigen.

Stephan Haering folgend darf bei Ehenichtigkeitsverfahren „die Schnelligkeit nicht auf Kosten der Gerechtigkeit gehen“[934]. Diese Aussage traf er im Kontext der Vorbereitungen und Überlegungen zur Erstellung einer neuen Eheprozessordnung Anfang der 2000er Jahre. Sie ist damit also auch weiterhin für Novellierungen des Eheprozessrechts, wie sie zuletzt durch das M. P. *Mitis Iudex Dominus Iesus* vorgenommen wurde, gültig. „Wer ein Urteil fällt, entscheidet über strittige Rechte und nicht über Gnadenerweise“[935]. Denn schließlich sind insbesondere die kirchlichen Ehenichtigkeitsverfahren ein „Prüfstein für die Glaubwürdigkeit der kirchlichen Rechtspraxis“[936]. Ein Ziel hat Papst Franziskus mit dem M. P. *Mitis Iudex Dominus Iesus* auf jeden Fall erreicht: Die Existenz von Ehenichtigkeitsverfahren und auch von kirchlicher Gerichtsbarkeit im Allgemeinen wurde durch eine medial große Präsenz der Thematik vielen Gläubigen neu bewusst oder wieder in Erinnerung gerufen. Dies kommt nicht allein ihrem Rechtsschutz zu Gute, sondern auch den kirchlichen Ehenichtigkeitsverfahren, die eine Suche nach der Wahrheit sind und bleiben. Es gilt, wie bei allem kirchlichen Tun, auch bei Ehenichtigkeitsverfahren den Menschen gerecht zu werden, die sich mit einem tiefen Bedürfnis an die Kirche wenden.

---

934 Haering: Eine neue Eheprozeßordnung, S. 162.

935 Arroba Conde: Die Rezeption von Dignitas Connubii, S. 34.

936 Pototschnig: Entwicklungstendenzen im kanonischen Ehe- und Eheprozeßrecht, S. 60.

Quellenverzeichnis

Zweites Vatikanisches Konzil

Zweites Vatikanisches Konzil (1965): Das Dekret über die Missionstätigkeit der Kirche „Ad Gentes“. In: Rahner, Karl; Vorgrimler, Herbert (Hgg.): Kleines Konzilskompendium. Sämtliche Texte des Zweiten Vatikanischen Konzils. Fünfunddreißigste Auflage. Herder: Freiburg, S. 607–653. [AG]

——— (1965): Die Erklärung über die Religionsfreiheit „Dignitatis Humanae [Personae]“. In: Rahner, Karl; Vorgrimler, Herbert (Hgg.): Kleines Konzilskompendium. Sämtliche Texte des Zweiten Vatikanischen Konzils. Fünfunddreißigste Auflage. Herder: Freiburg, S. 661–675. [DH]

——— (1965): Die pastorale Konstitution über die Kirche in der Welt von heute „Gaudium et Spes“. In: Rahner, Karl; Vorgrimler, Herbert (Hgg.): Kleines Konzilskompendium. Sämtliche Texte des Zweiten Vatikanischen Konzils. Fünfunddreißigste Auflage. Herder: Freiburg, S. 449–552. [GS]

Päpstliche Quellen

Papst Benedikt XIV. (1741): Apostolische Konstitution „Dei Miseratione“ vom 3. November 1741. In: Gasparri, Pietro (Hg., 1926): Codicis Iuris Canonici Fontes, Volumen I. Typis Polyglottis Vaticanis: Romae, n. 318, S. 695–701.

Papst Benedikt XVI. (2007): Ansprache Papst Benedikts XVI. an die Römische Rota zur Eröffnung des Gerichtsjahres 2006 am 28. Januar 2006. In: DPM, 14. Lang: Frankfurt, S. 289–292. [Papst Benedikt XVI., Ansprache an die Römische Rota]

——— (2008): Litterae Apostolicae Motu Proprio datae „Antiqua ordinatione“ quibus Supremi Tribunalis Signaturae Apostolicae lex propria promulgatur. In: AAS, 100, n. 8, S. 513–538.

——— (2009): Motu Proprio „Omnium in Mentem“ unseres Heiligen Vaters Benedikt XVI. mit dem einige Normen des Codex des kanonischen Rechtes geändert werden. In: OR(D), 40(25) [= AAS, 102, n. 1, S. 8–10]. Schwabenverlag: Ostfildern, S. 9.

Papst Bonifatius VIII. (1298): Bulle „Sacrosanctae Romanae Ecclesiae“. In: Corpus Iuris Canonici, Decretalium Collectiones. Akademische Druck- und Verlagsanstalt: Graz, Sp. 933–936.

Papst Franziskus (2015): Mitis et misericors Iesus. Apostolisches Schreiben in Form eines „Motu Proprio“, über die Reform des kanonischen Verfahrens für

Ehenichtigkeitserklärungen im Kodex der Kanones der orientalischen Kirchen In: AAS, 107, n. 9, S. 946–957.

——— (2015): Mitis Iudex Dominus Iesus – Der milde Richter Herr Jesus. Apostolisches Schreiben in Form eines Motu Proprio über die Reform des kanonischen Verfahrens für Ehenichtigkeitserklärungen im Codex des kanonischen Rechtes. In: OR(D), 46(39) [= AAS, 107, n. 9, S. 958–970]. Schwabenverlag: Ostfildern, S. 4–6.

——— (2015): Rescritto „ex audientia" sulla riforma del processo matrimoniale introdotta dai due motupropri pontifici del 15 agosto 2015. In: OR, 155(284). Libreria Editrice Vaticana: Città del Vaticano, S. 8.

——— (2017): Ansprache von Papst Franziskus an die Teilnehmer eines Kurses, den das Gericht der Römischen Rota veranstaltet hat. Clementina-Saal, Samstag, 25. November 2017. In: vatican.va (Abruf: 23.07.2019).

Papst Gregor IX. (1234): Bulle „Rex Pacificus". In: Corpus Iuris Canonici, Decretalium Collectiones. Akademische Druck- und Verlagsanstalt: Graz, Sp. 1–4.

Papst Johannes XXII. (1317): Bulle „Quoniam Nulla". In: Corpus Iuris Canonici, Decretalium Collectiones. Akademische Druck- und Verlagsanstalt: Graz, Sp. 1129–1132.

Papst Johannes Paul II. (1983): Ein Recht, vom Konzil gewünscht. Ansprache an die Teilnehmer des Kurses der Päpstlichen Universität Gregoriana über das neue kirchliche Gesetzbuch am 21. November. In: OR(D), 13(49). Schwabenverlag: Ostfildern, S. 4. [Papst Johannes Paul II., Ein Recht, vom Konzil gewünscht]

——— (1987): Gutachten nicht kritiklos hinnehmen. Ansprache des Papstes an die Römische Rota am 5. Februar 1987. In: OR(D), 17(8). Schwabenverlag: Ostfildern, S. 10. [Papst Johannes Paul II., Gutachten nicht kritiklos hinnehmen]

——— (1988): Diener der Diener Gottes zum ewigen Angedenken. Apostolische Konstitution „Pastor Bonus" über die römische Kurie. In: CIC/83 [= AAS, 80, n. 7, S. 841–912]. Butzon & Bercker: Kevelaer, S. 775–831.

——— (1998): Als Motu Proprio erlassenes Apostolisches Schreiben „Ad tuendam fidem", durch das einige Normen in den Codex Iuris Canonici und in den Codex Canonum Ecclesiarum Orientalium eingefügt werden. In: VAS, 144 [= AAS, 90, n. 7, S. 457–461]. Sekretariat der Deutschen Bischofskonferenz: Bonn, S. 11–15.

——— (2004): Wahrheit der ehelichen Institution neu entdecken. Audienz zur Eröffnung des Gerichtsjahres der Römischen Rota. Ansprache von Papst Johannes Paul II. am 29. Januar. In: OR(D), 34(9). Schwabenverlag: Ostfildern, S. 9.

Papst Paul VI. (1971): Causas Matrimoniales. Apostolisches Schreiben in Form eines Motu Proprio über den Erlass einiger Normen für eine schnellere Abwicklung der Eheprozesse. In: AAS, 63, n. 6, S. 441–446.

Papst Pius XII. (1941): Allocutio. Summus Pontifex, die 3 mensis Octobris 1941 adstantibus Praelatii Auditoribus ceterisque officialibus et administris Tribunalis Sacrae Romanae Rotae necnon eiusdem Tribunalis Advocatis et Procuratoribus haec verba fecit. In: AAS 33, n. 11, S. 421–426.

——— (1942): Allocutio. Ad Praelatos auditores ceterosque officiales et administros Tribunalis S. Romanae Rotae necnon eiusdem Tribunalis Advocatos et Procuratores. In: AAS 34, n. 11, S. 338–343.

Apostolischer Stuhl

Conseil Pontifical pour les textes Législatifs (2016): Concernant le Suffraganeus antiquor dans le nouveau canon 1687 § 3 Mitis Iudex. In: Supplément au Code de droit canonique bilingue et annoté [= Pontificium Consilium de Legum Textibus, Prot. N. 15155/2015]. Wilson & Lafleur: Montréal, S. 38.

Kongregation für das Katholische Bildungswesen (2018): Instruktion „Per venire incontro". Die Studien des Kirchenrechts im Lichte der Reform des Eheprozesses. In: vatican.va (Abruf: 23.07.2019).

Päpstlicher Rat für die Gesetzestexte (2005): Instruktion Dignitas Connubii, die von den diözesanen und interdiözesanen Gerichten bei Ehenichtigkeitsverfahren zu beachten ist [= Instructio servanda a tribunalibus dioecesanis et interdioecesanis in pertractandis causis nullitatis matrimonii. In: Communicationes, 37. Pontificium Consilium de Legum Textibus: Roma, S. 11–92]. Libreria Editrice Vaticana: Città del Vaticano.

Pontificia Commissio ad Codicis Canones Authentice Interpretandos (1931): Responsa ad Proposita Dubia. III. De Causis Matrimonialibus. In: AAS, 23, n. 9, S. 353.

Pontificia Commissio Codici Iuris Canonici Recognoscendo (1966): Ex actis Pontificiae Commissionis Codici Iuris Canonici Recognoscendo. Coetus studiorum „De Processibus" (Sessio I). In: Communicationes, 38(1). Pontificium Consilium de Legum Textibus: Roma, S. 23–60.

——— (1969): Ex actis Pontificiae Commissionis Codici Iuris Canonici Recognoscendo. Coetus studiorum „De Processibus" (Sessio VIII). In: Communicationes, 39(2). Pontificium Consilium de Legum Textibus: Roma, S. 291–312.

——— (1970): Ex actis Pontificiae Commissionis Codici Iuris Canonici Recognoscendo. Coetus studiorum „De Processibus" (Sessio X). In: Communicationes, 40(1). Pontificium Consilium de Legum Textibus: Roma, S. 120–142.

——— (1976): Schema Canonum de Modo Procedendi pro tutela Iurum seu de Processibus. Libreria Editrice Vaticana: Città del Vaticano. [SchProc]

——— (1979): Acta Commissionis, Opera Consultorum in recognoscendis schematibus canonum: I. Coetus studiorum de Processibus. In: Communicationes, 11(2). Pontificium Consilium de Legum Textibus: Roma, S. 243–295.

——— (1980): Schema Codicis Iuris Canonici iuxta animadversiones S.R.E. Cardinalium, Episcoporum Conferentiarum, Dicasteriorum Curiae Romanae, Universitatum Facultatumque ecclesiasticarum necnon Superiorum Institutorum vitae consecratae recognitum. Libreria Editrice Vaticana: Città del Vaticano. [SchCIC/80]

——— (1982): Codex Iuris Canonici Schema Novissimum iuxta placita Patrum Commissionis emendatum atque Summo Pontifici praesentatum. Libreria Editrice Vaticana: Città del Vaticano. [SchCIC/82]

Pontificia Commissio Decretis Concilii Vaticani II Interpretandis (1973): Responsum ad proposita dubia. De appellationibus in causis matrimonialibus. In: AAS, 65, n. 11, S. 620.

——— (1974): Responsum ad propositum dubium. De decreto ratihabitionis in causis matrimonialibus. In: AAS, 66, n. 8, S. 463.

Pontificium Consilium de Legum Textibus Interpretandis (1991): Congregatio Plenaria. Diebus 20-29 octobris 1981 habita. In: Acta et Documenta Pontificiae Commissionis Codici Iuris Canonici Recognoscendo. Libreria Editrice Vaticana: Città del Vaticano.

Rota Romana (1994): Normae, 07.02.1994. In: AAS, 86, S. 508–540.

Sacra Congregatio de Disciplina Sacramentorum (1936): Instructio servanda a tribunalibus dioecesanis et pertractandis causis de nullitate matrimoniorum „Provida Mater Ecclesia“. In: AAS, 28, n. 10, S. 313–372.

Secretaria Status Rationarium Generale Ecclesiae (2008, 2011-2019): Annuarium Statisticum Ecclesiae 2006, 2009-2017 – Statistical Yearbook of the Church – Annuaire Statistique de l'Eglise. Libreria Editrice Vaticana: Città del Vaticano.

Tribunal Apostolicum Rotae Romanae (2016): Subsidium for the application of the M.p. Mitis Iudex Dominus Iesus. Libreria Editrice Vaticana: Città del Vaticano.

Teilkirchliche Ebene

Deutsche Bischofskonferenz (1983): Erklärung des Ständigen Rates der Deutschen Bischofskonferenz zum neuen Gesetzbuch der lateinischen Kirche [= Arbeitshilfen, 31]. Sekretariat der Deutschen Bischofskonferenz: Bonn.

Deutsche Offizialenkonferenz (1966): Entschließungen der Deutschen Offizialenkonferenz zur Reform des Eheprozessrechts. In: Periodica, 58. Rom, S. 577–582.

Die Deutschen Bischöfe (2016): Rahmenordnung für Ständige Diakone in den Bistümern der Bundesrepublik Deutschland. In: VAS, 101. Sekretariat der Deutschen Bischofskonferenz: Bonn.

Erzbischöfliches Offizialat Freiburg (2017): Relatio de Statu et Activitate Tribunalis. Pro Ecclesia Latina. Pro Anno 2016 redacta. Eigenverlag: Freiburg.

Erzbischöfliches Offizialat Köln (2018): Übersichten der Gerichtsjahre 2012-2017 über die Zahl der Verfahren bei kirchlichen Ehegerichten im Bereich der Deutschen Bischofskonferenz. Eigenverlag: Köln.

Erzbischöfliches Ordinariat Freiburg (2018): Regelung zur Verwendung von geschlechtergerechter Sprache. In: Amtsblatt der Erzdiözese Freiburg, 2018(10). Eigenverlag: Freiburg, Nr. 267, S. 226–227.

Erzdiözese Freiburg (2017): Haushaltsplan 2018/2019. Die Finanzen unseres Bistums auf einen Blick. Eigenverlag: Freiburg.

National Conference of Catholic Bishops (1970): American Procedural Norms. In: Guth, Hans-Jürgen (1993): Ehescheidung oder Ehenichtigkeit? Das Eheprozessrecht der römisch-katholischen Kirche in den USA seit dem Zweiten Vatikanischen Konzil [= Freiburger Veröffentlichungen aus dem Gebiete von Kirche und Staat, 38]. Universitätsverlag: Freiburg/Schweiz, S. 241–251. [APN]

The Bishop of Springfield in Illinois (2015): General Executory Decree issued for the Diocese of Springfield in Illinois. Implementing the Apostolic Letter Issued Motu Proprio by His Holiness, Pope Francis, Mitis Iudex Dominus Iesus. In: The Jurist, 75. Catholic University of America: Washington, S. 604–605.

Gesetze und Sammlungen

Codex Canonum Ecclesiarum Orientalum (2000): Auctoritate Ioannis Pauli PP. II promulgatus 1990. Gesetzbuch der katholischen Ostkirchen. Lateinisch-deutsche Ausgabe. In: Gerosa, Libero; Krämer, Peter (Hgg.): Amateca – Repertoria. Band 2. Bonifatius: Paderborn. [CCEO]

Codex Iuris Canonici (1918): Pii X. Pontificis Maximi iussu digestus Benedicti Papae XV. auctoritate promulgatus. Praefatione, fontium annotatione et indice analytico-alphabetico ab Pietro Card. Gasparri auctus. Kenedy & Sons: New York. [CIC/17]

——— (2017): Codex des kanonischen Rechtes. Achte Auflage [= Codex Iuris Canonici auctoritate Ioannis Pauli PP. II promulgatus. In: AAS, 75, Pars II. Typis Polyglottis Vaticanis, S. 1–301]. Butzon & Bercker: Kevelaer. [CIC/83]

Corpus Iuris Canonici (1959). Editio Lipsiensis secunda post Aemilii Ludouici Richteri curas ad librorum manu scriptorum et Editionis Romanae fidem recognouit et adnotatione critica instruxit Aemilius Friedberg. Pars I: Decretum Magistri Gratiani. Akademische Druck- und Verlagsanstalt: Graz.

——— (1959). Editio Lipsiensis secunda post Aemilii Ludouici Richteri curas ad librorum manu scriptorum et Editionis Romanae fidem recognouit et adnotatione critica instruxit Aemilius Friedberg. Pars II: Decretalium Collectiones. Akademische Druck- und Verlagsanstalt: Graz. [Corpus Iuris Canonici, Decretalium Collectiones]

Sonstige Quellen

Denzinger, Heinrich (2009): Kompendium der Glaubensbekenntnisse und kirchlichen Lehrentscheidungen [= Enchiridion symbolorum definitionum et declarationum de rebus fidei et morum]. Verbessert, erweitert, ins Deutsche übertragen und unter Mitarbeit von Helmut Hoping herausgegeben von Peter Hünermann. Zweiundvierzigste Auflage. Herder: Freiburg.

Einheitsübersetzung der Heiligen Schrift (2017). Gesamtausgabe. Für den katholischen Religionsunterricht zugelassen durch die Deutsche Bischofskonferenz. Katholisches Bibelwerk: Stuttgart.

L'Osservatore Romano (2014): Aus dem Vatikan in Kürze. In: OR(D), 44(39). Schwabenverlag: Ostfildern, S. 3.

——— (2014): Vatikan prüft Verkürzung von Ehenichtigkeitsverfahren. In: OR(D), 44(32/33). Schwabenverlag: Ostfildern, S. 2.

——— (2015): Ein doppelter Schwerpunkt. Pressekonferenz zur Vorstellung von zwei Motu proprios zum Ehenichtigkeitsverfahren. In: OR(D), 45(38). Schwabenverlag: Ostfildern, S. 6.

Ökumenisches Verzeichnis der biblischen Eigennamen nach den Loccumer Richtlinien (1971). Herausgegeben von den Deutschen Bischöfen, dem Rat der Evangelischen Kirche in Deutschland und dem Evangelischen Bibelwerk. Erarbeitet nach den Weisungen der Ökumenischen Übersetzerkommission von Klaus Dieter Fricke und Benedikt Schwank. Katholische Bibelanstalt: Stuttgart.

Literaturverzeichnis

Ahlers, Reinhild (2000): Art. Eheauflösung. In: LKStKR, 1. Schöningh: Paderborn, S. 496. [Ahlers, LKStKR, Art. Eheauflösung]

Althaus, Rüdiger (2000): Die Rezeption des Codex Iuris Canonici von 1983 in der Bundesrepublik Deutschland unter besonderer Berücksichtigung der Voten der Gemeinsamen Synoden der Bistümer in der Bundesrepublik Deutschland. In: Paderborner Theologische Studien, 28. Schöningh: Paderborn. [Althaus, Die Rezeption des Codex Iuris Canonici von 1983]

Amann, Thomas (1996): Laien als Träger von Leitungsgewalt? Eine Untersuchung aufgrund des Codex Iuris Canonici. In: MThS, 50. EOS: St. Ottilien.

——— (2011): Kirchliche Gerichtsbarkeit und geistliche Vollmacht. In: Gerosa, Libero; Müller, Ludger (Hgg.): Rechtsschutz in der Kirche. Kirchenrechtliche Bibliothek, Band 15. Lit: Wien/Münster, S. 59–74.

Arroba Conde, Manuel J. (2010–2011): Die Rezeption von Dignitas Connubii. In: DPM, 17/18. Lang: Frankfurt, S. 31–59. [Arroba Conde, Die Rezeption von Dignitas Connubii]

Assenmacher, Günter (1990): Laien als kirchliche Eherichter. Die Situation in den Bistümern der Bundesrepublik Deutschland. Zur Diskussion einer Grundsatzfrage. In: MKCIC.B, 5 [= Iustus Iudex. Festgabe für Paul Wesemann zum 75. Geburtstag von seinen Freunden und Schülern]. Ludgerus: Essen, S. 349–361.

Augustine, Charles (1921): A Commentary on the new Code of Canon Law. Volume VII: Ecclesiastical Procedure (Book IV, Can. 1552-2194). Herder Book: Saint Louis/London. [Augustine, A Commentary on the new Code of Canon Law]

Aymans, Winfried; Mörsdorf, Klaus; Müller, Ludger (2013): Kanonisches Recht. Lehrbuch aufgrund des Codex Iuris Canonici. Band IV: Vermögensrecht, Sanktionsrecht und Prozessrecht. Schöningh: Paderborn. [Aymans/Mörsdorf/Müller, KanR IV]

Beal, John P. (2000): The Separation of Spouses (cc. 1141-1155). In: New Commentary. Paulist Press: New York, S. 1359–1378.

——— (2010): What is an Appellate Court to do? Procedural Considerations When Declaring Equivalent Conformity of Sentences. In: The Jurist, 70(2). Catholic University of America: Washington, S. 368–395. [Beal, What is an Appellate Court to do]

——— (2015): Mitis Iudex Canons 1671-1682, 1688-1691: A Commentary. In: The Jurist, 75(2). Catholic University of America: Washington, S. 467–538. [Beal, A Commentary]

Bier, Georg (2001): Die Rechtsstellung des Diözesanbischofs nach dem Codex Iuris Canonici von 1983. In: Forschungen zur Kirchenrechtswissenschaft, 32. Echter: Würzburg.

Bortz, Jürgen; Döring, Nicola (2006): Forschungsmethoden und Evaluation für Human- und Sozialwissenschaftler. Vierte Auflage. Springer Medizin Verlag: Heidelberg.

Braun, Karl Ludwig (1896): Das Vorverfahren der Bischöflichen Curien bei Auflösung der nicht vollzogenen Ehen durch den heiligen Stuhl. In: AfkKR, 76. Kirchheim: Mainz, S. 212–226.

Breitsching, Konrad (2007): Erwägungen zu Rechtsnatur und Verbindlichkeit von Dignitas Connubii. In: DPM, 14. Lang: Frankfurt, S. 181–204. [Breitsching, Erwägungen zu Dignitas Connubii]

Burke, Raymond (2014): Das kanonische Ehenichtigkeitsverfahren als Mittel zur Wahrheitssuche. In: Dodaro, Robert (Hg.): „In der Wahrheit Christi bleiben": Ehe und Kommunion in der katholischen Kirche. Zweite Auflage. Echter: Würzburg, S. 165–187. [Burke, Das kanonische Ehenichtigkeitsverfahren]

Canonico, Marco (2008): Note di Commento all'Istruzione Dignitas Connubii sul Processo Matrimoniale Canonico [= Collana del Dipartimento di Diritto Pubblico, 17]. Giappichelli: Torino. [Canonico, Note di Commento all'Istruzione Dignitas Connubii]

Castell, Ernst Freiherr von (2006): Bis zum bittern Ende? Über die Unmöglichkeit, offenkundig aussichtslose Annullierungsverfahren von Amts wegen einzustellen. In: DPM, 13. Lang: Frankfurt, S. 107–117.

Coccopalmerio, Francesco (2016): La réforme de la procédure canonique pour la déclaration de nullité du marriage. In: Caparros, Ernest; Navarro, Luis; Sol, Thierry (Hgg.): La réforme opérée par le m.p. Mitis Iudex. Commentaires et documentation. Wilson & Lafleur: Montréal, S. 1–30. [Coccopalmerio, La réforme de la procédure canonique]

Costigane, Helen; Hurley, James (2010): Why have a Tribunal of Second Instance? In: Duddington, John (Hg.): Law & Justice: The Christian Law Review, 165. Edmund Plowden Trust: Worcester, S. 117–123. [Costigane/Hurley, Why have a Tribunal of Second Instance]

Cox, Craig (2000): Marriage Processes (cc. 1671-1707). In: New Commentary. Paulist Press: New York, S. 1760–1789. [Cox, Marriage Processes]

——— (2000): The Contentious Trial (cc. 1501-1670). In: New Commentary. Paulist Press: New York, S. 1655–1753. [Cox, The Contentious Trial]

Daneels, Frans (2007): Das Wesen des Ehenichtigkeitsverfahrens. In: DPM, 14. Lang: Frankfurt, S. 205–215. [Daneels, Wesen des Ehenichtigkeitsverfahrens]

Daniel, William L. (2009): Remedies Available to the Petitioner in a Cause of Marriage Nullity After the Right to Appeal has Been Lost In: Studies in Church Law, 5. Centre of Canon Law Studies: Bengalore, S. 479–484.

——— (2014): Ongoing Difficulties in the Judicial Praxis of American Tribunals in Causes of the Nullity of Marriage. In: The Jurist, 74(2). Catholic University of America: Washington, S. 215–263.

——— (2015): An Analysis of Pope Francis' 2015 Reform of the General Legislation Governing Causes of Nullity of Marriage. In: The Jurist, 75(2). Catholic University of America: Washington, S. 429–466. [Daniel, An Analysis of Pope Francis' 2015 Reform]

——— (2015): The Abbreviated Matrimonial Process before the Bishop in Cases of „Manifest Nullity" of Marriage. In: The Jurist, 75(2). Catholic University of America: Washington, S. 539–591.

De Bertolis, Ottavio (2015): Papa Francesco riforma il Processo Canonico Matrimoniale. In: La Civiltà Cattolica, 166(3967), IV. Unione Stampa Periodica Italiana: Roma, S. 59–68. [De Bertolis, Processo Canonico Matrimoniale]

Dennemarck, Bernd (2016): Der Diözesanbischof als „milder Richter"? Anmerkungen zum Motu Proprio Mitis Iudex Dominus Iesus. In: KStKR, 23 [= Ius canonicum in communione christifidelium. Festschrift zum 65. Geburtstag von Heribert Hallermann]. Schöningh: Paderborn, S. 273–286. [Dennemarck, Anmerkungen zu Mitis Iudex]

Dordett, Alexander (1971): Kirchliche Ehegerichte in der Krise. Dom-Verlag: Wien. [Dordett, Kirchliche Ehegerichte in der Krise]

Eichmann, Eduard (1921): Das Prozeßrecht des Codex Iuris Canonici. Schöningh: Paderborn. [Eichmann, Das Prozeßrecht]

Eichmann, Eduard; Mörsdorf, Klaus (1959): Lehrbuch des Kirchenrechts auf Grund des Codex Iuris Canonici. III. Band: Prozeß- und Strafrecht. In: WH.T. Neunte Auflage. Schöningh: Paderborn. [Eichmann/Mörsdorf: Lehrbuch des Kirchenrechts III (9.)]

——— (1979): Lehrbuch des Kirchenrechts auf Grund des Codex Iuris Canonici. III. Band: Prozeß- und Strafrecht. In: WH.T. Elfte Auflage. Schöningh: Paderborn/München/Wien/Zürich. [Eichmann/Mörsdorf, Lehrbuch des Kirchenrechts III (11.)]

Eisenhofer, Heinrich (1954): Die kirchlichen Gesetzgeber. Technik und Form ihrer Gesetzgebung. Zink: München.

Erlebach, Grzegorz (2006): L'impugnazione della sentenza e l'invio „ex officio" della causa al tribunale di appello nell'istr. „Dignitas Connubii". In: Ius Ecclesiae, 18(1). Giuffrè: Milano, S. 439–463. [Erlebach, L'impugnazione della sentenza]

Fahrnberger, Gerhard (1986): Möglichkeiten einer rascheren Abwicklung kirchlicher Ehenichtigkeitsverfahren nach dem revidierten Codex Iuris Canonici. In: Lüdicke, Klaus; Paarhammer, Hans; Binder, Dieter A. (Hgg.): Recht im Dienste des Menschen. Eine Festgabe. Hugo Schwendenwein zum 60. Geburtstag. Styria: Graz, S. 299–323.

Feine, Hans Erich (1972): Kirchliche Rechtsgeschichte. Die katholische Kirche. Fünfte Auflage. Böhlau: Köln. [Feine, Kirchliche Rechtsgeschichte]

Feldhans, Verena (2007): Die Berufung im Ehenichtigkeitsprozess. Ein Vergleich von Codex Iuris Canonici und Dignitas Connubii. In: DPM, 14. Lang: Frankfurt, S. 217–240. [Feldhans, Die Berufung im Ehenichtigkeitsprozess]

Flatten, Heinrich (1977): Der Eheprozess im Entwurf zum künftigen Codex Iuris Canonici. In: AfkKR, 146. Kirchheim & Co: Mainz, S. 36–73. [Flatten, Der Eheprozess im Entwurf]

——— (1987): Zur Reform des kirchlichen Eheprozesses. Das Motu Proprio Papst Pauls VI. „Causas Matrimoniales" vom 28. März 1971. In: Müller, Hubert (Hg.): Gesammelte Schriften zum kanonischen Eherecht/Heinrich Flatten [= Die Kirche im Wandel der Zeit. Festgabe für Joseph Höffner zur Vollendung des 65. Lebensjahres (1971), S. 609–630]. Schöningh: Paderborn, S. 416–439. [Flatten, Zur Reform des kirchlichen Eheprozesses]

Geringer, Karl-Theodor (1986): Das Recht auf Verteidigung im kanonischen Ehenichtigkeitsverfahren. In: AfkKR, 155. Kirchheim & Co: Mainz, S. 428–442. [Geringer, Das Recht auf Verteidigung]

Graulich, Markus (2000). Art. Befangenheit. In: LKStKR, 1. Schöningh: Paderborn, S. 207–208.

——— (2000). Art. Acta Apostolicae Sedis. In: LKStKR, 1. Schöningh: Paderborn, S. 30.

Green, Thomas J. (2000): Delicts and Penalties in General (cc. 1311-1363). In: New Commentary. Paulist Press: New York, S. 1533–1573.

Grocholewski, Zenon (1995-1997): Die kirchlichen Gerichte in Deutschland und in Österreich auf dem Hintergrund der gegenwärtigen Rechtspflege in der Gesamtkirche. In: ÖAKR, 44. Plöchl: Freistadt, S. 37–59.

——— (1997): Die moralische Gewissheit als Schlüssel zum Verständnis der prozessrechtlichen Normen. In: DPM, 4. Lang: Frankfurt, S. 11–44. [Grocholewski, Die moralische Gewissheit als Schlüssel zum Verständnis]

——— (2002): Der Dienst der Liebe in der kirchlichen Gerichtsbarkeit. In: DPM, 9. Lang: Frankfurt, S. 139–153. [Grocholewski, Der Dienst der Liebe]

Groß, Karl; Schueller, Heinrich (1922): Lehrbuch des katholischen Kirchenrechts mit besonderer Berücksichtigung der partikulären Gestaltung derselben in Österreich. Achte Auflage. Manzsche Verlags- und Universitäts-Buchhandlung: Wien. [Groß/Schueller, Lehrbuch des katholischen Kirchenrechts]

Güthoff, Elmar (1994): Der Gerichtsvikar als Stellvertreter des Bischofs bei der Ausübung der richterlichen Gewalt in den Kodifikationen des kanonischen Rechts. In: Ders.; Selge, Karl-Heinz (Hgg.): Adnotationes in iure canonico. Festgabe Franz X. Walter zur Vollendung des 65. Lebensjahres. Rodak: Fredersdorf, S. 64–72.

——— (2015): § 109 Gerichtsverfassung und Gerichtsordnung. In: HdbKathKR. Dritte Auflage. Pustet: Regensburg, S. 1661–1672. [Güthoff, HdbKathKR, Gerichtsverfassung und -ordnung]

——— (2015): § 110 Das Streitverfahren. In: HdbKathKR. Dritte Auflage. Pustet: Regensburg, S. 1673–1686. [Güthoff, HdbKathKR, Streitverfahren]

Haering, Stephan (2001): Eine neue Eheprozeßordnung? Streiflichter zu einem Gesetzesentwurf. In: Communio In Ecclesiae Mysterio. Festschrift für Winfried Aymans zum 65. Geburtstag. EOS: St. Ottilien, S. 157–174. [Haering, Eine neue Eheprozeßordnung]

——— (2006): Gratian und das Kirchenrecht in der mittelalterlichen Theologie. In: Münchener Theologische Zeitschrift, 57(1). EOS: St. Ottilien, S. 21–34. [Haering, Gratian und das Kirchenrecht]

——— (2015): § 1 Kirchliche Rechtsgeschichte. In: HdbKathKR. Dritte Auflage. Pustet: Regensburg, S. 3–11. [Haering, HdbKathKR, Kirchliche Rechtsgeschichte]

Hahn, Judith (2014): Recht verstehen. Die Kirchenrechtssprache als Fachsprache: rechtslinguistische Probleme und theologische Herausforderung. In: MKCIC.B, 70 [= Iustitia est constans et perpetua voluntas ius suum cuique tribuendi. Festschrift für Klaus Lüdicke zum 70. Geburtstag]. Ludgerus: Essen, S. 163–198. [Hahn, Die Kirchenrechtssprache als Fachsprache]

——— (2014-2015): Iustus iudex. Eine rechtstheoretische und -theologische Annäherung an das kirchliche Richteramt. In: DPM, 21/22. Lang: Frankfurt, S. 93–116.

——— (2017): Richteramt – Wahrheitsdienst. Epistemologische und rechtstheologische Anmerkungen zu einer spannungsreichen Verbindung. In: KStKR, 27 [= Veritas vos liberabit: Festschrift zum 65. Geburtstag von Günter Assenmacher]. Schöningh: Paderborn, S. 423–448. [Hahn, Richteramt]

Hähnchen, Susanne (2016): Rechtsgeschichte. Von der Römischen Antike bis zur Neuzeit. In: Schwerpunkte Pflichtfach. Fünfte Auflage. Müller: Heidelberg. [Hähnchen, Rechtsgeschichte]

Halbig, Cäcilia; Ries, Barbara (1998): Das Problem der Parteien im kirchlichen Ehenichtigkeitsverfahren als Streitverfahren. In: AfkKR, 167. Kirchheim & Co: Mainz, S. 431–449. [Halbig/Ries, Das Problem der Parteien]

Hallein, Philippe (2011): Le défenseur du lien dans les causes de nullité de mariage. Étude synoptique entre le code et l'Instruction „Dignitas connubii", fondées sur les travaux des commissions préparatoires de l'Instruction. In: Tesi Gregoriana. Serie Diritto Canonico, 83. Gregorian University Press: Rom. [Hallein, Le défenseur du lien dans les causes de nullité de mariage]

Hallermann, Heribert (2002). Art. Hirtendienst. In: LKStKR, 2. Schöningh: Paderborn, S. 245–246.

——— (2002). Art. Kleriker. In: LKStKR, 2. Schöningh: Paderborn, S. 566–570.

——— (2002). Art. Klerikerstand. In: LKStKR, 2. Schöningh: Paderborn, S. 574–575. [Hallermann, LKStKR, Art. Klerikerstand]

Haring, Johann (1929): Der kirchliche Eheprozeß. Eine praktische Anleitung für kirchliche Richter. Moser: Graz.

Heidecker, Karl (2010): The Divorce of Lothar II: Christian Marriage and Political Power in the Carolingian World. Cornell University Press: Ithaca/London.

Heimerl, Hans (1992): Für und wider den Sinn kirchlicher Eheprozesse. In: ÖAKR, 41 [= Peter Leisching zum 60. Geburtstag]. Plöchl: Freistadt, S. 141–162. [Heimerl, Sinn kirchlicher Eheprozesse]

Helmholz, Richard H. (2013): Kanonisches Recht und europäische Rechtskultur mit einem Vorwort von Peter Landau. Mohr Siebeck: Tübingen. [Helmholz, Kanonisches Recht und europäische Rechtskultur]

Herzog, Eduard (1918): Der päpstliche Jurisdiktionsprimat im neuen Codex juris canonici. In: Internationale kirchliche Zeitschrift, 8(2). Stämpfli & Co: Bern, S. 105–117. [Herzog, Der päpstliche Jurisdiktionsprimat]

Hohenlohe, Constantin (1921): Das Prozessrecht des Kodex Iuris Canonici. Volksbund-Verlag: Wien. [Hohenlohe, Das Prozessrecht des Kodex Iuris Canonici]

Holböck, Carl (1951): Handbuch des Kirchenrechts. II. Band: 3., 4. und 5. Buch des kirchlichen Gesetzbuches. Tyrolia/Herder: Innsbruck/Wien. [Holböck, Handbuch des Kirchenrechts II]

Hülskamp, Martin (2008): „Der Gerichtsvikar bildet mit dem Bischof ein Gericht". Vom Zuordnungsverhältnis des Offizials zum Diözesanbischof und dessen Besonderheiten. In: MKCIC.B, 51 [= Saluti hominum providendo. Festschrift für Offizial und Dompropst Dr. Wilhelm Hentze]. Ludgerus: Essen,

S. 141–153. [Hülskamp, Zuordnungsverhältnis des Offizials zum Diözesanbischof]

Ingoglia, Antonio (2004): Osservazioni sull'esecutività della sentenza pro nullitate matrimonii non confermata dal tribunale d'appello. In: Il Diritto Ecclesiastico, 115(1). Giuffrè: Milano, S 47–57.

Ivereigh, Austen A. (2017): Offering a precious stone: the communication of Pope Francis's Jubilee of Mercy. In: Church, Communication and Culture, 2(3). Taylor & Francis: London, S. 322–343.

Jacobi, Erwin (1913): Der Prozeß im Decretum Gratiani und bei den ältesten Dekretisten. In: Zeitschrift der Savigny-Stiftung für Rechtsgeschichte. Kanonistische Abteilung, 3(1). Böhlau: Wien, S. 223–343. [Jacobi, Der Prozeß im Decretum Gratiani und bei den ältesten Dekretisten]

Jone, Heribert (1953): Gesetzbuch der lateinischen Kirche. Erklärungen der Kanones. III. Band: Prozeß- und Strafrecht, Kan. 1552 - Kan. 2414. Zweite Auflage. Schöningh: Paderborn. [Jone, Gesetzbuch III]

Kahler, Hermann (2002): Vom Sinn, Unsinn und tieferen Sinn kirchlicher Ehenichtigkeitsverfahren. In: Aktuelle Beiträge zum Kirchenrecht. AIC, 24 [= Festgabe für Heinrich J. F. Reinhardt zum 60. Geburtstag]. Lang: Frankfurt, S. 141–162. [Kahler, Sinn kirchlicher Ehenichtigkeitsverfahren]

Kapfelsperger, Vitus (2015): Eheverfahren und Eheprozesse in Staat und Kirche. Eine rechtsvergleichende Betrachtung. In: AIC, 52. Lang: Frankfurt.

Kaslyn, Robert J. (2000): The Christian Faithful (cc. 204-329). In: New Commentary. Paulist Press: New York, S. 245–290.

Katholische Nachrichtenagentur (2016): Bedenken. In: Kirche – Gesellschaft – Kompakt. Meldung pl/62 von KNA/ast.

Killermann, Stefan (2009): Die Rota Romana. Wesen und Wirken des päpstlichen Gerichtshofs im Wandel der Zeit. In: AIC, 46. Lang: Frankfurt. [Killermann, Die Rota Romana]

——— (2010-2011): Die außerordentliche Weiterverfolgung einer Ehenichtigkeitsklage. In: DPM, 17/18. Lang: Frankfurt, S. 165–198.

Knauer, Peter (2015): Gibt es wirklich ein „Privilegium" Paulinum? Zur Frage der Unauflöslichkeit der Ehe. In: HerKorr, 69(9). Herder: Freiburg, S. 467–469.

Knecht, August (1918): Das neue kirchliche Gesetzbuch – Codex Juris Canonici – Seine Geschichte und Eigenart. Mit einem Anhang: Sammlung einschlägiger Aktenstücke. Trübner: Straßburg. [Knecht, Das neue kirchliche Gesetzbuch]

Knittel, Reinhard (2012-2013): Die Prozessabwesenheit der nichtklagenden Partei bei Ehenichtigkeitsverfahren im Licht der Instruktion Dignitas Connubii.

In: DPM, 19/20. Lang: Frankfurt, S. 111–136. [Knittel, Die Prozessabwesenheit der nichtklagenden Partei]

Koeniger, Albert M. (1937): Die Eheprozessordnung für die Diözesangerichte. Text mit Übersetzung und Erläuterungen. In: Ders. (Hg.): Kanonistische Studien und Texte, 11. Röhrscheid: Bonn. [Koeniger, Eheprozessordnung]

Kohlgraf, Peter (2015): Weder Ausverkauf noch Rigorismus. Helfen schnellere Verfahren zur Annullierung von Ehen? In: HerKorr, 69(8). Herder: Freiburg, S. 406–409. [Kohlgraf, Weder Ausverkauf noch Rigorismus]

Kohut, Karl (1973): Zur Vorgeschichte der Diskussion um das Verhältnis von Christentum und antiker Kultur im spanischen Humanismus. Die Rolle des Decretum Gratiani in der Übermittlung patristischen Gedankengutes. In: Archiv für Kulturgeschichte, 55(1). Böhlau: Wien, S. 80–106. [Kohut, Zur Vorgeschichte und Diskussion]

Lagges, Patrick R. (2009): Canons 1444 and 1682, §2. Appeal of Marriage Nullity Cases before the Tribunal of the Roman Rota. In: Roman Replies and CLSA Advisory Opinions, 25. Canon Law Society of America: Washington, S. 139–142. [Lagges, Canons 1444 and 1682, §2]

Landau, Peter (1986): Art. Gratian (von Bologna). In: Theologische Realenzyklopädie, 14. De Gruyter: Berlin, S. 124–130. [Landau, TRE, Art. Gratian (von Bologna)]

——— (1995): Ehetrennung als Strafe. Zum Wandel des kanonischen Eherechts im 12. Jahrhundert. In: Zeitschrift der Savigny-Stiftung für Rechtsgeschichte, 122. Kanonistische Abteilung, 81. Böhlau: Wien, S. 148–188. [Landau, Ehetrennung als Strafe]

——— (2006): Papst Cölestin II. und die Anfänge des kanonischen Eheprozessrechts. In: DPM, 13. Lang: Frankfurt, S. 57–71.

——— (2008): Gratian and the Decretum Gratiani. In: The History of Medieval Canon Law in the Classical Period, 1140–1234. From Gratian to the Decretals of Pope Gregory IX. The Catholic University of America Press: Washington, S. 22–54. [Landau, Gratian and the Decretum Gratiani]

Leven, Benjamin (2016): Eherecht: Papst korrigiert sich. In: HerKorr, 70(3). Herder: Freiburg, S. 39.

Link, Christoph (2010): Kirchliche Rechtsgeschichte. Kirche, Staat und Recht in der europäischen Geschichte von den Anfängen bis ins 21. Jahrhundert. Zweite Auflage. Beck: München. [Link, Kirchliche Rechtsgeschichte]

Lüdicke, Klaus (1988): Kommentierung der cc. 1400, 1449. In: MKCIC, 7. Erg.-Lfg. Ludgerus: Essen. [Lüdicke, MKCIC (7.)]

——— (1989): Kommentierung des c. 1514. In: MKCIC, 10. Erg.-Lfg. Ludgerus: Essen. [Lüdicke, MKCIC (10.)]

——— (1990): Kommentierung der cc. 1598, 1609. In: MKCIC, 12. Erg.-Lfg. Ludgerus: Essen. [Lüdicke, MKCIC (12.)]

——— (1990): Zum Berufungssystem im kirchlichen Ehenichtigkeitsprozeß. In: MKCIC.B, 5 [= Iustus Iudex. Festgabe für Paul Wesemann zum 75. Geburtstag von seinen Freunden und Schülern]. Ludgerus: Essen, S. 507–551. [Lüdicke, Zum Berufungssystem im kirchlichen Ehenichtigkeitsprozeß]

——— (1991): Kommentierung der cc. 1673, 1682. In: MKCIC, 16. Erg.-Lfg. Ludgerus: Essen. [Lüdicke, MKCIC (16.)]

——— (1993): Art. Appellation. In: Lexikon für Theologie und Kirche, 1. Dritte Auflage. Herder: Freiburg, Sp. 884–885. [Lüdicke, LThK, Art. Appellation]

——— (1994): Der kirchliche Ehenichtigkeitsprozeß nach dem Codex Iuris Canonici von 1983. Normen und Kommentare. In: MKCIC.B, 10. Ludgerus: Essen. [Lüdicke, Der kirchliche Ehenichtigkeitsprozeß]

——— (1996): Kommentierung des c. 1636. In: MKCIC, 26. Erg.-Lfg. Ludgerus: Essen. [Lüdicke, MKCIC (26.)]

——— (1999): Berufung gegen ein nichtiges Urteil? In: AIC, 8 [= Winfried Schulz in memoriam. Schriften aus Kanonistik und Staatskirchenrecht, 2]. Lang: Frankfurt, S. 455–465. [Lüdicke, Berufung gegen ein nichtiges Urteil]

——— (2004): Art. Appellation (Berufung). In: Lexikon für Kirchenrecht. Dritte Auflage. Herder: Freiburg, Sp. 61–63.

——— (2004): Rechtsstaat: Ja! – Rechtskirche: Nein? Zur Zukunft der Gerichtsbarkeit der Kirche. In: Trierer Theologische Zeitschrift, 112(1). Paulinus: Trier, S. 137–151.

——— (2005): „Dignitas Connubii". Die Eheprozeßordnung der katholischen Kirche. Text und Kommentar. In: MKCIC.B, 42. Ludgerus: Essen. [Lüdicke, Eheprozeßordnung]

——— (2008): Die Instruktion Dignitas connubii und das Votum der Deutschen Bischofskonferenz. In: MKCIC.B, 51 [= Saluti hominum providendo. Festschrift für Offizial und Dompropst Dr. Wilhelm Hentze]. Ludgerus: Essen, S. 195–211.

——— (2014-2015): Explizite und implizite Änderungen im Eheverständnis und im Eheprozess. In: DPM, 21/22. Lang: Frankfurt, S. 397–420. [Lüdicke, Explizite und implizite Änderungen]

——— (2015): Evolution oder Revolution? Der neue kirchliche Eheprozess. In: HerKorr, 69(10). Herder: Freiburg, S. 509–512.

——— (2016): Die Reform des kirchlichen Ehenichtigkeitsprozesses – Inhalt und Bedeutung. In: DPM, 23. Lang: Frankfurt, S. 141–177. [Lüdicke, Die Reform des kirchlichen Ehenichtigkeitsprozesses]

——— (2016): Kommentierung vor 1671 und cc. 1671-1676, 1679. In: MKCIC, 52. Erg.-Lfg. Ludgerus: Essen. [Lüdicke, MKCIC (52.)]

Margelist, Stefan (1997): Die Beweiskraft der Parteiaussagen in Ehenichtigkeitsverfahren. In: Tesi Gregoriana. Serie Diritto canonico, 14. Gregorian University Press: Rom. [Margelist, Die Beweiskraft der Parteiaussagen]

May, Georg; Egler, Anna (1986): Einführung in die kirchenrechtliche Methode. Pustet: Regensburg. [May/Egler, Die kirchenrechtliche Methode]

Meckel, Thomas (2015): Von der Katholischen Aktion bis zum gemeinsamen Priestertum. Der Beitrag der Laien für eine lebendige Kirche. In: Würzburger Theologie, 11. Echter: Würzburg, S. 81–107.

——— (2016): Mitis iudex et iustus iudex? Papst Franziskus reformiert das Eheprozessrecht. In: Internationale katholische Zeitschrift Communio, 45(1). Schwabenverlag: Ostfildern, S. 76–86. [Meckel, Papst Franziskus reformiert das Eheprozessrecht]

——— (2017): Rechtliche Neuerungen für die Rota Romana seit Pastor Bonus über Quaerit semper bis Mitis Iudex. In: KStKR, 27 [= Veritas vos liberabit. Festschrift zum 65. Geburtstag von Günter Assenmacher]. Schöningh: Paderborn, S. 491–510. [Meckel, Rechtliche Neuerungen für die Rota Romana]

Mendonça, Augustine (1999): Aspetti Stratturali e Funzionali del Tribunale di Appello nelle cause di Nullità di Matrimonio. In: Monitor Ecclesiasticus, 124. Fondazione Monitor Ecclesiasticus: Roma, S. 378–404.

Milite, Pietro (2007): Le „Animadversiones“ del Difensore del Vincolo a Norma del can. 1682 § 2. In: Quaderni dello Studio Rotale, 17. Libreria Editrice Vaticana: Città del Vaticano, S. 187–203.

Moneta, Paolo (2016): La dynamique processuelle dans le m.p. Mitis Iudex. In: Caparros, Ernest; Navarro, Luis; Sol, Thierry (Hgg.): La réforme opérée par le m.p. Mitis Iudex. Commentaires et documentation. Wilson & Lafleur: Montréal, S. 63–99.

——— (2017): L'appello nel nuovo processo matrimoniale. In: Stato, Chiese e pluralismo confessionale, 21. „Cesare Beccaria“ Department of Legal Sciences: Milano, S. 1–16. [Moneta, L'appello nel nuovo processo matrimoniale]

Montini, G. Paolo (2009): L'appello in una causa di nullità matrimoniale. In: Quaderni di Diritto Ecclesiale, 22(3). Ancora: Milano, S. 318–334.

Morhard, Anton (1995): Die gerichtliche Berufung im kanonischen Recht. Eine Analyse des klassischen „remedium iuris“. In: AIC, 1. Lang: Frankfurt. [Morhard, Die gerichtliche Berufung im kanonischen Recht]

Mörsdorf, Klaus (1937): Die Rechtssprache des Codex Iuris Canonici. Eine kritische Untersuchung. In: Ebers, Godehard et al. (Hgg.): Görres-Gesellschaft zur Pflege der Wissenschaft im katholischen Deutschland, 74. Heft. Schöningh: Paderborn. [Mörsdorf, Rechtssprache]

——— (1939): Zur Eheprozeßordnung für die Diözesangerichte vom 15.8.1936. In: ThQ, 120. Bader'sche Verlagsbuchhandlung: Rottenburg, S. 206–219, 338–370. [Mörsdorf, Zur Eheprozeßordnung]

Mösgen, Peter (1996): Einführung ins Kirchenrecht. Eigenverlag. [Mösgen, Einführung ins Kirchenrecht]

Müller, Ludger (2016): Das kirchliche Ehenichtigkeitsverfahren nach der Reform von 2015. In: Aymans, Winfried et al. (Hgg.): Kanonisches Recht. Lehrbuch aufgrund des Codex Iuris Canonici. Ergänzungsband. Schöningh: Paderborn. [Müller, Das kirchliche Ehenichtigkeitsverfahren nach der Reform von 2015]

Müller, Markus (2007): Die Berufung im kanonischen Prozessrecht. In: Folia Theologica, 18. Új Ember – Márton Áron Publishing House: Budapest, S. 147–170. [Müller, Die Berufung im kanonischen Prozessrecht]

Münsterischer Kommentar zum Codex Iuris Canonici unter besonderer Berücksichtigung der Rechtslage in Deutschland, Österreich und der Schweiz. Herausgegeben von Klaus Lüdicke unter Mitarbeit von Reinhild Ahlers et al. Loseblattwerk seit 1984. Ludgerus: Essen. [MKCIC]

New Commentary on the Code of Canon Law. An Entirely New and Comprehensive Commentary by Canonists from North America and Europe, with a Revised English Translation of the Code. Commissioned by The Canon Law Society of America. Edited by John P. Beal, James A Coriden, Thomas J. Green. Paulist Press: New York. [New Commentary]

Olschewski, Jürgen (2004). Art. Personenstand. 2. Personenstand als Lebensform. In: LKStKR, 3. Schöningh: Paderborn, S. 194–196. [Olschewski, LKStKR, Art. Personenstand]

Pagé, Roch (2015): Questions Regarding the Motu Proprio Mitis Iudex Dominus Iesus. In: The Jurist, 75(2). Catholic University of America: Washington, S. 607–617. [Pagé, Questions Regarding the Motu Proprio Mitis Iudex]

——— (2015): Reflections of a Judicial Vicar of an Appeal Tribunal on the Proposed Reform of the Canonical Matrimonial Process. In: The Jurist, 75(1). Catholic University of America: Washington, S. 59–69. [Pagé, Reflections of a Judicial Vicar]

Paprocki, Thomas J. (2015): Implementation of Mitis Iudex Dominus Iesus in the Diocese of Springfield in Illinois. In: The Jurist, 75. Catholic University of America: Washington, S. 593–605.

Pöschl, Hubert (1992): Die unheilbare Urteilsnichtigkeit im kanonischen Prozeß. Tectum: Marburg.

Pototschnig, Franz (1978): Entwicklungstendenzen im kanonischen Ehe- und Eheprozeßrecht. In: ÖAKR, 29. Herder: Wien, S. 52–81. [Pototschnig, Entwicklungstendenzen im kanonischen Ehe- und Eheprozeßrecht]

Pulte, Matthias (2002): Die Tätigkeit der Offizialate. Anmerkungen zum pastoralen Beitrag der kirchlichen Ehegerichtsbarkeit für Menschen in Konfliktsituationen. In: Anzeiger für die Seelsorger, 111(5). Herder: Freiburg, S. 34–37. [Pulte, Die Tätigkeit der Offizialate]

——— (2005): Die Instruktion des Päpstlichen Rates zur Interpretation der Gesetzestexte Dignitas Connubii vom 25.1.2005 – die neue EPO zum CIC/1983. In: Folia Canonica, 8. Budapest, S. 119–135. [Pulte, Neue EPO zum CIC/1983]

——— (2010-2011): Trifft der Strukturwandel in den deutschen Diözesen auch die kirchliche Gerichtsbarkeit? In: DPM, 17/18. Lang: Frankfurt, S. 223–239.

——— (2015): Die Formulierung der Prozessfrage im kanonischen Eheprozess – Nur eine Altlast aus dem römischen Legisaktionsprozess? In: Kanonistische Studien und Texte, 65 [= Ius quia. Iustum. Festschrift für Helmuth Pree zum 65. Geburtstag]. Duncker & Humblot: Berlin, S. 849–862. [Pulte, Die Formulierung der Prozessfrage im kanonischen Eheprozess]

——— (2016): „Mitis iudex" und „Amoris laetitia": Zwischen Barmherzigkeit und Recht, Anspruch und Wirklichkeit. In: ThQ, 196(4). Schwabenverlag: Ostfildern, S. 371–387.

Puza, Richard (1986): Katholisches Kirchenrecht. Müller Juristischer Verlag: Heidelberg. [Puza, Katholisches Kirchenrecht]

——— (2008-2009): Die Wahrheitsfindung im kanonischen Prozess. Moralische Gewissheit und diakonisches Kirchenrecht. In: DPM, 15/16. Lang: Frankfurt, S. 193–217. [Puza, Die Wahrheitsfindung im kanonischen Prozess]

Rambacher, Stefan (2015): § 111 Die Eheverfahren. In: HdbKathKR. Dritte Auflage. Pustet: Regensburg, S. 1687–1721. [Rambacher, HdbKathKR, Eheverfahren]

Rehak, Martin (2018–2019): Das Recht und die Pflicht des Ehebandverteidigers zur Einlegung einer Berufung nach dem Motu Proprio Mitis Iudex. In: DPM, 25/26. Lang: Frankfurt, Manuskript S. 1–33 (im Druck). [Rehak, Das Recht und die Pflicht des Ehebandverteidigers]

Reinhardt, Heinrich J. F. (1996): Kommentierung des c. 266. In: MKCIC, 26. Erg.-Lfg. Ludgerus: Essen. [Reinhardt, MKCIC (26.)]

Retzbach, Anton (1959): Das Recht der katholischen Kirche nach dem Codex Iuris Canonici. Für die Praxis bearbeitet. Herausgegeben von Franz Vetter. Fünfte Auflage. Herder: Freiburg. [Retzbach, Das Recht der katholischen Kirche]

Rhode, Ulrich (2015): Kirchenrecht. In: Kohlhammer Studienbücher Theologie, 24. Kohlhammer: Stuttgart. [Rhode, Kirchenrecht]

Riedel-Spangenberger, Ilona (2004). Art. Rechtsschutz. II. Katholisch. In: LKStKR, 3. Schöningh: Paderborn, S. 373–375.

Robitaille, Lynda (2015): The Formulation of the Doubt: The Essential Link between First and Second Instance Decisions. In: Studia Canonica: Revue canadienne de droit canonique, 49(1–2). Peeters: Leuven, S. 613–642. [Robitaille, The Formulation of the Doubt]

Ruck, Erwin (1926): § 2. Die Quellen des Kirchenrechtes. In: Kohlrausch, Eduard; Kaskel, Walter (Hgg.): Enzyklopädie der Rechts- und Staatswissenschaft. Abteilung Rechtswissenschaft, Band XXIX: Kirchenrecht. Springer: Berlin, S. 6–11.

Ruf, Norbert (1989): Das Recht der katholischen Kirche nach dem neuen Codex Iuris Canonici für die Praxis erläutert. Fünfte Auflage. Herder: Freiburg. [Ruf, Das Recht der katholischen Kirche]

Ruscazio, Maria C. (2018): Considerazioni sulla receptio legis alla luce del m.p. Mitis Iudex Dominus Iesus. In: Stato, Chiese e pluralismo confessionale, 9. „Cesare Beccaria" Department of Legal Sciences: Milano, S. 1–22.

Samerski, Stefan (2009): Pietro Gasparri – exzellenter Diplomat und Organisationstalent. 80 Jahre Staat der Vatikanstadt – Erinnerungen an einen Kardinalstaatssekretär mit außerordentlichen Fähigkeiten. In: OR(D), 39(50). Schwabenverlag: Ostfildern, S. 10–11.

Scheuermann, Audomar (1967): Vorschläge zum kirchlichen Eheprozessrecht. In: AfkKR, 136. Kirchheim & Co: Mainz, S. 3–45.

Schirmer, Friederike (2000). Art. Animadversiones. In: LKStKR, 1. Schöningh: Paderborn, S. 109–110.

——— (2000): Art. Ehebandverteidiger. In: LKStKR, 1. Schöningh: Paderborn, S. 498–500.

Schmitz, Heribert (1963): Die Gesetzessystematik des Codex Iuris Canonici Liber I-III. In: MThS, 18. Hueber: München.

——— (Hg., 1976): Kirchliches Prozeßrecht. Sammlung neuer Erlasse. Lateinisch – deutsch. Von den deutschen Bischöfen approbierte Übersetzungen. Übersetzt von Joseph Weitzel. Paulinus: Trier, S. 32–45. [Schmitz, Kirchliches Prozeßrecht]

Schöch, Nikolaus (2000): Bestätigung durch Dekret, ordentliches Verfahren oder Nichtigkeitsbeschwerde: Überlegungen zur Vorgehensweise der Berufungsgerichte anhand der neuesten Rotajudikatur. In: DPM, 7. Lang: Frankfurt, S. 99–149. [Schöch, Bestätigung durch Dekret]

——— (2002): Das Bestätigungsdekret in zweiter Instanz bei mehreren Klagegründen. In: Iudicare Inter Fideles. Festschrift für Karl-Theodor Geringer zum 65. Geburtstag. EOS: St. Ottilien, S. 461–503. [Schöch, Das Bestätigungsdekret in zweiter Instanz bei mehreren Klagegründen]

——— (2002): Die absolute Inkompetenz kirchlicher Gerichte zweiter Instanz aufgrund der Berufung an die Römische Rota als Ausnahme vom Prinzip der örtlichen Zuständigkeit. In: Territorialità e Personalità nel Diritto Canonico ed Ecclesiastico. Atti dell'XI Congresso Internazionale di Diritto Canonico e del XV Congresso Internazionale della Societa per il Diritto delle Chiese Orientali. Szent István Társulat: Budapest, S. 797–812.

——— (2005): Römische Höchstgerichtsbarkeit. In: Österreichisches Archiv für Recht und Religion, 52(1). Plöchl: Freistadt, S. 493–522. [Schöch, Römische Höchstgerichtsbarkeit]

——— (2016): Synopse der Veränderungen gegenüber dem bisher geltenden Eheprozessrecht. In: DPM, 23. Lang: Frankfurt, S. 325–361. [Schöch, Synopse der Veränderungen]

Schüller, Thomas (2000): Art. Promotor Iustitiae. In: LKStKR, 3. Schöningh: Paderborn, S. 303–304.

——— (2016): Freiheit für das Volk – Strenge für den Klerus. Papst Franziskus und sein freimütiger Umgang mit dem Kirchenrecht. In: HerKorr, 70(8). Herder: Freiburg, S. 22–25.

Schüller, Thomas; Zumbült, Martin (2010-2011): Der Umgang mit kirchlichen Ehenichtigkeitsverfahren zwischen dem Inkrafttreten des Codex Iuris Canonici von 1983 und dem Motu Proprio Omnium in Mentem. In: DPM, 17/18. Lang: Frankfurt, S. 241–263.

Schulte, Johann Friedrich von (1875): Die Geschichte der Quellen und Literatur des Canonischen Rechts von Gratian bis auf Papst Gregor IX. In: Die Geschichte der Quellen und Literatur des Canonischen Rechts von Gratian bis auf die Gegenwart, Band 1. Enke: Stuttgart. [Schulte, Gratian bis auf Papst Gregor IX.]

——— (1877): Die Geschichte der Quellen und Literatur des Canonischen Rechts von Papst Gregor IX. bis zum Concil von Trient. In: Die Geschichte der Quellen und Literatur des Canonischen Rechts von Gratian bis auf die Gegenwart, Band 2. Enke: Stuttgart. [Schulte, Papst Gregor IX. bis zum Concil von Trient]

Schulte, Kurt (2015): Recht auf schnelle Rechtsprechung. Offizial Kurt Schulte im Interview mit Markus Nolte. In: Genn, Felix (Hg.): Kirche+Leben. Wochenzeitung im Bistum Münster, 38. Bistumszeitung Münster Verlag: Recklinghausen, S. 7. [Schulte, Recht auf schnelle Rechtsprechung]

Schwendenwein, Hugo (1984): Das neue Kirchenrecht. Gesamtdarstellung. Zweite Auflage. Wissenschaftliche Buchgesellschaft: Darmstadt.

——— (2015): § 21 Die Zugehörigkeit zu einem geistlichen Heimatverband. In: HdbKathKR. Dritte Auflage. Pustet: Regensburg, S. 342–354.

Sebott, Reinhold (2001): Braucht die Kirche ein Recht? Johannes-Verlag: Leutesdorf. [Sebott, Braucht die Kirche ein Recht]

Siemer, Hermann (1996): Anwaltspflicht im kirchlichen Ehenichtigkeitsprozeß? In: MKCIC.B, 14. Ludgerus: Essen.

Socha, Hubert (1986): Kommentierung des c. 135. In: MKCIC, 4. Erg.-Lfg. Ludgerus: Essen. [Socha, MKCIC (4.)]

Stein, Albert (1984): Art. Gerichtsbarkeit, kirchliche. In: Theologische Realenzyklopädie, 12. De Gruyter: Berlin, S. 497–506.

Steinwenter, Artur (1934): Der antike kirchliche Rechtsgang und seine Quellen. In: Zeitschrift der Savigny-Stiftung für Rechtsgeschichte. Kanonistische Abteilung, 23(1). Böhlau: Wien, S. 1–116.

Stickler, Alfons M. (1983): Die kirchliche Regierungsgewalt in der klassischen Kanonistik. Einheit der Träger und Unterscheidung der Funktionen. In: Zeitschrift der Savigny-Stiftung für Rechtsgeschichte. Kanonistische Abteilung, 69(1). Böhlau: Wien, S. 267–291. [Stickler, Die kirchliche Regierungsgewalt in der klassischen Kanonistik]

Stockmann, Peter (2001): Pro vinculo, salva semper veritate. Die Rechtsstellung des Ehebandverteidigers und seine Berücksichtigung in den Rota-Ansprachen. In: DPM, 8(I). Lang: Frankfurt, S. 483–500. [Stockmann, Die Rechtsstellung des Ehebandverteidigers]

——— (2007): Die erste Ansprache von Papst Benedikt XVI. vor der Rota Romana im Spiegel seiner Ehelehre. In: DPM, 14. Lang: Frankfurt, S. 153–179.

Stork, Gabriele (1999): Der Kirchenanwalt im Kanonischen Recht. In: Forschungen zur Kirchenrechtswissenschaft, 31. Echter: Würzburg.

Strauch, Dieter (2003): Mittelalterliches Recht. Herkunft – Kennzeichen – Fortwirken. Vortrag vor dem Kölner Zentrum für Mittelalterstudien am 12. Dezember 2003. Eigenverlag. [Strauch, Mittelalterliches Recht]

Tanner, Norman (2006): V. Kirche in der Welt: Ecclesia ad Extra. In: Alberigo, Giuseppe; Wassilowsky, Günther (Hgg.): Geschichte des Zweiten Vatikanischen Konzils (1959-1965). Band IV: Die Kirche als Gemeinschaft (September 1964 - September 1965). Grünewald/Peeters: Mainz/Leuven, S. 314–450.

Wächter, Lothar (1989): Gesetz im kanonischen Recht. Eine rechtssprachliche und systematisch-normative Untersuchung zu Grundproblemen der Erfassung des Gesetzes im katholischen Kirchenrecht. In: MThS, 43. EOS: St. Ottilien. [Wächter, Gesetz im kanonischen Recht]

Warnink, Hildegard (2016): Das Motuproprio Mitis Iudex Dominus Iesus. Chancen, Herausforderungen und mögliche Fallstricke. In: Concilium. Internationale Zeitschrift für Theologie, 52(5). Grünewald: Ostfildern, S. 585–593.

Wegan, Martha (1995-1997): Berufungsfrist und Berufungsbegründung. In: ÖAKR, 44(1) [= Hugo Schwendenwein zum 70. Geburtstag]. Plöchl: Freistadt, S. 315–323.

Weier, Joseph (1997): Die Parität zwischen Ehebandverteidiger und Anwalt im kirchlichen Ehenichtigkeitsprozess – Erreichtes und Erwünschtes. In: DPM, 4. Lang: Frankfurt, S. 319–333.

Weil, Thorsten (2017): 25 Prozent mehr Beratungsgespräche. Fragen zu den Ehenichtigkeitsverfahren an Offizial Thorsten Weil. In: Burger, Stephan (Hg.): Konradsblatt. Wochenzeitung für das Erzbistum Freiburg, 101(1). Badenia: Karlsruhe, S. 10–11.

Weishaupt, Gero P. (2017): Das Rotaurteil coram Pinto vom 22. April 1974. Eine Interpretation für c. 1678 § 1 des Motu Proprio Mitis Iudex Dominus Iesus (c. 1679 CIC/1983)? In: KStKR, 27 [= Veritas vos liberabit: Festschrift zum 65. Geburtstag von Günter Assenmacher]. Schöningh: Paderborn, S. 639–682.

Weiß, Andreas (2015): § 108 Grundfragen kirchlicher Gerichtsbarkeit. In: HdbKathKR. Dritte Auflage. Pustet: Regensburg, S. 1647–1660. [Weiß, HdbKathKR, Kirchliche Gerichtsbarkeit]

Wirth, Paul (1987): Die Würdigung der Partei- und Zeugenaussagen im kirchlichen Ehenichtigkeitsverfahren. In: AfkKR, 156. Kirchheim & Co: Mainz, S. 95–120. [Wirth, Die Würdigung der Partei- und Zeugenaussagen]

——— (1994): Die Prozeßabwesenheit. In: Aymans, Winfried; Geringer, Karl-Theodor (Hgg.): Iuri Canonico Promovendo. Festschrift für Heribert Schmitz zum 65. Geburtstag. Pustet: Regensburg, S. 341–358. [Wirth, Die Prozeßabwesenheit]

——— (2000): Art. Ehenichtigkeitsurteil. In: LKStKR, 1. Schöningh: Paderborn, S. 524–525.

Wittreck, Fabian (2006): Die Verwaltung der Dritten Gewalt. In: Jus Publicum. Beiträge zum öffentlichen Recht, Band 143. Mohr Siebeck: Tübingen.

Wrenn, Lawrence (2000): Trials in General (cc. 1400-1500). In: New Commentary. Paulist Press: New York, S. 1607–1654. [Wrenn, Trials in General]

Zirkel, Adam (2003): Quam Primum – Salva Iustitia. Müssen kirchliche Eheprozesse Jahre dauern? In: MThS, 58. EOS: St. Ottilien. [Zirkel, Müssen kirchliche Eheprozesse Jahre dauern]

Zumbült, Martin (2016): Änderungen im Ehenichtigkeitsverfahren durch das MP: Mitis Iudex Dominus Iesus. In: Kirche und Recht, 22(1). Berliner Wissenschaftsverlag: Berlin, S. 93–113. [Zumbült, Änderungen im Ehenichtigkeitsverfahren]

Rohdaten der Umfrage

Folgende Fragen wurden den Ehebandverteidigern mit Bitte um Beantwortung in Form einer Online-Umfrage vorgelegt. Die erste Frage war als Auswahlbox definiert, bei allen anderen Fragen war die Beantwortung in freier Textform.

1. Zu Ihrer Tätigkeit: Sind Sie hauptamtlich oder nebenamtlich als Ehebandverteidiger tätig? **2.** Ihrem Eindruck nach: Was hat sich seit MIDI geändert in Bezug auf den Ehebandverteidiger, die Berufung und die Berufungspraxis? **3.** Gibt es Weisungen, Anweisungen, Stellungnahmen oder Andeutungen von Seiten des Bischofs oder des Gerichts, was das Einlegen der Berufung betrifft? **4.** Wie würden Sie die Atmosphäre Ihnen gegenüber als Ehebandverteidiger beschreiben? Gibt es einen Unterschied zu der Zeit vor MIDI? **5.** Wann würden Sie Berufung gegen ein affirmatives Urteil einlegen? Würden Sie sich anders verhalten, wenn es sich um die 1., 2. oder 3. Instanz handelt? **6.** Wann haben Sie vor MIDI Berufung gegen ein affirmatives Urteil eingelegt? Handhaben Sie dies jetzt anders? Warum handhaben Sie es jetzt anders? **7.** Befürchten Sie Repressalien, wenn Sie Berufung einlegen, a) von Seiten des Bischofs, des Gerichts oder b) von Seiten der klagenden oder nichtklagenden Partei? Warum? **8.** Sehen Sie einen pastoralen Aspekt bei Eheverfahren? Wie wirkt sich dieser in Ihrer konkreten Ausübung des Amts des Ehebandverteidigers aus? **9.** Werden Ihre Animadversiones bei Erstellung der Urteile durch das Richterkollegium seit MIDI anders gewürdigt? Positiver, negativer oder neutral? **10.** Wie haben Sie von der Promulgation von MIDI erfahren? Wie haben Sie sich die Veränderungen angeeignet? Hat das Auswirkungen auf die Praxis? **11.** Was halten Sie vom Wegfall der zweiten Pflichtinstanz? **12.** Was möchten Sie mir sonst noch zur Thematik Berufung oder Berufungspraxis sagen? Was ist Ihnen in diesem Zusammenhang wichtig oder aufgefallen?

Im Folgenden werden die originalen Antworten aller 26 Teilnehmer an der Umfrage abgedruckt. Da diese absolut anonym verlaufen ist, aber dennoch eine eindeutige Zuordnung sowie Referenzierbarkeit gegeben sein muss, werden die einzelnen Teilnehmer mit einer individuellen Kombination aus Identifikationsnummer und Fragennummer versehen. Offensichtliche Rechtschreib- oder Tippfehler wurden korrigiert und kleinere grammatikalische Unstimmigkeiten angepasst.

Teilnehmer A – 19.06.2018, 08:44 Uhr

A-01. Nebenamtlich. **A-02.** Der Ehebandverteidiger ist wichtiger geworden. Ich selbst habe aber noch keine Berufung einlegen müssen, würde das aber jederzeit tun, wenn ich es für erforderlich erachten würde. **A-03.** Nein! **A-04.** Das Gericht ist stärker um den Ehebandverteidiger bemüht. **A-05.** Wenn ich ein Urteil in einem wesentlichen Punkt nicht nachvollziehen könnte, würde ich Berufung einlegen und zwar unabhängig von der Frage der Instanz. **A-06.** Das Gericht, an dem ich tätig bin, arbeitet sehr sorgfältig. Ich musste daher noch nie Berufung einlegen. Sollte es erforderlich sein, würde ich es umgehend tun. **A-07.** Nein! **A-08.** Bei allem kirchlichen Handeln darf man den Sendungsauftrag der Kirche nicht aus den Augen verlieren. Daher haben auch Ehenichtigkeitsverfahren einen pastoralen Charakter. Die Äußerungen des Ehebandverteidigers müssen dies stets berücksichtigen und dürfen die Parteien nicht brüskieren. **A-09.** Das Gericht setzt sich stärker mit den Argumenten des Ehebandverteidigers auseinander. **A-10.** Ich war im Sommerurlaub und habe sofort begonnen, mir den Text anzueignen. Die Änderungen von MIDI haben Auswirkungen auf die Praxis. **A-11.** Eine sinnvolle Kontrolleinrichtung ist weggefallen, was sich in den meisten deutschen Diözesen aber nicht nachteilig auswirken dürfte. **A-12.** Das Spannungsfeld zwischen der unauflöslichen Ehe und der Überzeugung von der Ungültigkeit der Ehe schließt Fehlentscheidungen nicht aus. Daher gibt es zum Einlegen von Rechtsmitteln gegen ein Urteil keine Alternative. Das Einlegen der Berufung sollte aber mit Augenmaß erfolgen, im Hinblick auf die Verpflichtung zur Aufdeckung der objektiven Wahrheit. Keinesfalls darf es dabei um Machtspiele gehen.

Teilnehmer B – 19.06.2018, 09:19 Uhr

B-01. Nebenamtlich. **B-02.** Die Rolle des Ehebandverteidigers wurde klar aufgewertet. Durch den Wegfall der 2. Instanz kommt dem Berufungsrecht des Ehebandverteidigers eine große Bedeutung zu. Seit Erscheinen von MIDI habe ich öfter Berufung eingelegt als vorher. **B-03.** Nein! **B-04.** Das kollegiale Miteinander ist grundsätzlich unverändert gut. Bei einem/einer Kollegen/in meine ich wahrzunehmen, dass meine Berufungen gegen Urteile, die er/sie vorbereitet und federführend erstellt hat, ein Stück weit als Angriff auf seine/ihre Kompetenz als Richter/in aufgefasst worden sind. **B-05.** Ich würde Berufung einlegen, wenn meine Argumente in meiner Stellungnahme nicht bzw. nicht ausreichend gewürdigt worden sind und wenn m.E. keine moralische Gewissheit über die (Un-) Gültigkeit einer Ehe erlangt werden kann. Nachdem das Offizialat, für das ich arbeite, fast ausschließlich erstinstanzliche Urteile fällt, kann ich die zweite Teilfrage nur theoretisch beantworten: Ich meine, dass ich in der 2. und 3. Instanz etwas zurückhaltender wäre, wenn es darum geht, Berufung einzulegen oder nicht, weil ich davon ausgehen würde, dass der Sachverhalt bereits eingehender geprüft worden ist. Grundsätzlich wäre für mich jedoch auch in diesem Fall eine Berufung nicht ausgeschlossen. **B-06.** Seit meinem Amtsantritt als Ehebandverteidiger 2013 bis zum Inkrafttreten von MIDI habe ich so gut wie nie Berufung gegen ein erstinstanzliches Urteil eingelegt, weil ich im Zweifelsfall darauf vertraut habe, dass die 2. Instanz den Sacherhalt noch einmal ausführlich prüfen und das Urteil ggf. korrigieren wird, was sie übrigens des Öfteren auch getan hat. Seit MIDI habe ich bereits mehrfach Berufung gegen erstinstanzliche, affirmative Urteile eingelegt, weil ich mich – als „Letzter", der zugunsten des Ehebands votieren kann – in einer besonderen Verantwortung sehe. **B-07.** Seitens des Bischofs und des Gerichts habe ich weder Repressalien befürchtet noch habe ich solche erfahren. Gleiches gilt im Hinblick auf klagende und nichtklagende Parteien. **B-08.** Nach meiner Überzeugung sind Eheverfahren auch unter pastoralem Gesichtspunkt zu führen, ohne damit einen Gegensatz zwischen Recht und Pastoral konstruieren zu wollen. Menschen, die sich an uns wenden und uns intimste Dinge über ihre Ehe, ihr Umfeld und ihre innere Verfassung anvertrauen, haben ein Recht darauf, dass wir ihnen nach dem Vorbild des guten Hirten begegnen: dass wir ihren Aussagen zunächst bzw. grundsätzlich Glauben schenken, dass wir ihre subjektiven Schilderungen ernst nehmen, dass wir ihre Vermutung, ihre Ehe sei ungültig, wohlwollend-kritisch prüfen usw. Ich selbst versuche, mich bei der Erstellung meiner Animadversiones an den genannten Haltungen zu orientieren, sie verständlich und sensibel abzufassen und nicht auf Biegen und Brechen zugunsten der Ehe zu argumentieren. **B-09.** Im Großen und Ganzen meine ich, keine Änderungen feststellen zu können. Beim Lesen einzelner Urteilsbegründungen hatte ich den subjektiven Eindruck, dass bei einem affirmativen Urteil meine Argumente zugunsten der Gültigkeit der Ehe im Ton und in der Sache etwas schärfer und auch etwas umfangreicher zurückgewiesen worden sind, als das vorher der Fall war. Dieser subjektive Eindruck kann aber auch täuschen. **B-10.** Von MIDI habe ich, wenn ich mich recht erinnere, zuerst aus der Presse erfahren. Inhalt und Konsequenzen von MIDI haben wir im Dienstgespräch des Offizialats ausführlich besprochen. Des Weiteren habe ich mich durch Selbststudium und durch den Besuch eines Studientags zu MIDI mit Prof. Dr. Markus Graulich SDB mit den Neuerungen im kirchlichen Eherecht vertraut gemacht. **B-11.** Ich bin nach wie vor hin- und hergerissen: Einerseits vertraue ich meinen Kollegen/Kolleginnen im Offizialat voll und ganz, dass sie ihre Urteile sachgerecht und nach bestem Wissen und Gewissen fällen, und freue mich für die Betroffenen, dass die Eheprozesse durch den Wegfall der 2. Instanz deutlich kürzer dauern. Andererseits hat die Vergangenheit gezeigt, dass es bei kirchlichen Eheverfahren, die oft von subjektiven Wahrnehmungen über lange Zeit Zurückliegendes geprägt sind, manchmal gut ist, wenn eine 2. Pflichtinstanz ein Urteil noch einmal einer kritischen Prüfung unterzieht. **B-12.** Nichts.

Teilnehmer C – 19.06.2018, 09:25 Uhr

C-01. Hauptamtlich. **C-02.** Ihre theoretische Einschätzung stimmt, dass jetzt dem Ehebandverteidiger größere Verantwortung zukommt. In der Praxis lege ich nicht häufiger als früher Berufung ein und habe auch nicht den Eindruck, dass die Parteien das täten. Berufungsverfahren sind nach meiner Erfahrung die absolute Ausnahme geworden. **C-03.** Nein, gibt es nicht. Im Übrigen bin ich verbeamtet. **C-04.** Nein, kein Unterschied. Freie Hand bei der Bearbeitung der Fälle, und wenn dies mit Augenmaß geschieht, ggf. auch Einfluss auf die Urteilsfällung. **C-05.** Ich würde Berufung einlegen, wenn ich überzeugt wäre, dass das Urteil außerhalb des Spielraums freier richterlicher Beweiswürdigung steht. Die Instanz ist aus meiner Sicht sekundär, nachdem das erste affirmative Urteil unabhängig von der Instanz vollstreckbar geworden ist. Bei zwei gleichlautenden Entscheidungen wäre wohl kaum Spielraum für eine Berufung des Ehebandverteidigers, nachdem dieser kaum schwerwiegende neue tatsächliche Umstände des Falles in Erfahrung bringen wird, und alles andere sollte man bis dahin vorgebracht haben. **C-06.** Gleiche Kriterien wie oben. Allerdings wäre ich jetzt eher geneigt, Berufung einzulegen, nachdem eben früher eine Berufungsinstanz von Amts wegen gegeben war. In der Praxis hat das aber bislang noch nicht zu einer Berufung geführt. **C-07.** a) Nein, glaube ich eher nicht. Ist allerdings mangels Praxis eine theoretische Einschätzung, wobei es sicher bei Kritik bliebe. Repressalien im eigentlichen Sinne gäbe es nicht. b) Denkbar ist Kritik von dieser Seite, diese würde aber am Gericht wohl nicht zu Konsequenzen führen. **C-08.** Ich sehe die Eheverfahren als Teil einer (Not-) Lösung der Wiederverheiratetenproblematik und als Chance für Parteien, ihre Ehegeschichte aufzuarbeiten. Daher plädiere ich mit Augenmaß und gesundem Menschenverstand und habe noch nie Wortklauberei betrieben. **C-09.** Keine Veränderung. **C-10.** Rudimentär erfahren während eines Urlaubs aus den Medien, wobei mir dann zunächst unklar war, ob es überhaupt weiterhin Defensoren gibt;-) Angeeignet durch Studium des Textes. **C-11.** Das hat sich in der Praxis bewährt. Früher wurde der größte Teil ohnehin bestätigt, Berufung ist weiter möglich, und es bringt durch Zeitersparnis eine Erleichterung, die – neben anderen Gründen – bei uns zu einem deutlichen Anstieg der Fälle geführt hat. Es ist gut, wenn mehr Betroffene die Verfahren für sich als Option sehen. **C-12.** Viel Erfolg bei Ihrer Arbeit!

Teilnehmer D – 19.06.2018, 13:54 Uhr

D-01. Hauptamtlich. **D-02.** Der Bandverteidiger hat durch den Wegfall des Prinzips der duplex sententia conformis eine signifikant höhere Verantwortung erhalten. Seine Stellung am Gericht hat sich dadurch verändert. **D-03.** Es kommt von Seiten des Gerichtspersonals, vor allem des Offizials, immer wieder mehr oder weniger eindeutig – oft in Nebenbemerkungen – zu Kommentierungen. **D-04.** Meine Animadversiones werden nun im Urteil regelmäßig gewürdigt. Es ist die Tendenz in affirmativen Urteilen erkennbar, meine Einwendungen so zu berücksichtigen, dass ich nicht zu sehr „verstimmt" werde. Gleichzeitig wird das Amt des Bandverteidigers weiterhin – bewusst oder unbewusst? – verbal marginalisiert, d.h. man ordnet es beispielsweise dem Amt des Richters unter, stellt es als nicht so wichtig dar. **D-05.** Ich lege Berufung ein, wenn ich die moralische Gewissheit des affirmativen Urteils nicht nachvollziehen kann, wenn ich das Urteil für ungerecht halte. Dies sehe ich dann sogar als meine Pflicht an. Ich würde mich in anderen Instanzen nicht anders verhalten, da ich letztlich meinem Gewissen verpflichtet bin. **D-06.** Vor MIDI habe ich nie Berufung eingelegt wegen des Prinzips der duplex sententia conformis. Den zweiten und dritten Teil der Frage habe ich schon beantwortet. **D-07.** Von Seiten meines Bischofs befürchte ich keinerlei Repressalien. Meiner Meinung nach müssten die Bandverteidiger arbeitsrechtlich noch besser geschützt werden (evtl. durch eine Verbeamtung). **D-08.** Ich leiste meinen Beitrag zur Wahrheitsfindung. Die Wahrheit kann nie „unpastoral" sein. Veritas vos liberabit. **D-09.** Schon beantwortet. **D-10.** Durch den Offizial und die Medien. Die Reform setze ich ausschließlich durch Selbststudium und Fortbildungen um. **D-11.** Das war eine kluge Entscheidung des Papstes. Der Bandverteidiger hat nun eine wichtigere Rolle im Prozess, was der Wahrheitsfindung nur dienen kann. Die Verfahrensdauer wird hoffentlich signifikant verkürzt. **D-12.** Es müsste regelmäßig Fortbildungen für Bandverteidiger deutschlandweit geben, evtl. auch eine regelmäßig tagende „Ehebandverteidigerkonferenz".

Teilnehmer E – 19.06.2018, 13:59 Uhr

E-01. Nebenamtlich. **E-02.** Dazu kann ich nichts sagen, da ich in der Zeit vor MIDI noch nicht als Ehebandverteidiger tätig war. **E-03.** Es gab nur die ausdrückliche Klarstellung durch den Offizial, dass ich völlig diesbezüglich völlig frei sei und er meine Entscheidungen auch nicht kommentieren werde. **E-04.** In der Zeit vor MIDI war ich noch nicht als Ehebandverteidiger tätig. **E-05.** Ich würde immer dann Berufung einlegen, wenn ich für mich die Gewissheit hätte, dass die Tatbestandsmerkmale nicht erfüllt sind und ein dem entgegenstehendes Urteil keine für mich überzeugenden Argumente enthalten würde, die geeignet wären mich vom Gegenteil zu überzeugen. Diese gilt aber explizit nur für den Fall, dass ich von der Gültigkeit der Ehe fest überzeugt wäre. Sollten nur einzelne Beanstandungen meinerseits vom Gericht nicht widerlegt werden können, würde ich keine Berufung einlegen. **E-06.** In der Zeit vor MIDI war ich noch nicht als Ehebandverteidiger tätig. Bei den bisher fünf Verfahren mit meiner Beteiligung habe ich keine Berufung eingelegt. **E-07.** Nein, dies befürchte ich nicht. **E-08.** Ja, das Verfahren ist insgesamt ein pastoraler Dienst, da es dem Gläubigen Klarheit bezüglich seines Lebenstandes geben kann und dadurch auch eine Hilfe zu einem christlichen Leben ist. Zudem wird durch ein pastoral geführtes Verfahren den Betroffen von der Kirche Hilfsbereitschaft signalisiert. Dies kann aber nur dann erfolgen, wenn der Dienst des Ehebandverteidigers wie auch des Gerichts sich einer angemessenen Sprache bedient, d. h. die Sprache muss eine pastorale Grundhaltung erkennen lassen und darf nicht dazu dienen, dass Mitarbeiter des Gerichts darin ihre Fähigkeiten bezüglich juristischer Ausdrucksweise zur Schau stellen, um dadurch den Anschein von Kompetenz zu erwecken. Zudem sollten Entscheidung nicht von einzelnen Beweiselementen abhängen, sondern vom Gesamtbild, dass im Laufe des Verfahrens sichtbar wird, d. h. ein Bandverteidiger oder auch ein Richter, darf das Fehlen eines Indizes nicht zum Anlass nehmen, ein negatives Urteil zu fällen, wenn ansonsten alles auf die Nichtigkeit hinweist (ich schreibe dies, weil ich ähnliches schon erlebt habe. **E-09.** Das kann ich nicht beurteilen, da ich in der Zeit vor MIDI nicht als Bandverteidiger tätig war. **E-10.** Von der Promulgation habe ich auf der Internetseite kath.net erfahren. Die Aneignung der Veränderung erfolgte durch das Lesen des Dokuments und Kommentare päpstlicher Universitäten aus Rom. **E-11.** Der Wegfall einer zweiten Pflichtinstanz ist meiner Ansicht nach der größte Fehler in einer fehlerhaften und unzureichenden Reform des Eheprozessrechts. **E-12.** Ich denke, dass die Freiheit des Ehebandverteidigers Berufung einzulegen, nicht an allen Gerichten so gegeben ist wie an dem Gericht, an dem ich tätig bin. Zudem denke ich, dass Priester freier entscheiden können als Laien, deren Lebensunterhalt von dieser Aufgabe abhängt.

Teilnehmer F – 19.06.2018, 15:30 Uhr

F-01. Nebenamtlich. **F-02.** Geradezu nichts. **F-03.** Keine! **F-04.** Nein, keinen Unterschied. **F-05.** Ich habe bis dato keine Berufung einlegen müssen. **F-06.** Noch nie. Ich handhabe nichts anders. Ich bin mir aber der größeren Verantwortung – nach MIDI – sehr bewusst. **F-07.** Ich wurde einmal – während einer 1. Instanz – wegen meiner Wortwahl gemaßregelt. Mit Repressalien bzgl. einer Berufung würde ich aber nicht rechnen. **F-08.** Kein Bezug. **F-09.** Meine Animadversiones wurden bisher noch nicht einmal zitiert. **F-10.** Durch das Offizialat. Es gab eine Fortbildung. **F-11.** Ich begrüße diese Entscheidung. **F-12.** In Rom wurden zu allen Vorlesungen praktische Übungen veranstaltet. Das Thema „Instanzen“ und „Berufung“ fand nie statt. Dabei ist das ja eine Hauptbeschäftigung eines Kanonisten.

Teilnehmer G – 20.06.2018, 09:23 Uhr

G-01. Hauptamtlich. **G-02.** Unser Offizialat ist zugleich auch Berufungsinstanz. Seitdem Mitis Iudex in Kraft getreten ist, sind aus sämtlichen Suffraganbistümern – meines Wissens – bislang nur eine einzige Berufung gegen ein affirmatives Urteil seitens der zuständigen Ehebandverteidigung eingegangen. Von einer wirklichen Kontrolle und Prüfung kann daher aus meiner Sicht kaum noch gesprochen werden. Bei Berufungen gegen affirmative Urteile, die von mir und auch von hiesigen Kolleginnen und Kollegen eingelegt wurden, wurde in der Berufungsinstanz folgende Praxis umgesetzt: Bevor die Berufung zweitinstanzlich angenommen wurde, wurde dem zweitinstanzlichen Vertretenden der Ehebandverteidigung die Möglichkeit eingeräumt, die erstinstanzlich eingelegte Berufung zurückzunehmen. Dies geschah in der Vergangenheit bedauerlicherweise und unbegründet mehrfach. Aufgrund dessen, da man mittlerweile weiß, welche Berufungsbegründungen zurückgenommen werden, erfolgt auch in solchen Fällen, in denen eine Berufung nicht unbegründet ist, keine solche mehr. Auch hierbei kann von einer wirklichen Prüfung und Kontrolle kaum mehr gesprochen werden. Nach meiner unmittelbaren Ansicht, ohne dass ich damit die päpstliche Autorität und die damit verbundene Gesetzgebungsbefugnis in Frage stelle, stellen die Neuerungen von Mitis Iudex bezüglich der Berufungen durch die Ehebandverteidigungen im Bereich der Rechtssicherheit und der durch can. 1060 CIC/1983 eigentlich dem beklagten Eheband zugesprochenen Rechtsgunst schwerlich einen Gewinn dar. Es erscheint eher so, dass nun jedes Bistum wieder eigene Rechtsauffassungen vertritt, die sich einer Überprüfung praktisch durch Berufungsverzichte entziehen. **G-03.** Diesbezügliche Weisungen und/oder Vorgaben gibt es nicht. **G-04.** Derartige Auffälligkeiten sind mir nicht aufgefallen. **G-05.** Wenn ich in meinen Bemerkungen, und dies unabhängig von der Instanzenart, maßgebliche Argumente vorgetragen habe, die in der Urteilsbegründung weder aufgegriffen noch entkräftet wurden, so wird von mir eine Berufung sehr deutlich erwogen. Eine solche wird von mir dann aber unterlassen, wenn es sich um solche Fälle handelt, in der bekannt ist, dass die nächstinstanzliche Ehebandverteidigung diese Berufung zurücknehmen wird. Die damit beinahe jedes Mal gegebenen verbalen Titulierungen gegen mich möchte ich mir nicht unnötigerweise einholen! **G-06.** Vor Mitis Iudex musste ich gegen affirmative Urteile erster Instanz keine Berufung einlegen, da diese automatisch erfolgte. Eine zusätzliche zur von Amts wegen erfolgten Berufung habe ich in aller Regel nicht verfolgt. Bei höherinstanzlichen Verfahren galten für mich vor Inkraftsetzung von Mitis Iudex dieselben Kriterien wie aktuell. **G-07.** Repressalien wegen Berufungsverfolgung hat es nicht gegeben und befürchte ich auch zukünftig nicht. **G-08.** - **G-09.** Nach meinem Eindruck werden die Argumente der Ehebandverteidigung seit Inkraftsetzung von Mitis Iudex deutlicher in die Urteilsbegründungen aufgenommen und gegenteilige Ansichten verstärkt begründet, da ansonsten Berufungseinleitungen begründet sein könnten. Dass die gegenteilige mehrheitliche Wertung durch das Richterkollegium nicht immer der Ansicht der Ehebandverteidigung entspricht, muss an dieser Stelle hoffentlich nicht eigens betont werden. In der Vergangenheit – vor Mitis Iudex – konnte es hingegen schon vorkommen, dass nur die maßgebliche Ansicht des Richterkollegiums aufgeführt wurde, ohne dass auf die entgegenstehende Argumentation der Ehebandverteidigung eingegangen wurde. Dies war zwar die deutliche Ausnahme, kam aber hin und wieder doch vor. **G-10.** - **G-11.** Es wurde von mir bereits deutlich bekundet, dass ich den generellen Wegfall der obligatorischen zweiten Instanz kritisch sehe. Aus meiner Wahrnehmung und meinem Empfinden, aber auch aufgrund der selbst erfahrenen Berufungsrücknahmen durch die Folgeinstanz von eigenen Berufungen erscheint mir die gewollte Beschleunigung von Eheverfahren zulasten der Rechtssicherheit und Rechtsgunst des beklagten Ehebandes zu geschehen. Dies halte ich nicht für eine erstrebenswerte Vorgabe. **G-12.** -

Teilnehmer H – 20.06.2018, 10:37 Uhr

H-01. Nebenamtlich. **H-02.** Nicht viel. **H-03.** Nein. Der Ehebandverteidiger ist allein seinem Gewissen verpflichtet und ist deshalb nicht an irgendeine Anweisung einer höheren Autorität gebunden. **H-04.** Der größte Unterschied besteht darin, dass der Ehebandverteidiger in der Zeit vor MIDI nicht unbedingt tätig sein musste. **H-05.** Wenn ein affirmatives Urteil meiner Meinung nach der Rechtslage bzw. dem Tatbestand nicht entspricht, würde ich Berufung dagegen einlegen unabhängig davon, ob in welcher Instanz dies sein mag. **H-06.** Vor MIDI habe ich keine Berufung eingelegt. Heute bin ich nicht mehr tätig als Ehebandverteidiger. **H-07.** Ich habe keine Repressalien befürchten müssen, denn, wie oben gesagt ist der Ehebandverteidiger nur seinem Gewissen verpflichtet. **H-08.** Das Eheverfahren ist sogleich juristisch und pastoral. Juristisch, weil man der Rechtslage und dem Tatbestand und dem Rechtsinstitut der Beweisbarkeit folgen muss. Pastoral, weil es zur Klärung des Personenstandes und des geistlichen Wohls und letztlich der seelsorgerlichen Betreuung des Einzelnen dient. **H-09.** Seit der Promulgation von MIDI bin ich nicht mehr als Ehebandverteidiger tätig. **H-10.** Ich habe von MIDI erstmals über die Medien erfahren und das Dokument heruntergeladen. **H-11.** Die zweite Pflichtinstanz hat der Rechtssicherheit gedient. Von daher finde ich ihren Wegfall nicht unbedingt richtig. Andererseits beschleunigt ihr Wegfall die Dauer des Prozesses, was allerdings zu begrüßen ist. **H-12.** Mit oder ohne MIDI soll der Ehebandverteidiger immer eine Berufung einlegen können, wann auch immer er dies als erforderlich erachtet.

Teilnehmer I – 20.06.2018, 10:58 Uhr

I-01. Nebenamtlich. **I-02.** Da die zweite Instanz entfallen ist, sind auch Elemente entfallen, die die Überprüfung des Urteils gewährleisteten. Die Überprüfung des Urteils liegt nun in der Hand und in der Verantwortung des Bandverteidigers. Vor allem dann, wenn Urteil und Votum des Bandverteidigers nicht übereinstimmen. **I-03.** Nein, die gibt es nicht. **I-04.** Da gibt es keine Unterschiede. **I-05.** Würde das affirmative Urteil nicht mit dem Votum übereinstimmen, würde ich die Begründung eingehend prüfen und ggf. in gut begründeten Fällen das Urteil akzeptieren. Das ist auch meistens der Fall. Ich würde mich in jeder Instanz so verhalten. Bei der Berufung kann es sich nicht um Trotzreaktion handeln, sondern sie muss konstruktiv begründet sein. **I-06.** Vor MIDI habe ich ein einziges Mal Berufung eingelegt. Berufung würde ich immer einlegen, falls sachliche und schwerwiegende Gründe vorliegen würden. So habe ich immer gehandhabt und so mache ich auch heute. **I-07.** Ich muss keine Repressalien von keiner Seite befürchten. Es ist noch nicht vorgekommen, dass man auf mich und mein Votum Einfluss nehmen wollte. **I-08.** Der pastorale Aspekt ist sehr wichtig. Schließlich haben wir mit gläubigen Menschen zu tun. An einer gescheiterten Ehe mit allen Mitteln festzuhalten, wäre töricht und unvernünftig. So wäre es keinem geholfen. Das Pastorale und das Rechtliche müssen in einem gesunden Verhältnis stehen. Keine Entscheidung gegen das Recht. Die Argumentation muss schon rechtliche Grundlage haben. Aber auch kein penetrantes und um jeden Preis Suchen nach der Gültigkeit. **I-09.** Nein, das habe ich nicht gemerkt. **I-10.** Wir haben im Offizialat über MIDI gesprochen und die wesentlichen Änderungen besprochen. Insofern MIDI Änderungen einführt, werden sie selbstverständlich als gültiges Recht behandelt und es wird danach verfahren. **I-11.** Es erleichtert die Rechtsprechung. Die Richter stellen jetzt mehr die eigene Kompetenz in Vordergrund und machen sich weniger Gedanken darüber, wie die zweite Instanz auf das Urteil reagieren würde. **I-12.** Ich denke, dass wie es jetzt die Praxis ist, ist das gut und ich habe keine Einwände. Wenn ich zu der Überzeugung gelange, Berufung einlegen zu müssen, kann ich das tun, ohne Ablehnung bzw. Streit befürchten zu müssen.

Teilnehmer J – 11.09.2018, 14:56 Uhr

J-01. Nebenamtlich. **J-02.** Die Bedeutung der Bemerkungen des EBV hat zugenommen; an der Berufung oder der Berufungspraxis hat sich nichts verändert. **J-03.** Nein. **J-04.** Dass die Rolle der EBV gestärkt wurde, wird auch seitens der Richter/innen wahrgenommen, jedoch nicht immer wohlwollend. **J-05.** Berufung würde ich immer nur dann einlegen, wenn ich mich dazu verpflichtet sehe. Zwischen den Instanzen besteht da kein Unterschied. **J-06.** Es besteht kein Unterschied in der Berufungspraxis vor/nach MIDI. **J-07.** Nein, weder noch. **J-08.** Jedes Eheverfahren ist pastorale Arbeit an der klagenden/nichtklagenden Partei. In der Ausübung des Amtes des EBV kommt dies im Rahmen seiner Bemerkungen zum Ausdruck: Wortwahl und Tonfall haben der Sache angemessen auszufallen. **J-09.** Es besteht kein Unterschied in der Würdigung der Bemerkungen des EBV in den Urteilen. **J-10.** Im Offizialat wurde die Promulgation von MIDI publiziert, thematisiert und die Handhabung im Kollegium abgesprochen. **J-11.** Sie ist durchweg zu begrüßen und positiv zu beurteilen. **J-12.** -

Teilnehmer K – 20.06.2018, 14:38 Uhr

K-01. Hauptamtlich. **K-02.** Die Aufgabe des Ehebandverteidigers hat eindeutig an Gewicht gewonnen, seine Verantwortung bei der Wahrheitsfindung im Prozessverlauf noch einmal zugenommen. Die Schlüsselfunktion des Defensors im Ganzen des Verfahrens ist jetzt offenkundiger geworden. Der Ehebandverteidiger ist seit MIDI aufgerufen, noch genauer hinzuschauen, noch sorgfältiger als bisher mit vernünftigen Argumenten für den Erhalt des Bandes zu „kämpfen". Da die zweite Pflichtinstanz weggefallen ist, ist er da noch mehr gefordert als bisher.

Aber auch die Richter achten nach meinem Eindruck nun noch genauer auf das, was der Ehebandverteidiger an Einwendungen vorträgt, um ihre Voten klarer, und damit aber auch „berufungsresistenter" zu formulieren. Die Reform hat so insgesamt – nach dem was ich sehen kann – womöglich bereits zu leichten Präzisierungen im dialektischen Prozess der Wahrheitsfindung geführt. Dass bislang so wenige Berufungen an den Offizialaten (in Deutschland) eingegangen sind, könnte ein Beleg für diese These sein. Es scheint noch eine gewisse Scheu bei vielen Bandverteidigern vorhanden zu sein, Berufung einzulegen. Im Zweifel verlassen sich manche wohl zu sehr auf die Kompetenz des Gerichts und vertrauen zu sehr darauf, dass die das schon „richten", weil sie es ja ohnehin „richten". Dadurch werden sie meines Erachtens aber ihrer Aufgabe als Wahrheitsfindungskatalysator nicht vollends gerecht. Mein Rat: Wenn es knapp steht und vor allem, wenn Zweifel nicht ausgeräumt wurden, sollten die Kollegen durchaus öfter den Mut haben, den Schritt der Berufungsklage zu gehen. **K-03.** Weisungen oder gar Anweisungen sind mir nicht zu Ohren gekommen. Nein. Es gab unterschiedliche Stellungnahmen, solche, die eher zur Zurückhaltung hinsichtlich des Einlegens von Berufungen geraten haben, aber auch Stimmen, die ausdrücklich dazu ermutigt haben, dies immer mal wieder zu tun. Es mutet doch seltsam an, wenn über Monate hinweg gar keine Berufung erfolgt. Von Zeit zu Zeit sollte das gerade bei „engen Fällen" geschehen, da sonst aus meiner Sicht schnell eine Schieflage entstehen kann, die einem Gericht nicht guttut, und bei der der Bandverteidiger abgewertet wird und zu einem bloßen „Durchwinker" verkommt, der sich am Ende erübrigt. Das sollte nicht passieren, vielmehr sollte er seiner Aufwertung in MIDI durch eine veränderte, selbstbewusstere Berufsauffassung entsprechen. **K-04.** Die Atmosphäre ist gut. Ich erfahre von Seiten der Kollegen weiterhin dieselbe Wertschätzung. Dadurch, dass der Bandverteidiger objektiv an Gewicht gewonnen hat, war das meiner Position hier auch nicht abträglich. Einen großen Unterschied zu vorher sehe ich jetzt aber nicht. **K-05.** Ich lege immer dann Berufung gegen ein affirmatives Urteil ein (gegen ein negatives Urteil Berufung einzulegen macht aus meiner Sicht eh keinen Sinn), wenn die Argumentation des Gerichts mich nicht überzeugt und meine Argumente für den Erhalt des Bandes entweder nicht gesehen oder aber nicht ausreichend entkräftet wurden. Auch wenn ich merke, dass das Gericht irgendwie „schwimmt", d.h. entweder zu spekulativ, zu sehr nach „politischer Correctness" oder gar gemäß dem Motto „Augen zu und durch" entscheidet, oder wenn insgesamt einfach noch zu viele Unklarheiten vorliegen, die es eigentlich nicht erlauben, zu einem moralischen Urteil zu kommen, wähle ich den Schritt der Berufung. **K-06.** Vor MIDI habe ich kein einziges Mal Berufung eingelegt, da dies häufig von anderer Seite gemacht wurde. Es war gar nicht nötig. Jetzt ist es umgekehrt: Nur die für mich scheinbar eindeutigen Fälle bleiben außen vor, alle anderen können in der Berufung landen. Ich schaue jedenfalls noch genauer hin als vorher. **K-07.** Nein. **K-08.** Den gibt es durchaus. Wir stehen im Offizialat gleichsam an der Schnittstelle zwischen Lehre, Recht und Pastoral. Das kann und darf nicht voneinander getrennt werden, wie es leider immer wieder versucht wird. Insofern leisten auch die Ehebandverteidiger einen nicht unerheblichen Beitrag für eine gelingende Pastoral. Unsere Arbeit ist in gewisser Hinsicht selbst schon eine Art Seelsorge, wenn ich beispielsweise an die Beratungen denke, die hier tagaus tagein angeboten und durchgeführt werden. Ein Eheverfahren soll und kann ein Stück weit der Wahrheitsfindung dienen. Im Lauf des Verfahrens kommt dabei dem Defensor eine ganz wesentliche Aufgabe. Er hilft entscheidend mit, herauszufinden, wie es mit dieser und jener Ehe von Anfang an wirklich beschaffen war. Wenn nicht „geschludert", sondern nach besten Kräften und vor allem nach geltendem Recht gearbeitet wird, und natürlich unter der Voraussetzung, dass wir nicht von A-Z belogen werden, ist davon auszugehen, dass am Ende mehr Wahrheits- und womöglich auch mehr Selbsterkenntnis bei den Leuten vorliegt als vorher. Auf jeden Fall wird eine gewisse Klarheit geschaffen, die neue bzw. andere Schritte ins Leben ermöglicht. So bekomme ich als Bandverteidiger immer wieder dankbare Rückmeldungen nach einem Verfahren. Deswegen ist unsere Aufgabe sehr wichtig. Sie dient insgesamt dazu, Menschen mit dem Recht der Kirche, der Kirche überhaupt, vielleicht sogar ein Stück weit mit Gott zu versöhnen. Wenn wir unsere Aufgabe gewissenhaft erfüllen, dienen wir, soweit es an uns liegt, der Wahrheitsfindung, und helfen den Menschen, die sich in ihrer Not an uns wenden, so gut es eben geht, im Leben weiter zu gehen. Das Bewusstsein, mit der Pastoral verbunden zu sein, ist für die Arbeit als Bandverteidiger am kirchlichen Gericht meines Erachtens äußerst wichtig für die Erdung, die in einem Offizialat immer wieder notwendig ist, da man in einer Behörde den Kontakt zu den Menschen auch verlieren kann. Es ist von entscheidender Bedeutung, sich immer wieder bewusst zu machen, einen wichtigen Dienst am Menschen und an der Kirche zu vollziehen und wir kein Selbstzweck sind. **K-09.** Bei der Beantwortung dieser Frage verweise ich auf das weiter oben bereits Gesagte. Mit der Stärkung und Aufwertung des Defensors im Rahmen des Eheprozesses lässt sich meiner Wahrnehmung nach auch eine intensivere Auseinandersetzung mit den Animadversiones beobachten. Der Bandverteidiger hat insgesamt an Bedeutung zugenommen. Darauf kann er sich aber nicht ausruhen, das sind keine „Lorbeeren". Der Bedeutungszuwachs kann auch schnell wieder verloren gehen, wenn die Bandverteidiger das nicht zu schätzen wissen und die entstandenen Räume nicht nutzen. **K-10.** Aus den Nachrichten und natürlich im Offizialat. Die Veränderungen assimiliert man sich im Lauf der Zeit. Das dauert. Vieles sieht man ja auch erst nach und nach. So ist das bei prozessrechtlichen Veränderungen. Ganz wichtig ist der ständige Austausch mit den Kollegen. Hier sind wir gut miteinander vernetzt. Die Frage bleiben nicht verborgen und du musst in der Praxis, bei der es letztlich immer um die betroffenen Menschen geht, zügig Antworten finden. **K-11.** Passt scho, würde der Bayer sagen. Das ist gerade vom pastoralen Standpunkt aus sinnvoll und begründbar. Viele Verfahren liefen schlicht und einfach viel zu lange. Das war pastoral oft einfach nicht mehr vertretbar. Als Bandverteidiger bist du jetzt halt wie gesagt gezwungen, noch genauer hinzuschauen. **K-12.** Es ist aus meiner Sicht immer notwendig, vor jeder Bewertung und jeder Entscheidung, ob man Berufung einlegt oder nicht, den Heiligen Geist anzurufen, dass er einem dabei hilft, das Richtige zu tun. Denn wir sehen die Wirklichkeit nie ganz. Das bleibt allein Gott vorbehalten. Wir können uns jederzeit täuschen, beispielsweise, indem wir uns auf das berühmt berüchtigte „Haar in der Suppe" fokussieren oder an bestimmten Formulierungen festbeißen, die aber nicht die Wahrheit oder nur Teile davon widerspiegeln. Wenn wir derart unvernünftig agieren, was bei Menschen eben leider immer wieder vorkommt, werden wir den Menschen nicht gerecht. Dann werden auch die Verfahren insgesamt immer mal wieder zum Problem bzw. können zum Problem werden. Vor allen Entscheidungen also darum beten, den Menschen, für die wir da sind, gerecht zu werden. Das scheint mir überhaupt das Wichtigste zu sein.

Teilnehmer L – 20.06.2018, 15:14 Uhr

L-01. Hauptamtlich. **L-02.** Nichts. **L-03.** Nein. **L-04.** Nein. **L-05.** Berufung lege ich im Regelfall dann ein, wann bei einer konkreten Fallkonstellation unklar ist, ob diese überhaupt unter dem affirmativ entschiedenen Klagegrund zu subsumieren ist. **L-06.** Vor MIDI ist am hiesigen Offizialat kein einziges Mal durch den Defensor Berufung eingelegt worden, seit MIDI ein Mal. **L-07.** Nein. **L-08.** **L-09.** Nein. **L-10.** **L-11.** War lange überfällig. **L-12.**

Teilnehmer M – 21.06.2018, 14:00 Uhr

M-01. Nebenamtlich. **M-02.** Nichts. **M-03.** nicht, dass ich wüsste. **M-04.** kein Unterschied. **M-05.** mit Berufung habe ich noch keine Erfahrungen. **M-06.** bis jetzt keine Erfahrungen. **M-07.** eher nein. Falls ja, dann eher seitens des Gerichtes wegen Verkomplizierung des Verfahrens. **M-08.** Die Eheverfahren können einen pastoralen Aspekt beinhalten, aber es hängt vom Willen des Klägers/Nichtklägers/Zeugen und von der Person des Untersuchungsrichters ab. Als Ehebandverteidiger suche ich die Wahrheit. **M-09.** in den Urteilen eher nicht, vielleicht bei der Besprechung des Kollegiums? **M-10.** Von der Promulgation habe ich aus der Presse erfahren. Ich sehe keine großen Auswirkungen auf die Arbeit des Ehebandverteidigers, nur mehr moralische Verantwortung des Ehebandverteidigers. **M-11.** Vernünftig. **M-12.** Da ich nicht so lange bei Kirchengericht arbeite, habe ich noch keine Erfahrungen mit der Berufung. Dem Gefühl nach würde sie nicht gerne gesehen. Ich wünsche viel Glück zum Studium!

Teilnehmer N – 21.06.2018, 20:08 Uhr

N-01. Hauptamtlich. **N-02. N-03.** Andeutung: Vollkommen unerwünscht. **N-04.** Nein. **N-05.** Bei einem krassen Fehlurteil. **N-06. N-07.** Umgangssprachlich ausgedrückt: Es würde von a) Ärger geben und b) würde verständnislos reagieren. **N-08.** Die Aufarbeitung der Ehegeschichte und Klärung hat m. M. nach einen hohen pastoralen Nutzen für die klagende Partei, manchmal auch für beide. Der defensor sollte mit Fingerspitzengefühl vorgehen. **N-09.** Die Anmerkungen werden und wurden so gut wie überhaupt nicht gewürdigt. Der def. wird in der Regel als lästig und unnötig empfunden. **N-10. N-11.** Halte ich für sehr schädlich. Die Sorgfalt leidet, wenn es keine Kontrolle gibt. **N-12.** Welcher vom Bischof abhängige defensor würde gegen ein von diesem gefälltes Urteil beim Metropoliten oder zust. Suffragan Berufung einlegen? Diese Problematik wird auch von der röm. Kurie so gesehen.

Teilnehmer O – 19.07.2018, 15:33 Uhr

O-01. Nebenamtlich. **O-02.** Ich bin erst seit MIDI in der Praxis tätig. **O-03.** Nein. **O-04.** s.o. Aber ich habe nicht den Eindruck, dass sich atmosphärisch etwas geändert hat. **O-05.** Ich würde mich nicht anders verhalten in den versch. Instanzen. **O-06.** s.o. **O-07.** Nein, ich fühle mich frei. Vielleicht hilft da auch meine Stellung als Ordensmann. **O-08.** Die Gerichtsbarkeit der Kirche kennenzulernen und die tiefere Bedeutung der Ehe ist sicher als pastoraler Aspekt zu bezeichnen. Als Ehebandverteidiger achte ich u.a. darauf, die Animadversiones so zu verfassen, dass sie auch lesbar und nachvollziehbar sind für die Parteien. Ansonsten habe ich in der Regel keinen Kontakt zu den Parteien, da ich an den Vernehmungen nicht teilnehme. **O-09.** Da fehlt mir der Vergleich, s.o. **O-10.** Noch im Studium. **O-11.** Ich persönlich bin kein Freund des Wegfalls der zweiten Pflichtinstanz. Jede Kontrolle durch verschiedene Instanzen ist gut für die Rechtsprechung und sichert zugleich das Niveau. Die Auswirkungen und Folgen dieser Gesetzesänderung werden sich aber vermutlich erst in einigen Jahren zeigen. **O-12.**

Teilnehmer P – 21.06.2018, 20:28 Uhr

P-01. Nebenamtlich. **P-02.** Die Verantwortung des EBV ist sicher gewachsen, in der Berufungspraxis kann ich bislang aber keinen Unterschied feststellen. **P-03.** Nein! **P-04.** Die Atmosphäre ist kooperativ und gut. Einen Unterschied zur Zeit vor MIDI kann ich nicht erkennen. **P-05.** Wenn ich gravierende Beweismängel oder echte Mängel in der Beweiswürdigung erkenne. **P-06.** Ich habe bislang noch keine Berufung einlegen müssen. **P-07.** a) nein, b) echte Repressalien nicht, aber ich würde schon mit Unverständnis, Ärger oder Wut rechnen. **P-08.** Unabhängig davon, ob und in welchem Maße man einen pastoralen Aspekt (an)erkennen will, kann und darf er sich m.E. nicht auf die konkrete Amtsausübung des EBV auswirken. **P-09.** Nein. **P-10. P-11. P-12.**

Teilnehmer Q – 22.06.2018, 09:07 Uhr

Q-01. Hauptamtlich. **Q-02.** Mehr Verantwortung, da die zweite Instanz entfällt. **Q-03.** Nein. **Q-04.** Kollegial, entspannt, wie immer. **Q-05.** Wenn der Codex es vorsieht. Ich schaue stets gründlich hin – unabhängig von den Instanzen. **Q-06.** Meine Praxis hat sich nicht geändert. **Q-07.** Nein. **Q-08.** Wir haben alle einen pastoralen Auftrag. Deshalb ist das Recht stets im Geist des Gesetzgebers anzuwenden. **Q-09.** Unsere Richter werten die Animadversiones genauso wie vorher. **Q-10.** Infos im Haus, per Internet, Selbststudium. **Q-11.** Er nimmt die erste Instanz mehr in die Pflicht, ist aber ansonsten zu begrüßen. **Q-12.** Ihre Fragen klingen nach einer Rivalität zwischen Defensor und Richter. Wir sind aber ein einziges Gericht, nur mit je unterschiedlichen Funktionen, die jeder ernst nimmt und respektiert.

Teilnehmer R – 22.06.2018, 09:12 Uhr

R-01. Nebenamtlich. **R-02.** Was mich betrifft, nichts. Ich bin aber auch kaum als EBV tätig. Der hauptsächliche Ehebandverteidiger hat meines Wissens zweimal Berufung eingelegt. Die nachfolgenden Aussagen gelten nur für mich. **R-03.** Nein. **R-04.** Nein. Ich bin so unabhängig wie vorher. **R-05.** Berufung würde ich nur einlegen, wenn ich das Urteil als offensichtlich ungerecht und falsch empfinden würde. Damit, dass Richter anders argumentieren und ggf. zu einem anderen Ergebnis kommen, habe ich keine Probleme. **R-06.** Ich habe noch keine Berufung eingelegt, weder vor noch nach MIDI. **R-07.** Nein. Ich habe aber auch keine Erfahrung damit. **R-08.** In erster Linie geht es um die Gültigkeit oder Nichtigkeit der beklagten Ehe. Diese Frage entscheiden die Richter. Einen pastoralen Aspekt sehe ich allenfalls darin, dass der EBV im Interesse der Parteien auch eine positive Entscheidung der Richter akzeptiert, wenn diese nicht offensichtlich falsch und ungerecht ist (s. o.). **R-09.** Kann ich nicht beurteilen. **R-10.** Die größere Gewichtung der Parteiaussagen in der Beweisführung hat natürlich auch Auswirkungen auf die Beurteilung der Beweislage durch den EBV. Dieser muss sich auch an die geltenden Beweisregeln halten. **R-11.** Ich halte ihn für einen Fortschritt. Er stärkt die Autorität der erstinstanzlichen Gerichte. Die frühere standardmäßige Überprüfung hat letztendlich die Botschaft transportiert, dass die Qualität erstinstanzlicher Urteile minderwertig sei. Das war aber schon in der Vergangenheit nicht der Fall. Den Schutz der Institution Ehe sehe ich dadurch nicht gefährdet. **R-12.**

Teilnehmer S – 22.06.2018, 11:28 Uhr

S-01. Hauptamtlich. **S-02.** Verantwortung gestiegen, zu einem gerechten Urteil beizutragen. **S-03.** Nein. **S-04.** Nein. **S-05.** Wenn ich davon überzeugt bin, dass das Urteil falsch ist. **S-06.** Nein. **S-07.** Nein. **S-08.** Ich versuche mit dem Blick des Seelsorgers an die Verfahren heranzugehen. **S-09.** Nein. **S-10.** Informationsveranstaltung durch den Offizial. **S-11.** Positiv – beschleunigt die Verfahren. **S-12.**

Teilnehmer T – 26.06.2018, 15:38 Uhr

T-01. Hauptamtlich. **T-02.** Die Überprüfung nach erstinstanzlichem Urteil ist genauer und kritischer. Berufung gegen ein positives Urteil bleibt aber die Ausnahme und ist die Ultima Ratio. **T-03.** Nein. **T-04.** Das Einlegen der Berufung ruft gelegentlich Unmut bei den Richtern erster Instanz hervor. **T-05.** Wenn ich unter keinem Gesichtspunkt moralische Gewissheit über die Nichtigkeit der Ehe ex actis et probatis gewinnen kann. Bin ich der Auffassung, dass die Ehe unter einem anderen caput nichtig ist, lege ich dann keine Berufung ein, wenn das caput nullitatis nicht richtig getroffen wurde. **T-06.** Das war zuvor nicht erforderlich. Nunmehr gibt es u. U. niemand, der gegen ein falsches Urteil Berufung einlegt. **T-07.** Nein. **T-08.** Wenn ich zu der moralischen Gewissheit gelange, dass eine Ehe nichtig ist, ganz gleich aus welchem Grund, fallen die Animadversiones weniger ausführlich aus. Es geht im ganzen Verfahren darum, den Parteien unter Wahrung der Rechtsordnung einen Weg in die Zukunft zu ermöglichen. **T-09.** Ja, die Würdigung ist ausführlicher, die Einwendungen werden gründlicher berücksichtigt. **T-10.** Über das Offizialat. Selbststudium und Vorträge haben den Zugang erleichtert, ebenso der Austausch mit Kollegen. **T-11.** Die Änderung ist sehr zu begrüßen. Ohne dass sich die inhaltliche materiell-rechtlich Arbeit geändert hat, können die Verfahren nun schneller geführt werden. Es wurden zuvor ohnedies 95 % der erstinstanzlichen Urteile per Dekret bestätigt. Unnötige Doppelarbeit entfällt nun. **T-12.** -

Teilnehmer U – 28.06.2018, 17:06 Uhr

U-01. Hauptamtlich. **U-02.** Ich arbeite im Laufe des Verfahrens noch sorgfältiger und versuche, auf unzureichendes Beweismaterial hinzuweisen und später die Bemerkungen noch einen Tick sorgfältiger zu erstellen, um alle Aspekte aufzuzeigen. **U-03.** Wenn die Ehebandverteidigung der Meinung ist, Berufung einlegen zu müssen, soll sie es tun. **U-04.** Alle wünschen, dass ein gerechtes, faires und ausgewogenes Verfahren durchgeführt wird; es ist mehr – auch atmosphärisch – im Bewusstsein, dass wir alle miteinander dafür verantwortlich sind. **U-05.** NEIN. **U-06.** nein – vor MIDI konnte die zweite Instanz meine Bemerkungen lesen und die in ihrer Gewichtung berücksichtigen; nach MIDI versuche ich noch klarer darauf hinzuweisen, wenn es m.E. nicht zu einem affirmativen Urteil kommen kann; diese Verfahren endeten dann auch negativ, mit Einstellung (d. h. Rückzug der Klage) oder das Beweismaterial wurde ergänzt. **U-07.** NEIN. **U-08.** In der sorgfältigen Analyse des Beweismaterials und des Hinweisens auf Schwächen im Beweismaterial; gegebenenfalls auch auf den Hinweis, dass der vorliegende Klagegrund chancenlos ist, aber sich im Hinblick auf einen anderen Klagegrund vielleicht zu einem anderen Ergebnis gelangen ließe – unbeschadet dessen, dass dieser dann genauso sorgfältig geprüft werden muss und es keine Garantie gibt. **U-09.** In der Urteilsbegründung wird sich ausdrücklicher mit der Stellungnahme der Ehebandverteidigung auseinandergesetzt. **U-10.** Das erfährt man dank der modernen Medien heutzutage ja unmittelbar; ich habe mich einzeln und wir auch im Offizialat gemeinsam mit den Veränderungen vertraut gemacht, es wurden die Formulare veränderte, es haben sich Veränderungen in den Abläufen ergeben; eine Veränderung ist die Stellungnahme der EBV zur Klageschrift: ich nehme entweder kurz Stellung – oder kreuze an „ich verzichte auf eine Stellungnahme"; (50:50). **U-11.** Das ist prinzipiell in Ordnung. **U-12.** Eine Berufung um der Berufung willen halte ich für überflüssig; wenn ich sehe, dass sich das Richterkollegium mit meinen Bemerkungen auseinandergesetzt hat, aber zu einem anderen Ergebnis kommt, kann ich das annehmen; es kann aber der Fall sein, dass die Begründung zu schwach ist und mich nicht überzeugt – dann werde ich Berufung einlegen.

Teilnehmer V – 29.06.2018, 12:00 Uhr

V-01. Nebenamtlich. **V-02.** Aus meiner Sicht hat sich hier keine Veränderung ergeben. **V-03.** Es gibt keine Anweisungen etc. **V-04.** Die Atmosphäre dem EBV gegenüber ist naturgemäß skeptisch (insbes. seitens der Kläger), die Prozessrolle wird aber, bei guter Aufklärung im Beratungsgespräch vor Prozessbeginn, als solche akzeptiert. Ein Unterschied seit MIDI ist für mich nicht feststellbar. **V-05.** Berufung würde ich einlegen, wenn ich zur fundierten Überzeugung gelangt wäre, dass das Urteil oder der Prozesshergang Mängel aufweist, gleich um welche Instanz es sich handeln würde. **V-06.** Siehe letzte Antwort, eine andere Handhabung gibt es auch jetzt nicht. **V-07.** Es gab und gibt keine Repressalien und es sind auch in Zukunft keine zu befürchten. **V-08.** Der pastorale Aspekt beim Eheverfahren ist sicher vorhanden; er betrifft aber vor allem das Beratungsgespräch sowie die Vernehmungen und die Form der Kontakthaltung zwischen Gericht und Parteien. Hinsichtlich des Ehebandverteidigers bestehen diesbezüglich – mit Blick auf die Rolle und die faktische Amtsausübung – nur wenige Ansatzpunkte, die m. E. vernachlässigbar sind. **V-09.** Eine Veränderung in der Würdigung der Animadversiones seit MIDI kann ich nicht feststellen. **V-10.** Die Informationen sind vom Offizial weitergegeben worden mit entsprechenden Erläuterungen und intensivem fachlichen Austausch. Die Veränderung der Praxis entspricht der veränderten Rechtslage. **V-11.** Ich halte die Veränderungen für richtig und angemessen: zum einen ist der zeitliche Horizont die Verfahrensdauer betreffend überschaubarer geworden, zum anderen ist meines Erachtens die fachliche Kompetenz des Gerichtspersonals durchaus vorhanden, so dass eine „Überprüfung“ nicht immer nötig erscheint. Die Möglichkeit der Berufung besteht ja grundsätzlich weiter. **V-12.** Hierzu habe ich keinen Beitrag.

Teilnehmer W – 02.07.2018, 14:39 Uhr

W-01. Hauptamtlich. **W-02.** Es kommt der Ehebandverteidigung eine hohe Verantwortung zu. Man könnte auch sagen, es ist eine ungeheure Last, da man weiß, dass es keine zweite Instanz mehr ipso facto gibt. Es ist eine Gewissensbelastung. Um mir ein besseres Urteil machen zu können, bin ich in die Parteivernehmungen gegangen, habe aber nach einem Jahr davon wieder Abstand genommen, da die Arbeitsbelastung zu hoch wurde. Gravierender ist, dass Ladungen nicht erfolgten, keine Terminabsprachen und offensichtlich war, dass die Ponenten sich von der Ehebandverteidigung kontrolliert fühlten. So blieben die Ladungen aus und da man keine Rechtsmittel hat, um dies einzuklagen, da nach Akteneinsicht und nach Aktenoffenlegung diese Verfahrensfehler saniert werden, habe ich darauf wieder verzichtet. Grundsätzlich wäre die Präsenz des Defensors aber wichtig, da der Augenschein oft zu einem anderen Ergebnis führt und auch für die Beurteilung der Glaubhaftigkeit der Aussage wichtig ist. **W-03.** Nein, der Offizial steht grundsätzlich dahinter, obgleich er natürlich auch die schlechte Stimmung und das lautstarke Geschimpfe mitbekommt, das einige Kollegen veranstalten, wenn Berufung eingelegt wird. Sie empfinden das meist als persönliche Kränkung, reden tagelang nicht mit einem etc. Ich informiere daher immer vorher den Offizial und erkläre ihm, warum ich es tue. Es gab noch nie Probleme. **W-04.** Ja, leider ist die Atmosphäre sehr schlecht geworden. Es ist die Ausnahme, dass Kollegen eine Berufung akzeptieren. Zumeist wird dies als persönliche Kritik an ihrer Arbeit verstanden, obgleich eben manchmal auch Fehler gemacht werden, die dem Defensor keine Wahl lassen – z. B. falsche Prozessfragen, Beeinträchtigungen des Verteidigungsrechtes. Das Problem in vielen Offizialaten war, dass der Defensor früher ohne akademische Qualifikation nur ein paar Sätze geschrieben hat und von den Richtern überhaupt nicht ernst genommen wurden. Es war ein Amt, das notwendig war, aber über das man in der Praxis oft gelächelt hat. Das wollte Rom ja ändern, indem keine Dispensen von akademischen Graden mehr erteilt werden. **W-05.** Ich sehe die Animadversiones als Mittel zur Wahrheitsfindung und weise auf Fehler in der Beweisführung und Lücken hin. Dass geschieht meist in Frageform, die der klagenden Partei Gelegenheit gibt, darauf zu antworten. Wenn die Defizite gravierend bleiben und der Instruktor diese nicht behebt und das Urteil keine schlüssigen Erklärungen bieten oder darauf nicht eingeht und einen Fall ohne Bestätigung der Pars conventa und Zeugen durchwinkt, lege ich Berufung ein. Das ist unabhängig von der Instanz. Aber ich hatte schon Verfahren 3. Instanz, wo die Beweiserhebungen in den beiden Vorinstanzen unzureichend waren (z. B. c. 1095, n. 2. CIC ohne Gutachten) und wo sich herausstellte, dass der Klagegrund falsch bestimmt war und man nach 3 Instanzen und 5 Jahren Prozessdauer nichts mehr machen konnte (Leider wird c. 1099 CIC kaum angewendet und oft mit fehlendem Ehewillen wegen Ausschlusses der Unauflöslichkeit der Ehe gemäß c. 1101 § 2 CIC verwechselt). Da musste ich ex officio Berufung einlegen, weil klar war, dass meine Stellungnahme auch von der Apost. Signatur überprüft/gelesen wird. **W-06.** Vor MIDI habe ich keine Berufung eingelegt, da die Verfahren automatisch an die nächste Instanz gingen. In zweiter Instanz hatte ich persönlich keinen Fall, wo dies nötig gewesen wäre. Die Situation ist durch den Wegfall der zweiten Instanz anders und hat auch zu einer veränderten Praxis geführt. Das liegt an der veränderten Verantwortlichkeit. **W-07.** a) Repressalien nicht, aber der Unmut des jeweiligen Ponenten über eine Berufung ist deutlich im Verhalten zu spüren. Es braucht da viel Standfestigkeit, um damit umgehen zu können. b) Nein, aber es ist immer ein Gewissenskonflikt, wenn man den Menschen pastoral eigentlich helfen möchte und Mitleid mit ihrer Situation hat. Man weiß, dass man Hoffnungen zerstört, durch die Berufung Verletzungen hervorruft. Besonders ärgerlich ist es dann noch, wenn die Berufung aus Gerichtsfehlern (falschen Prozessfragen) resultiert. Manchmal bekommt man bitterböse Briefe, manchmal bedanken sich die Menschen auch für die Hinweise. Es ist sehr unterschiedlich. Die Reaktionen hängen oft auch von der Grundeinstellung der Menschen zum Verfahren und ihrer persönlichen Motivation ab. **W-08.** Die Verfahren sind für mich grundsätzlich primär pastoral und auch geistlich im Sinne der Aufarbeitung der eigenen Lebens- und Ehegeschichte vor der Kirche zu verstehen. Ich versuche im Sinne der Wahrheitsfindung, Fragen zu stellen und möglichst sachlich zu sein. Daher biete ich den Parteien auch eine Zusammenfassung des Beweismaterials an, da viele nicht vom Recht der Akteneinsicht Gebrauch machen. Wenn ich in die Anhörungen gehe – das empfiehlt sich, je nach Ponens – dann stelle ich auch Fragen und erkläre den Parteien, was es mit den Bemerkungen auf sich hat und ich mich freue, wenn sie darauf reagieren. Damit habe ich positive Erfahrungen gemacht. **W-09.** Überwiegend nicht, manchmal werden Fragen aufgegriffen. Aber ein großes Problem ist der Umgang mit psychologischen Gutachten. Da ich auch eine psychologische Ausbildung habe im Gegensatz zu den richterlichen Kollegen, kann ich gut beurteilen, ob ein Gutachten wissenschaftlichen Standards entspricht. Obgleich dies oft nicht der Fall ist, gehen die Richter trotz der Einwände einfach darüber hinweg, weil sie Inkompetenz nicht eingestehen wollen und schreiben dann nur, es sei doch plausibel dargestellt. Darin sehe ich ein großes Problem für die Rechtsprechung, v. a., wenn dann noch ein Defensor der nächsthöheren Instanz einfach eine Berufung zurückzieht. Das macht das ganze System obsolet und es wird deutlich, dass dem Defensor die Rechtsmittel fehlen, um die Rolle effektiv auszuüben. **W-10.** Internet – persönlich und in gemeinsamen Konferenzen. Die Auswirkungen sind täglich spürbar, es ist viel Arbeit weggefallen, da ich im Metropolitangericht mit vielen Stellungsnahmen zu erstinstanzlichen Urteilen zu tun hatte. **W-11.** Grundsätzlich ist der Wegfall der zweiten Pflichtinstanz der Rechtskultur nicht förderlich. Wenn die einzelnen Gerichte sich an die Prozessordnung halten würden, wäre alles kein Problem. Aber die Erfahrung hat mir gezeigt, dass oft Willkür und Unkenntnis (z. B. sind einige Gerichte nicht willens und in der Lage ein Inkonsummationsverfahren zu führen und suchen andere Klagegründe) herrschen oder „Scheidung auf katholisch" praktiziert wird. **W-12.** Der Einsatz von den s.g. „alten" dritten Richtern, also irgendwelchen nicht-qualifizierten Landrichtern, die nur auf der Basis von Dispensen Urteile fällen, sollte verboten werden. Wenn in einem Richterkollegium nur ein Richter mit Kenntnissen des kanonischen Rechts sitzt und der Defensor über diese Ausbildung verfügt, ist es umso wichtiger, dass er seines Amtes gewissenhaft waltet. Aber es ist wirklich schwer. Die Praxis hat auch gezeigt, dass die Gerichte gründlicher arbeiten und sich eher an die Verfahrensvorschriften halten, wenn Anwälte involviert sind. Dann sind Berufungen ex officio dann weniger nötig.

Teilnehmer X – 03.07.2018, 16:03 Uhr

X-01. Nebenamtlich. **X-02. X-03.** Sind mir keine bekannt. **X-04.** Ich erlebe innerhalb des Gerichts einen kollegialen Stil, welcher dem Bestreben dient, die Prozessfrage gerecht zu beurteilen. Ich nehme in der Atmosphäre keinen Unterschied zu der Zeit vor MIDI wahr. **X-05.** Nur dann, wenn ich in meinen Animadversiones klar und eindeutig für die Gültigkeit der Ehe plädiert habe, die Beweiswürdigung des Gerichts sich mit den Argumenten der Animadversiones nicht oder nur äußerst unzureichend auseinandergesetzt hat und ich die Gründe für die Gültigkeit der Ehe weiterhin überzeugender und nachvollziehbarer beurteile wie die Argumente des Gerichts für deren Nichtigkeit. **X-06.** In meiner 15-jährigen Tätigkeit als Ehebandverteidiger habe ich erst einmal Berufung eingelegt und dies in der Zeit vor MIDI. Statt zu befürworten, dass ein Urteil in II. Instanz durch Dekret bestätigt wurde, habe ich Berufung eingelegt. Die II. Instanz hat für die Gültigkeit der Ehe entschieden. **X-07.** Nein! **X-08. X-09.** Ich habe nicht den Eindruck, dass die Animadversiones seit MIDI anders bzw. intensiver gewürdigt werden, da bereits vor MIDI aus meiner Sicht eine zufriedenstellende Würdigung erfolgte. **X-10.** Über das Offizialat wurden mir die Veränderungen mitgeteilt. **X-11.** Die Eheverfahren werden dadurch zeitlich wesentlich kürzer, was für die klagenden Parteien in jeglicher Hinsicht sehr vorteilhaft ist. Ich begrüße daher den Wegfall der zweiten Pflichtinstanz. Das Argument, die Ehebandverteidiger hätten nun noch eine größere Verantwortung und müssten noch gewissenhafter ihre Animadversiones erstellen, teile ich nicht, da ich doch davon ausgehe, dass sie dies auch schon vor Wegfall der zweiten Pflichtinstanz getan haben. **X-12.**

Teilnehmer Y – 04.07.2018, 16:55 Uhr

Y-01. Hauptamtlich. **Y-02.** Es wird häufiger Berufung durch den Ehebandverteidiger eingelegt. Vorher wurden ja ohnehin alle Urteile durch eine 2. Instanz überprüft, so dass eine zusätzliche Berufung durch den Ehebandverteidiger weniger notwendig war. **Y-03.** Nein. **Y-04.** Teilweise wird das Einbringen einer zusätzlichen fachlichen Meinung geschätzt. Manchmal habe ich aber auch das

Gefühl, dass ich als „störend" und „hindernd" wahrgenommen werde. Ich sehe eigentlich keinen großen Unterschied zu der Zeit vor MIDI. Vielleicht ist die Sorge, dass ich Berufung einlegen könnte, jetzt etwas größer. **Y-05.** Ich würde zwischen den Instanzen keinen Unterschied machen. Ich würde Berufung einlegen, wenn Prozessmängel vorliegen, die dafür sorgen, dass ein gerechtes Urteil im vorliegenden Fall nicht gefällt werden kann oder wenn mir die Urteilsbegründung nicht nachvollziehbar erscheint oder ich die Auslegung der Rechtslage nicht teilen kann. **Y-06.** Ich habe vor MIDI nie Berufung eingelegt. Auch nach MIDI musste ich bisher keine Berufung einlegen. Ich würde es aber, wenn notwendig, insofern anders handhaben als vorher, als dass vor MIDI der Fall nach einem affirmativen Urteil ohnehin von Rechts wegen an die Berufungsinstanz gegangen wäre. Ich würde jetzt also eher Berufung einlegen als vorher. **Y-07.** Von Seiten des Bischofs erwarte ich keine Repressalien, von Seiten des Gerichts würde ich es nicht ausschließen. Ich könnte mir vorstellen, dass ich in bestimmten Fällen nicht mehr als Ehebandverteidiger eingesetzt würde oder ganz von dieser Aufgabe entbunden würde, wenn ich zu oft Berufung einlegen würde. Von Seiten der Parteien können natürlich Beschwerden kommen, aber für ernstzunehmende „Repressalien" fehlen den Parteien meiner Meinung nach die Mittel. **Y-08.** Für mich geht es bei Eheverfahren in erster Linie um die Wahrheitsfindung. Ich sehe aber trotzdem auch einen pastoralen Aspekt, insofern ein solches Verfahren dazu dienen kann, dass sich jemand mit seiner gescheiterten Ehe und seiner Geschichte (evtl. nochmals) auseinandersetzt. Ich versuche bei der Abfassung der Animadversiones darauf Rücksicht zu nehmen, indem ich zum Beispiel versuche zu vermeiden, dass durch unbedachte Formulierungen Verletzungen entstehen oder Wunden wieder aufreißen. **Y-09.** Nein, sie werden genauso gewürdigt wie vor MIDI. **Y-10.** Ich habe von der Promulgation von MIDI durchs Internet erfahren. Angeeignet habe ich mir die Veränderungen durch Lesen des Textes, von Kommentaren und durch Diskussion mit den Kollegen am Gericht. **Y-11.** Ich bedauere den Wegfall der zweiten Pflichtinstanz. Es war eine Kontrolle, die gleichzeitig schon durch das Bewusstsein, dass die Sache überprüft wird, Qualitätssicherung schon während der 1. Instanz bedeutet hat. **Y-12.**

Teilnehmer Z – 10.07.2018, 11:42 Uhr

Z-01. Hauptamtlich. **Z-02.** Der Bandverteidiger hat natürlich ein größeres Gewicht wie vorher, er kann dem Verfahren „ordentlich in die Suppe spucken", indem er ein weiteres Verfahren bewirken kann. Das heißt für die Parteien, dass die ganze Causa mit ungewissem Ausgang sich je nach dem 1 Jahr verlängern kann. Zur Berufungspraxis: habe ich persönlich seit Oktober 2015 noch nie Berufung eingelegt. Auf der anderen Seite waren doch vor diesem Datum im Jahr ca. 20-45 Urteile in zweiter Instanz aus München zu entscheiden, nach diesem Datum waren es ca. 3-4, bei welchen eine Partei oder der Bandverteidiger Berufung eingelegt hat. **Z-03.** Es gibt keine diesbezüglichen Weisungen oder Andeutungen. Als Bandverteidiger habe ich bezüglich dessen, was ich schreibe oder ob ich Berufung einlege, meinem Gewissen zu folgen. Diesbezügliche Äußerungen könnten m. E. als Grundlage einer Befangenheit im Sinne des c. 1448 §1 und § 2 („Erwartung eines Gewinns oder Vermeidung eines Verlustes") verstanden werden. **Z-04.** Ich schaue mir, wenn ich nach der Urteilsfällung gefragt werde, ob ich Berufung einlege, noch einmal genau meine Animadversiones an. Ich fühle mich an dieser Stelle soz. in die Verantwortung gestellt. **Z-05.** Ich würde dann Berufung einlegen, wenn ich von dem positiven Urteil nicht überzeugt bin. Z. B. wenn ich deutliche Anzeichen dafür sehe z. B. anhand von Widersprüchen, dass die klagende Partei oder ein oder mehrere Zeugen zu wesentlichen Punkten (v. a. zum Klagegrund) nicht die Wahrheit gesagt haben. **Z-06.** Ich habe gelegentlich in der obligatorischen 2. Instanz ein ordentliches Verfahren beantragt (ca. 1-2 Mal im Jahr), wenn z. B. ein Klagegrund mir absolut als nicht erwiesen galt. Berufung habe ich nie eingelegt. **Z-07.** Von Seiten der Diözese befürchte ich keine Repressalien, mir wurde vom Offizial eine freie Hand zugesichert. Die Parteien äußern sich – so nach den Animadversiones, manchmal sehr getroffen und auch aggressiv und feindlich gesinnt. Ich verweise dann in meiner Antwort nochmals auf den Sinn der Animadversiones und schreibe häufig, dass wer sich auf ein derartiges Verfahren einlässt, mit einer derartigen Auseinandersetzung und dem eigenem Interesse Entgegenstehendem in den Animadversiones rechnen muss. Als Repressalien würde ich aber derartige Reaktionen nicht bezeichnen. Häufig kommt auch vor, dass die klagende Partei bei negativem Ausgang mit Kirchenaustritt droht, ebenso die Gegenpartei bei positivem Ausgang. **Z-08.** Manchmal ist es so, dass sich die Parteien, bes. die klagende erstmals mit ihrer vergangenen Ehe in einem derartigen Verfahren auseinandersetzen. Das kann sehr schmerzlich, manchmal aber auch offenbar befreiend sein. Diese Frage ist eigentlich besser an Personen, die direkt mit den Parteien Kontakt haben, zu stellen, also Vernehmungsrichtern und beratendem Gerichtspersonal. **Z-09.** Das Urteil bezieht die Argumentation des Bandverteidigers eher mit ein und zitiert ihn öfters. **Z-10.** Schon im Vorfeld wurde darüber im Konsistorium gesprochen. Ich habe MIDI gelesen, eine Fortbildung besucht und man diskutiert drüber mit Kollegen. Der neue c. 1678 §1 hatte zu Folge, dass ich zusätzlich Fragen bezüglich der Glaubwürdigkeit der Parteien machte. Ansonsten formale Änderung bei der Klageannahme; ohne Berufung wie schon angesprochen ein einprozessuales

Verfahren. **Z-11.** Grundsätzlich bin ich dem gegenüber positiv eingestellt. Es verkürzt das gesamte Verfahren doch deutlich. Andererseits wäre natürlich eine Überprüfung des Verfahrens durch ein weiteres nicht schlecht, wenn das erstinstanzliche Gericht nicht sauber arbeitet. **Z-12.** ------

Adnotationes in Ius Canonicum

Herausgegeben von Elmar Güthoff und Karl-Heinz Selge

Band 1 Anton Morhard: Die gerichtliche Berufung im kanonischen Recht. Eine Analyse des klassischen remedium iuris. 1995.

Band 2 Elmar Güthoff (Hrsg.): Der Schutz des geistigen Eigentums in den Schriften von Winfried Schulz. Festgabe für Theodor Schmitz zur Vollendung des 80. Lebensjahres. 1997.

Band 3 Richard Puza/Andreas Weiß (Hrsg.): Iustitia in caritate. Festgabe für Ernst Rößler zum 25jährigen Dienstjubiläum als Offizial der Diözese Rottenburg-Stuttgart. 1997.

Band 4 Ernst Freiherr von Castell: Alkoholismus in der Rechtsprechung der Rota Romana. 1997.

Band 5 Burghard Pimmer-Jüsten: Facultas vel licentia imponendi tributa sacerdotibus. Partikularrechtliche Untersuchung zu den diözesanen "Pflichtabgaben" der Kleriker. 1997.

Band 6 Jürgen Olschewski: Das Recht auf Sakramentenempfang. Zur Entwicklung eines Fundamentalrechtes der Gläubigen vom Konzil von Trient bis zur Gegenwart. 1998.

Band 7 Martin Grichting: Die Umschreibung der Diözesen. Die Kriterien des II. Vatikanischen Konzils für die kirchliche Zirkumskriptionspraxis. 1998.

Band 8 Cesare Mirabelli/Giorgio Feliciani/Carl Gerold Fürst/Helmuth Pree (Hrsg.): Winfried Schulz in memoriam. Schriften aus Kanonistik und Staatskirchenrecht. 1999.

Band 9 Christoph Kühn: Die Rechtsbeziehungen des Heiligen Stuhls zum Europarat. 1999.

Band 10 Peter Stockmann: Außerordentliche Gemeindeleitung. Historischer Befund – Dogmatische Grundlegung – Kirchenrechtliche Analyse – Offene Positionen. 1999.

Band 11 Jürgen Cleve: Inkompatibilität und Kumulationsverbot. Eine Untersuchung zu c. 152 CIC/1983. 1999.

Band 12 Karl-Heinz Selge: Ehe als Lebensbund. Die Unauflöslichkeit der Ehe als Herausforderung für den Dialog zwischen katholischer und evangelisch-lutherischer Theologie. 1999.

Band 13 Elmar Güthoff / Karl-Heinz Selge (Hrsg.): Der Staat der Vatikanstadt, der Heilige Stuhl und die Römische Kurie in den Schriften von Winfried Schulz. Città del Vaticano, Santa Sede e Curia Romana negli Scritti di Winfried Schulz. Franz X. Walter zur Vollendung des 70. Lebensjahres. 1999.

Band 14 Hermann Kahler: Absentia consensus. Der fehlende Mindestwille zur Ehe als Ehenichtigkeitsgrund. 1999.

Band 15 Nikolaus Schöch: Die kirchenrechtliche Interpretation der Grundprinzipien der christlichen Anthropologie als Voraussetzung für die eheprozessrechtliche Beurteilung der psychischen Ehekonsensunfähigkeit. Eine kanonistische Studie unter besonderer Berücksichtigung der päpstlichen Allokutionen und der Judikatur der Römischen Rota. 1999.

Band 16 Michael Landau: Amtsenthebung und Versetzung von Pfarrern. Eine Untersuchung des geltenden Rechts unter besonderer Berücksichtigung der Rechtsprechung der Zweiten Sektion des Höchsten Gerichts der Apostolischen Signatur. 1999.

Band 17 Paul Weibel: Das Selbstbestimmungsrecht der römisch-katholischen Kirche. Eine staatskirchenrechtliche Studie am Beispiel des Kantons Schwyz. 2003.

Band 18 Stefan Korta: Der katholische Kirchenvertrag Sachsen. 2001.

Band 19 Jürgen Wätjer: Das katholische Domkapitel zu Hamburg von den Anfängen bis zur Reformation und seine Wiedererrichtung 1996. Eine kanonistische Untersuchung. 2001.

Band 20 Bernd Matecki: Der Traktat *In primis hominibus*. Eine theologie- und kirchenrechtsgeschichtliche Untersuchung zu einem Ehetext der Schule von Laon aus dem 12. Jahrhundert. Anhang: Edition des Traktates *In primis hominibus*. 2001.

Band 21 Stefan Gatzhammer: Der Souveränitätsanspruch des Apostolischen Stuhles in päpstlichen Lehraussagen und in der Kanonistik von 1846 bis 1978. 2001.

Band 22 Andreas Franitza: Das Domkapitel zu Hildesheim in der Zeit zwischen Preußenkonkordat (1929) und Niedersachsenkonkordat (1965) und seine Statuten von 1984. 2001.

Band 23 Péter Erdö: Die Quellen des Kirchenrechts. Eine geschichtliche Einführung. 2002.

Band 24 Rüdiger Althaus / Rosel Oehmen-Vieregge / Jürgen Olschewski (Hrsg.): Aktuelle Beiträge zum Kirchenrecht. Festgabe für Heinrich J. F. Reinhardt zum 60. Geburtstag. 2002.

Band 25 Hartmut Zapp / Andreas Weiß / Stefan Korta (Hrsg.): Ius Canonicum in Oriente et Occidente. Festschrift für Carl Gerold Fürst zum 70. Geburtstag. 2003.

Band 26 Johnson Michael Kallidukil: The Canonical Significance of the Synod of Bishops of 1994 on Consecrated Life. From the *Lineamenta* to the *Vita consecrata*. 2003.

Band 27 Hubert Schiepek: Der Sonntag und kirchlich gebotene Feiertage nach kirchlichem und weltlichem Recht. Eine rechtshistorische Untersuchung. 2003. 2.,durchgesehene Auflage 2009.

Band 28 Andreas Weiß / Stefan Ihli (Hrsg.): Flexibilitas Iuris Canonici. Festschrift für Richard Puza zum 60. Geburtstag. 2003.

Band 29 Benita von Beyme: Die Baulast für das Freiburger Münster. 2003.

Band 30 Nikolaus Schöch: Festlegung, Änderung und Konformität von Klagegründen im kanonischen Eheprozess. 2003.

Band 31 Andreas Weiß / Stefan Ihli (Hrsg.): Kulturgutschutz und Kirche, Bibel und Kirchenrecht. Symposion und Festakt anlässlich des 60. Geburtstags von Professor Dr. Richard Puza. 2004.

Band 32 Stefan Lunze: The Protection of Religious Personnel in Armed Conflict. 2004.

Band 33 Christian Kröber: Zur Bedeutung der urheberrechtlichen Vergütungspflicht von kultischer Kirchenmusik in Deutschland. 2004.

Band 34 Szabolcs Anzelm Szuromi: Anselm of Lucca as a Canonist. 2006.

Band 35 Robert Oswald: Streikrecht im kirchlichen Dienst und in anderen karitativen Einrichtungen. 2005.

Band 36 Heribert Schmitz: Die Liturgie-Instruktion *Redemptionis Sacramentum* von 2004. Kirchenrechtliche Anmerkungen zum Erlaß der Kongregation für den Gottesdienst und die Sakramentenordnung vom 25. März 2004. 2005.

Band 37 Krzysztof Górski: Das personenbezogene Eheverständnis und relatives Erfüllungsunvermögen. 2006.

Band 38 Salus animarum suprema lex. Festschrift für Offizial Max Hopfner zum 70. Geburtstag. Herausgegeben von Ulrich Kaiser, Ronny Raith und Peter Stockmann. 2006.

Band 39 Bernd Eicholt: Geltung und Durchbrechung des Grundsatzes „Nullum crimen nulla poena sine lege" im kanonischen Recht, insbesondere in c. 1399 CIC/1983. 2006.

Band 40 Georg May: Die Auseinandersetzungen zwischen den Mainzer Erzbischöfen und dem Heiligen Stuhl um die Dispensbefugnis im 18. Jahrhundert. 2007.

Band 41 Wolfgang F. Rothe: Die Statuten der Kollegiatkapitel im deutschen Sprachraum. Rechtslage und Rechtspraxis. 2007.

Band 42 Markus Müller: *Officium divinum*. Studien zur kodikarisch-rechtlichen Ordnung des kirchlichen Stundengebetes in der lateinischen Kirche. 2007.

Band 43 Dagmar Schaaf: Der kirchliche Strafanspruch. Die Begründung der kirchlichen Strafgewalt vom Ius Publicum Ecclesiasticum bis zum CIC/1983. 2007.

Band 44 Burkhard Josef Berkmann: Die Ehen von/mit Nichtkatholiken vor der lateinischen Kirche. Das neue Ehe-Kollisionsrecht in *Dignitas Connubii*. 2008.

Band 45 Klaus Kottmann: Die Freimaurer und die katholische Kirche. Vom geschichtlichen Überblick zur geltenden Rechtslage. 2009.

Band 46 Stefan Killermann: Die Rota Romana. Wesen und Wirken des päpstlichen Gerichtshofes im Wandel der Zeit. 2., überarbeitete Auflage. 2011.

Band 47 Ansgar Grochtmann: Justitiabilität der Gewissensfreiheit. Rechtsvergleichende Anaylse zur kirchlichen Strafverhängung und zum Schutz des *forum internum* im Völkerrecht. 2009.

Band 48 Sabine Heidl: Psychische Störungen und ihre Begutachtung im Ehenichtigkeitsprozess. 2009.

Band 49 Peter Fabritz: *Sanatio in radice*. Historie eines Rechtsinstituts und seine Beziehung zum sakramentalen Eheverständnis der katholischen Kirche. 2010.

Band 50 Elmar Güthoff / Stefan Korta / Andreas Weiß (Hrsg.): *Clarissimo Professori Doctori Carolo Giraldo Fürst*. In memoriam Carl Gerold Fürst. 2013.

Band 51 Franz Hasenhütl: Die Domkapitel in Österreich nach dem CIC/1983. Statutenreform und aktuelle Rechtsgestalt. 2013.

Band 52 Vitus Kapfelsperger: Eheverfahren und Eheprozesse in Staat und Kirche. Eine rechtsvergleichende Betrachtung. 2015.

Band 53 Marc Johannes Kalisch: Die Zuständigkeit zur Ordnung der Liturgie. Der Weg vom Zentralismus zur Einbeziehung der Verantwortung der Autoritäten unterhalb des Heiligen Stuhles. 2017.

Band 54 Matthias Nowotny: „Dritter“ Weg und KAGH. 2018.

Band 55 Sabine Konrad: Die Konkordatsehe in Spanien. 2018.

Band 56 Elmar Güthoff: Zenon Kardinal Grocholewski – Bibliographie und Biographie. 2018.

Band 57 Melanie-Katharina Kraus: Richterkollegium, Ehebandverteidiger und II. Instanz in Ehenichtigkeitsverfahren. Entstehung und Entwicklung. 2020.

Band 58 Stefan Lippert: Untersuchung der Berufungspraxis in Eheverfahren. Kirchliche Gerichte in Deutschland nach dem Inkrafttreten des Motu Proprio „Mitis Iudex Dominus Iesus“. 2020.

www.peterlang.com